DESENVOLVIMENTO COGNITIVO E EDUCAÇÃO

D451   Desenvolvimento cognitivo e educação : processos do conhecimento e conteúdos específicos / Organizadores, Mario Carretero, José A. Castorina ; tradução: Alexandre Salvaterra ; revisão técnica: Ana Luiza Andreotti. – Porto Alegre : Penso, 2014.
        294 p. : il. ; 23 cm. – (volume 2)

        ISBN 978-85-65848-67-1

        1. Psicologia – Ciência cognitiva. 2. Educação. 3. Psicologia da educação. I. Carretero, Mario. II. Castorina, José A.

                                          CDU 159.95:37.015.3

Catalogação na publicação: Ana Paula M. Magnus – CRB 10/2052

Mario Carretero
José A. Castorina
Organizadores

DESENVOLVIMENTO COGNITIVO E EDUCAÇÃO

PROCESSOS DO CONHECIMENTO E CONTEÚDOS ESPECÍFICOS

VOLUME 2

Tradução:
Alexandre Salvaterra

Revisão técnica:
Ana Luiza Andreotti
Doutora em Psicologia Escolar e do Desenvolvimento Humano
pela Universidade de São Paulo (USP).

2014

Obra originalmente publicada sob o título
Desarrollo cognitivo y educación [II]:
Procesos del conocimiento y contenidos específicos
ISBN 9789501261639

© 2012, Editorial Paidós SAICF, Buenos Aires.
© 2012, José Antonio Castorina y Mario Carretero, y cada autor por su propio texto.
Reservados todos los derechos.

Gerente editorial: *Letícia Bispo de Lima*

Colaboraram nesta edição

Editora: *Lívia Allgayer Freitag*

Capa: *Márcio Monticelli*

Ilustração de capa: © *shutterstock.com/Andrea Crisante,*
  white letters isolated on white background

Leitura final: *Cristine Henderson Severo*

Editoração eletrônica: *Formato Artes Gráficas*

Reservados todos os direitos de publicação, em língua portuguesa, à
PENSO EDITORA LTDA., uma empresa do GRUPO A EDUCAÇÃO S.A.
Av. Jerônimo de Ornelas, 670 – Santana
90040-340 Porto Alegre RS
Fone (51) 3027-7000 Fax (51) 3027-7070

É proibida a duplicação ou reprodução deste volume, no todo ou em parte,
sob quaisquer formas ou por quaisquer meios (eletrônico, mecânico, gravação,
fotocópia, distribuição na Web e outros), sem permissão expressa da Editora.

SÃO PAULO
Av. Embaixador Macedo Soares, 10.735 – Pavilhão 5 – Cond. Espace Center
Vila Anastácio – 05095-035 – São Paulo SP
Fone (11) 3665-1100 Fax (11) 3667-1333

SAC 0800 703-3444 – www.grupoa.com.br
IMPRESSO NO BRASIL
PRINTED IN BRAZIL

Autores

Mario Carretero (Org.). Professor de Psicologia na Universidade Autônoma de Madri e pesquisador da Faculdade Latino-Americana de Ciências Sociais (FLACSO – Argentina), onde coordena o mestrado em Psicologia Cognitiva e Aprendizagem. Seus interesses de pesquisa se relacionam com o estudo da mudança conceitual, bem como com a compreensão e o ensino das ciências sociais e da história.

José A. Castorina (Org.). Professor adjunto da Faculdade de Filosofia e Letras da Universidade de Buenos Aires. Pesquisador principal do Conselho Nacional de Pesquisas Científicas e Técnicas (CONICET – Argentina) e diretor do Instituto de Pesquisas em Ciências da Educação da Universidade de Buenos Aires. Dedica-se à pesquisa de problemas epistemológicos na psicologia do desenvolvimento, em particular no que concerne aos conhecimentos de domínio social e sua relação constitutiva com as representações sociais.

Alicia Barreiro. Professora da Faculdade de Psicologia da Universidade de Buenos Aires, na disciplina Psicologia e Epistemologia Genética. Seu trabalho como pesquisadora é desenvolvido junto ao Conselho Nacional de Pesquisas Científicas e Técnicas. Pesquisa o desenvolvimento de conhecimentos do domínio moral e suas relações com os conhecimentos coletivos de sentido comum.

Bárbara M. Brizuela. Professora do Departamento de Educação da Universidade de Tufts, na Grande Boston, Estados Unidos. Seus interesses de pesquisa focam a aprendizagem precoce da matemática, a interseção na aprendizagem das ferramentas culturais e no desenvolvimento cognitivo e a aquisição de representações matemáticas nas crianças.

Eduardo Fleury Mortimer. Professor da Universidade Federal de Minas Gerais, na Faculdade de Educação, e pesquisador do Conselho Nacional de Desenvolvimento Científico e Tecnológico (CNPq). Seus interesses de pesquisa focam o discurso na aula de ciências e os perfis conceituais.

Eduardo Martí. Professor de Psicologia da Evolução e da Educação na Universidade de Barcelona. Suas pesquisas focam o desenvolvimento cognitivo e, especificamente, a aquisição de sistemas externos de representação.

Emilia Ferreiro. Pesquisadora emérita do Sistema Nacional de Pesquisadores e do Centro de Investigação e de Estudos Avançados do Instituto Politécnico Nacional (CINVESTAV – México). Recebeu várias premiações internacionais, entre elas sete doutorados *honoris causa*, por suas contribuições originais à compreensão das primeiras etapas do processo de alfabetização. Fez seu doutorado em Psicologia Genética sob a direção de Jean Piaget (Universidade de Genebra, 1970).

Francisco Gutiérrez Martínez. Professor titular de Psicologia da Evolução e da Educação na Faculdade de Psicologia da Universidade Nacional de Educação a Distância. Seus principais campos de pesquisa são o raciocínio, o desenvolvimento cognitivo e a memória.

José Oscar Vila Chaves. Professor do Departamento de Psicologia da Evolução e da Educação na Faculdade de Psicologia da Universidade Nacional de Educação a Distância. Sua pesquisa tem focado a relação entre inteligência, raciocínio e memória.

Juan Antonio García Madruga. Professor de Psicologia da Evolução na Faculdade de Psicologia da Universidade Nacional de Educação a Distância. É autor de inúmeras publicações sobre desenvolvimento cognitivo, competência leitora, raciocínio e memória.

Juan Delval. Professor de Psicologia da Evolução e da Educação na Universidade Nacional de Educação a Distância e, anteriormente, das Universidades Complutense e Autônoma de Madri. Estudou com Jean Piaget em Genebra. Trabalha com o desenvolvimento cognitivo e especialmente a construção das ideias sobre o mundo social.

Juan Fernando Adrover. Diretor da Faculdade de Psicologia e Relações Humanas da Universidade Aberta Interamericana (Argentina) e secretário acadêmico do curso de mestrado em Psicologia Cognitiva e Aprendizagem da FLACSO – Universidade Autônoma de Madri. Sua principal área de interesse é a concepção sobre a arquitetura da mente humana e a integração dos distintos tipos de processos e funções mentais no desenvolvimento ontogenético.

Lino de Macedo. Professor titular do Instituto de Psicologia da Universidade de São Paulo e membro da Academia Paulista de Psicologia. Sua linha de pesquisa dentro do Programa de Pós-Graduação desse instituto trata do valor dos jogos para a observação e promoção dos processos de desenvolvimento e aprendizagem, segundo a teoria de Piaget. Orientou 70 trabalhos de mestrado e doutorado.

Mara V. Martínez. Professora do Departamento de Matemática, Ciências da Computação e Estatística da Universidade de Illinois, em Chicago, Estados Unidos. Seus interesses de pesquisa focam a aprendizagem e o ensino da álgebra e demonstração matemática, bem como o desenvolvimento e a utilização de casos em vídeo na formação de professores do ensino fundamental, médio e superior na área da matemática.

Máximo Trench. Professor de Processos Básicos da Universidade Aberta Interamericana e bolsista de doutorado do Conselho Nacional de Pesquisas Científicas e Técnicas. Seus interesses de pesquisa focam o desenvolvimento do raciocínio analógico e sua relação com a memória e a instrução.

Montserrat de la Cruz. Professora titular na área de Psicologia do Desenvolvimento da Universidade do Comahue, pelo Centro Regional Universitário Bariloche. Seus interesses de pesquisa focam o desenvolvimento das concepções de aprendizagem e ensino de conhecimentos específicos, em diferentes níveis educativos e contextos socioculturais.

Nora Scheuer. Pesquisadora independente do Conselho Nacional de Pesquisas Científicas e Técnicas, lotada no Centro Regional Universitário Bariloche da Universidade do Comahue. Seus interesses de pesquisa focam o desenvolvimento dos conceitos de notação (nos campos do número, do desenho e da escrita) e das concepções de aprendizagem em crianças de diferentes níveis sociais educativos e contextos socioculturais.

Phil Scott[†]. Professor da Universidade de Leeds, Inglaterra, e professor convidado da Universidade Norueguesa de Ciência e Tecnologia. Seus interesses de pesquisa incluem a aplicação da teoria sociocultural da conversação em sala de aula.

Raquel Kohen. Professora do Departamento de Psicologia da Evolução e da Educação na Universidade Nacional de Educação a Distância. Pesquisa a construção do conhecimento sobre a sociedade, em especial sobre a compreensão do âmbito econômico, político e normativo. Dirige um grupo de pesquisa que se ocupa do estudo da compreensão e participação política em crianças e adolescentes.

Ricardo A. Minervino. Professor titular de Psicologia Cognitiva I e II no curso de Psicologia da Universidade Nacional do Comahue e pesquisador adjunto do Conselho Nacional de Pesquisas Científicas e Técnicas. Seus principais campos de interesse são o pensamento por analogia e por meio de metáforas, símiles e conceitos.

Sumário

Introdução... 11
Mario Carretero, José A. Castorina e Alicia Barreiro

Parte I
PROCESSOS DE CONHECIMENTO

1 **Desenvolvimento do pensamento
e instrumentos culturais**... 20
Eduardo Martí

2 **Desenvolvimento da memória**...................................... 41
*Juan Antonio García Madruga, Francisco Gutiérrez Martínez
e José Oscar Vila Chaves*

3 **Mudança conceitual**... 64
José A. Castorina e Mario Carretero

4 **Desenvolvimento representacional: as crianças
como teóricas da mudança cognitiva?**............................ 89
Nora Scheuer e Montserrat de la Cruz

5 **O desenvolvimento da capacidade para transferir
conhecimento por meio do pensamento analógico e indutivo**....... 109
Ricardo A. Minervino, Máximo Trench e Juan Fernando Adrover

6 O desenvolvimento psicológico do jogo e a educação 135
Lino de Macedo

Parte II
DESENVOLVIMENTO DE CONTEÚDOS ESPECÍFICOS E EDUCAÇÃO

7 A compreensão de noções sociais 158
Juan Delval e Raquel Kohen

8 O desenvolvimento do juízo moral 183
Alicia Barreiro

9 Representação e aprendizagem das narrativas históricas 203
Mario Carretero

10 Compreensão do sistema alfabético de escrita 223
Emilia Ferreiro

11 Aprendendo a comparação de funções lineares 246
Bárbara M. Brizuela e Mara V. Martínez

12 O ensino de ciências nas salas de aula: estabelecendo relações 268
Eduardo Fleury Mortimer e Phil Scott

Introdução

Mario Carretero, José A. Castorina e Alicia Barreiro[1]

Como dissemos na introdução do volume I desta obra, nosso propósito foi promover a articulação dos diferentes níveis de análise e de abordagens teóricas que compõem o estado atual da psicologia do desenvolvimento cognitivo. Com esse objetivo, convocamos pesquisadores reconhecidos internacionalmente para tentar apresentar a diversidade de teorias e métodos que formam esse campo disciplinar, atendendo em particular a suas complexas relações com a educação.

Consideramos que os capítulos reunidos nesta obra podem ser lidos como um incipiente entrecruzamento de conceitos e modos de pesquisar entre campos científicos (como a linguística, a semiótica, as neurociências e outras disciplinas), que formam redes teóricas e empíricas frutíferas que permitem compreender mais profundamente e inclusive problematizar os processos educativos, tanto escolares como de outros âmbitos informais da aprendizagem.

O primeiro volume desta obra, *Desenvolvimento cognitivo e educação: os inícios do conhecimento*, é composto de duas partes: a primeira se dedica aos esquemas teóricos centrais e às metodologias a partir dos quais tem sido estudado o desenvolvimento cognitivo (psicologia genética, psicologia sócio-histórica e neuropsicologia). Na segunda parte, são apresentadas as descobertas dos estudos que têm se ocupado das origens do conhecimento nas crianças, em diferentes níveis de análise: o desenvolvimento da função semiótica, as formas do pensamento discursivo, a comunicação, a aquisição da linguagem, as categorias do mundo físico e a teoria da mente.

Este segundo livro, que intitulamos *Desenvolvimento cognitivo e educação: processos do conhecimento e conteúdos específicos*, apresenta em sua primeira parte o desenvolvimento dos processos cognitivos – como a memória, a representação, o jogo e outros – necessários para a aprendizagem dos conhecimentos em geral, tanto escolares como não escolares. Na segunda parte, os capítulos se focam na aquisição de conhecimentos específicos, em que as relações entre o desenvolvimento cognitivo e as estratégias educativas são postas em primeiro plano. Portanto, a primeira parte versa sobre processos que são comuns a todos os conteúdos específicos, enquanto a segunda trata de um conteúdo particular em cada capítulo, como as crenças naturais, a história ou outros.

No Capítulo 1, Martí explica que os sistemas externos de representação constituem a cognição humana e o pensamento científico. Ele aborda as contribuições da teoria piagetiana quanto às relações entre inteligência prática, representativa e operatória. Depois compara essa perspectiva com a proposta de Vygotsky, para quem os signos são instrumentos que medeiam os processos psicológicos e os transformam qualitativamente. Desse modo, o autor define os sistemas externos de representação, os diferenciando dos sistemas de signos que se desenvolvem temporalmente e são, por isso, mais efêmeros, e descreve seu processo de aquisição. Finalmente, explica a função epistêmica da alfabetização gráfica em sistemas de representação não considerados tradicionalmente pela escola, como o uso de mapas, calendários ou gráficos científicos, mostrando o processo de reconstrução que deve ser feito pelas crianças para compreendê-los e utilizá-los de maneira adequada.

No Capítulo 2, García Madruga, Gutiérrez Martínez e Vila Chaves descrevem o desenvolvimento de um dos componentes básicos da cognição humana: a memória. Dessa maneira, abordam o desenvolvimento cognitivo a partir do incremento da memória operacional, focando as transformações que são produzidas aproximadamente aos 6 anos de idade, junto com o início da educação escolar. Assim, também explicam as diferenças entre a memória dedicada ao armazenamento dos fatos, conceitos e acontecimentos ao longo do tempo (memória de longo prazo) e aquela envolvida na retenção da informação por alguns momentos na consciência (memória de curto prazo ou operacional) e suas relações com a memória sensorial. Descrevem, ainda, a estrutura da memória humana segundo o modelo do armazenamento múltiplo, para depois focarem o desenvolvimento da memória operacional, já que as diferenças intelectuais na capacidade limitada de atenção e de memória permitem explicar grande parte das diferenças cognitivas entre crianças, adolescentes e adultos. A seguir, dedicam-se ao desenvolvimento das estratégias da memória, fundamentais para o planejamento do ensino escolar: as estratégias de repetição e semântica. Por último, analisam as relações entre o conhecimento prévio e a memória, uma vez que são determinantes para a compreensão dos processos de aprendizagem escolar.

No Capítulo 3, Castorina e Carretero abordam os pressupostos centrais das teorias atuais sobre a transformação conceitual, as quais vêm se configurando nas últimas décadas como uma alternativa às teorias clássicas do desenvolvimento cognitivo, no sentido de ver as transformações nas diferentes etapas do desenvolvimento como processos de mudança comuns aos diferentes conceitos específicos pelos quais os alunos passam em seu desenvolvimento e em sua aprendizagem. Portanto, são expostas as origens e as influências recebidas por essa posição teórica a partir da teoria de Piaget, da filosofia da ciência e dos estudos sobre o ensino das ciências. São apresentadas as visões atuais sobre as mudanças fortes e fracas e os mecanismos comuns às reestruturações cognitivas necessárias para uma melhor compreensão da realidade. Assim, são apresentadas as características das chamadas ideias prévias e seus mecanismos de transformação. Por último, são examinados também alguns problemas epistemológicos dessas posições, sobretudo os concernentes à natureza das teorias infantis, suas relações com o neoinatismo e suas consequências para a educação.

No Capítulo 4, Scheuer e de la Cruz abordam o desenvolvimento das teorias das crianças sobre sua própria mudança cognitiva, ou seja, como é representado esse processo. As autoras focam os processos de aquisição e transformação do conhecimento em domínios de notação específicos, como o desenho, a escrita e a notação numérica. Para isso, realizam uma revisão histórica dos modos de pensar e estudar os processos de aprendizagem e de desenvolvimento na psicologia desde o início do século XX. Depois, desenvolvem os postulados nos quais se apoia sua concepção das crianças como sujeitos/agentes conhecedores dos processos de transformação cognitiva que os envolvem. A seguir, desenvolvem cada um desses postulados a partir dos resultados de suas pesquisas quanto à aquisição dos três domínios de notação mencionados. Finalmente, apresentam como os educadores poderiam otimizar as perspectivas das crianças sobre os processos de transformação, para assim possibilitar seu desenvolvimento cognitivo.

No Capítulo 5, Minervino, Trench e Adrover se ocupam do desenvolvimento do raciocínio analógico e indutivo. Ambos os processos intervêm no desenvolvimento da capacidade de fazer inferências a partir de casos conhecidos, ou seja, na capacidade de construir novos conhecimentos com base no conhecimento disponível. Em primeiro lugar, abordam o desenvolvimento do raciocínio analógico, que permite estabelecer semelhanças entre duas entidades a partir de suas propriedades conhecidas, focando as analogias entre relações e entre sistemas de relações. Depois descrevem o desenvolvimento do raciocínio indutivo por meio da capacidade para fazer inferências baseadas em conhecimento causal. Para finalizar, ressaltam as limitações presentes nas pesquisas sobre essas modalidades do raciocínio, que poderiam ter consequências para a transferência de seus resultados à educação.

No Capítulo 6, de Macedo começa expondo as 10 características que permitem definir o jogo em relação com as teorias clássicas, como a de Piaget, enfatizando seu caráter de mescla de disciplina e anarquia que permite aos docentes aprender e ensinar: atividade física e mental; interação; convenção e sistemas de regras sociais, morais e lógicas; desempenho de papéis; objetivo inútil e indefinido; destreza; fantasia; resultados; prazer funcional e repetição; universalidade ou generalização. Ele propõe que a utilização do jogo em sala de aula permite resgatar a função da escola como lugar de lazer onde as pessoas se reúnem para pensar, aprender e compartilhar argumentos científicos. Nesse contexto, o autor comenta as pesquisas que tem feito com sua equipe sobre a utilização de um jogo lógico nos processos de ensino e aprendizagem, pensando o jogo como uma forma de educação que possibilita o desenvolvimento não só de esquemas procedimentais, operatórios e simbólicos, mas também da autonomia dos alunos.

Na segunda parte do livro, como dito anteriormente, são incluídas as temáticas relacionadas ao desenvolvimento de conteúdos específicos e são abordadas questões relativas aos domínios social, moral, histórico, natural, matemático e o relativo à escrita, que refletem as tendências mais importantes da pesquisa quanto à nossa disciplina. Sem dúvida, existem outros domínios de interesse para o conhecimento escolar, mas acreditamos que estes são essenciais para o melhor funcionamento de qualquer sistema educativo. Por essa razão, em cada capítulo foram desenvolvidas algumas questões centrais sobre implicações educativas.

No Capítulo 7, Delval e Kohen descrevem o desenvolvimento cognitivo das representações envolvidas na compreensão do mundo social. Segundo os autores, tal processo é determinado pela posição social na qual se inserem os indivíduos, portanto, não se trata somente de um problema atribuído ao ensino de conhecimentos escolares; é necessário explicar como as pessoas adquirem a ideologia da sociedade da qual fazem parte. Eles começam caracterizando a especificidade do domínio do conhecimento social, próprio dos fenômenos humanos, ao contrário do mundo biológico ou físico. Desse modo, definem as relações humanas como relações institucionalizadas e observam que a objetividade dos fatos sociais deriva de seu caráter institucional. Depois, desenvolvem as diferentes explicações elaboradas para explicar a aquisição de tais conhecimentos sociais recorrendo às propostas da teoria da aprendizagem social, da psicologia social e da psicologia construtivista. A seguir, descrevem os elementos constitutivos das representações sobre o mundo social, para então apresentar o desenvolvimento da ideia de lucro e de ideias políticas. Finalmente, os autores especificam os níveis de desenvolvimento do conhecimento social e as relações que podem ser estabelecidas entre estes e os conteúdos escolares.

No Capítulo 8, Barreiro desenvolve as diferentes explicações que a psicologia tem dado ao desenvolvimento do juízo moral. Ela começa com a pesquisa de Piaget, já clássica no estudo das relações entre a atividade construtiva dos indivíduos e as relações sociais das quais participam. Continua com a descrição dos estágios do desenvolvimento moral postulados por Kohlberg ao revisar e estender a pesquisa piagetiana. A seguir, explicita a proposta de Turiel e colaboradores, que considera o desenvolvimento moral como específico de domínio enquanto se produz em estruturas parciais que se constituem na interação com o mundo social. Depois disso, a autora revisa a explicação do desenvolvimento moral oferecida sob a perspectiva da teoria sócio-histórica, segundo a qual a moral é um processo psicológico superior cujo desenvolvimento é mediado pelas vozes da cultura. A seguir, apresenta a explicação do juízo moral dada pelo neoinatismo, por meio da proposta da intuição social. Por último, analisa as potencialidades de gerar situações nas quais os alunos construam narrativas morais e de possibilitar que a turma (principalmente o docente) seja constituída como um auditório receptivo para o desenvolvimento moral dos alunos.

No Capítulo 9, Carretero discorre sobre as pesquisas atuais relativas à representação das narrativas históricas e sua implicação para um ensino adequado da história. Tudo isso é feito sob uma perspectiva cognitiva e sociocultural que parte da distinção clássica entre produção de narrativas, por meio de dispositivos culturais como a escola, e o consumo e a apropriação de tais narrativas por parte do aluno que mais tarde será cidadão. É apresentada a hipótese de trabalho de seis características comuns às narrativas convencionais baseadas nas histórias nacionais de diferentes países, que, na realidade, se aproximam mais dos relatos míticos e heroicos do que das explicações historiográficas. Esse estado de coisas é discutido em relação com a função que parece cumprir o ensino da história, explicando brevemente os objetivos românticos que pretendem forjar uma identidade nacional por meio da emoção e dos vínculos morais e de lealdade, e dos objetivos do iluminismo destinados à construção de uma compreensão complexa da história que inclua uma visão crítica da própria sociedade.

No Capítulo 10, Ferreiro analisa a complexidade envolvida na compreensão do sistema da escrita, do ponto de vista tanto cognitivo como da história da constituição desse objeto de conhecimento. Ela descreve os diferentes modos de conceber a leitura e a escrita ao longo da história, o que delimitou modos específicos de ensino, com diferentes consequências para a aprendizagem. A seguir, analisa os fatores que intervêm nos processos de compreensão de um texto escrito e as diferentes posturas teóricas tomadas com relação a eles, que têm resultado em explicações diferentes a partir do modo como entendem os processos cognitivos. Depois detalha as diferentes abordagens metodológicas que vêm sendo adotadas para o estudo desse fenômeno, focando o reconhecimento de palavras. A autora apresenta uma perspectiva alternativa baseada na consideração do sistema alfabético de escrita como um sistema de representação da linguagem, em vez de sua concepção como um simples código visual. Assim, ressalta as consequências de separar o ensino da leitura e da escrita e a necessidade de considerar a aquisição da língua escrita em seu conjunto, cujas características e desenvolvimento psicogenético descreve. Depois, ocupa-se das transformações que a revolução informática tem acarretado nas práticas de leitura e escrita. Finalmente destaca, em um nível metodológico, a importância da abordagem genética desse fenômeno e, em um nível epistemológico, a importância de gerar um sujeito pensante que construa conhecimento durante o processo de alfabetização.

No Capítulo 11, Brizuela e Martínez se dedicam à relação entre o desenvolvimento cognitivo das crianças e a aprendizagem da aritmética e da álgebra. As autoras afirmam que tradicionalmente o ensino formal estabeleceu que a primeira deve ser ensinada durante o ensino fundamental e a segunda, durante o ensino médio. A seguir, comentam a perspectiva dos pesquisadores que recorrem ao desenvolvimento cognitivo para fundamentar essa distinção, os quais ressaltam que, entre outras coisas, as crianças com um pensamento concreto ainda não podem aprender álgebra. As autoras expõem os resultados de suas pesquisas que questionam essa suposição, mostrando que um grupo de crianças de aproximadamente 9 e 10 anos pode pensar por meio da representação algébrica as funções envolvidas em um problema. Elas concluem que, se essas crianças menores conseguem utilizar a álgebra, já não é possível continuar atribuindo os problemas que os alunos adolescentes têm em sua aprendizagem às limitações do desenvolvimento cognitivo. Dessa maneira, propõem tirar o foco do que as crianças não podem fazer, voltá-lo às oportunidades que lhes são oferecidas em sua educação matemática e pensar no desenvolvimento cognitivo como um mero limite (não como uma limitação), que pode ser superado quando são dadas as oportunidades adequadas.

No Capítulo 12, Mortimer e Scott abordam o funcionamento da linguagem na aula de ciências naturais considerando a interação e o diálogo da linguagem científica com o cotidiano. Os autores descrevem um modelo de ensino e aprendizagem das ciências naturais por perfis conceituais, baseado na existência de diferentes maneiras de conceitualizar o mundo e, portanto, de diferentes maneiras de pensar e falar que são usadas em diferentes contextos. Eles entendem a aprendizagem como dois processos interconectados: o enriquecimento de perfis conceituais e a conscientização sobre a multiplicidade de modos de pensar que constituem um perfil e sobre os contextos nos quais estes podem ser aplicados. Ao longo do capítulo, os autores analisam detalhadamente as estratégias ou abordagens que deveriam ser adotadas pelos docentes para promover os diferentes tipos de relações possibilitadoras da aprendizagem conceitual: relações que sustentam a construção do conhecimento, relações que favorecem a continuidade e relações que promovem o envolvimento emocional dos alunos. Dessa maneira, propõem um repertório de estratégias para guiar as ações dos docentes em suas tentativas de conseguir uma compreensão profunda dos conceitos por parte dos alunos.

NOTA

1 Este livro foi realizado com a valiosa ajuda do Projeto PICT-2008-1217, da ANPCYT (Argentina) e do Projeto EDU-2010 da DGICYT, da Espanha, cuja contribuição queremos agradecer.

PARTE I

Processos de conhecimento

1
Desenvolvimento do pensamento e instrumentos culturais[1]

Eduardo Martí

COGNIÇÃO E SEMIÓTICA

Estamos tão acostumados a utilizar apoios externos quando resolvemos problemas que seria muito difícil imaginar como calcularíamos, como nos orientaríamos no tempo e no espaço ou como organizaríamos os dados de uma observação sem contar com a notação numérica, os mapas, os calendários ou os gráficos. Estes e outros sistemas externos de representação, como a escrita, os desenhos ou a notação química, são elementos constitutivos da nossa cognição e do pensamento científico. Cada domínio científico conta com sistemas semióticos altamente organizados cujo uso é imprescindível para o avanço da ciência (LATOUR, 1990; LEMKE, 1993; OLSON, 1998).

Piaget: o semiótico subordinado ao operatório

Ao assinalar as diferenças entre a inteligência prática, própria das crianças da etapa sensório-motora, e a inteligência representativa, que costuma aparecer por volta do 1º ano, Piaget identificou a *função semiótica* como o mecanismo central que explica tais diferenças. Segundo Piaget, a possibilidade de evocar um objeto ou uma situação ausente mediante uma gama variada de significantes (gestos, traços gráficos, sons) é o fundamento da função. A função semiótica apresenta diferentes manifestações, como o desenho, a imagem mental, o jogo simbólico, a linguagem ou a inteligência representativa (PIAGET; INHELDER, 1969).

Graças a esse poder de evocação, que claramente diferencia o significante do significado, o pensamento da criança se modifica em profundidade. Piaget ressalta três transformações fundamentais quando comparadas à inteligência prática e à inteligência representativa: 1) enquanto a primeira está sujeita a ações sucessivas, a inteligência representativa pode forjar simultaneamente uma visão de conjunto; 2) permite que a criança foque sua atenção não somente nos resultados de suas intenções, mas também nos meios que tem utilizado; e 3) possibilita levar em conta situações possíveis separadas espacial e temporalmente, se liberando do "aqui e agora".

Portanto, tudo parece indicar que, para Piaget, a utilização dos signos desempenha um papel essencial no desenvolvimento cognitivo, tornando possível um novo modo de pensamento. O que ocorre é que, se nos aprofundamos na explicação que Piaget oferece da função semiótica, essa importância do semiótico se matiza. Piaget explica de modo diferente a origem dos significantes e a dos significados. Os significantes (a parte material do signo) são o resultado do processo de acomodação dos esquemas aos objetos; têm, portanto, uma natureza imitativa e estática. Ao contrário, os significados são o resultado do processo de assimilação dos objetos aos esquemas de ação. Para Piaget, os significados são o elemento dinâmico do pensamento.

Por isso, embora seja certo que para Piaget a função semiótica desempenha um papel central na evolução do pensamento, o que é verdadeiramente dinâmico e transformador não é o uso dos signos nem o potencial assimilador dos esquemas de ação e de suas coordenações. Essa posição fica claramente refletida na oposição que Piaget propõe entre aspectos figurativos e operatórios da inteligência. Os primeiros são as formas de inteligência que se apoiam em signos, como a linguagem, o desenho, ou a imagem mental. Segundo Piaget, nessas formas de inteligência os signos só têm uma função de suporte, mas não contribuem com nada fundamentalmente novo. Os aspectos operatórios da inteligência são os que geram os esquemas de ação quando são coordenados entre si e originam significados cada vez mais complexos. Para Piaget, são os elementos dinâmicos e transformadores do pensamento.

Piaget ilustrou essa tese com clareza em seus trabalhos sobre a imagem mental (PIAGET; INHELDER, 1966). Ele mostrou que no período pré-operatório as imagens que as crianças utilizam para representar diversos fenômenos são estáticas e não conseguem captar o movimento e as transformações. Somente na etapa das operações concretas as crianças são capazes de utilizar imagens que reproduzem o movimento ou as transformações. O avanço se explica, portanto, pelos progressos operatórios, e não pelo fato de que o pensamento se apoie em imagens.

Além disso, em suas pesquisas, Piaget tratou de minimizar a contribuição dos signos quando propunha tarefas para as crianças. Quando se tornava impossível (porque a entrevista clínica se baseia em uma troca, fundamentalmente verbal, e porque as imagens, a escrita e outros tipos de signos faziam parte de muitas das situações experimentais), ele não analisava sua contribuição. Era como se esses sistemas de signos fossem transparentes para a criança. As representações elaboradas e expressas pelas crianças (descrições verbais, indicações, gestos simbólicos, desenhos) oferecem indícios sobre seu nível cognitivo e constituíam um meio de acesso àquilo que a criança era capaz de resolver e de entender, mas nunca eram considerados em si próprios.

Para Piaget, os signos constituem um apoio para o pensamento, mas o que é realmente dinâmico e o que faz avançar a maneira de pensar são as ações e sua coordenação. Podemos dizer, portanto, que para esse autor o semiótico está subordinado ao operatório, ao conceitual.

Vygotsky: a mediação semiótica, motor do desenvolvimento

Vygotsky (1995) adota uma posição muito diferente quando avalia como os signos contribuem para o pensamento e para seu desenvolvimento. Para esse autor, os signos devem ser considerados como instrumentos que medeiam os processos psicológicos e que os modificam em profundidade. Os processos psicológicos mediados por signos (que ele denomina "superiores") se caracterizam por permitir seu acesso à consciência e uma regulação voluntária. Para Vygotsky, com a criação e uso dos signos, o comportamento já não está controlado por estimulações do entorno, mas por esses instrumentos auxiliares.

Ainda que Vygotsky (1988) tenha estudado principalmente a linguagem oral e sua repercussão no pensamento, em seus textos sobre a mediação semiótica incluiu todos os tipos de signos, como diagramas, notações ou escrita. Defendeu a ideia de que a criação e a utilização de signos são próprias da espécie humana e caracterizam um dos progressos fundamentais do desenvolvimento das crianças. Esse progresso é lento e supõe um processo de internalização no qual as crianças conseguem inserir pouco a pouco os signos em seu funcionamento cognitivo, o que assim lhes permite controlar seu comportamento de forma voluntária.

A postura de Vygotsky (1995) quanto à origem e à internalização dos signos é clara. Tanto a origem dos signos quanto o processo de sua apropriação têm uma natureza social. Por um lado, as crianças não precisam criar os signos, mas apenas utilizá-los. Os signos constituem um legado cultural transmitido de geração em geração. Por outro lado, o processo de internalização é eminentemente social: é feito com a ajuda de outras pessoas.

Vemos que a maneira de entender as relações entre semiótica e cognição é radicalmente diferente nos dois autores. Poderíamos dizer que para Piaget a utilização dos signos não modifica profundamente o pensamento, mesmo que poder fazê-lo seja um avanço fundamental, pois dá lugar à inteligência representativa. Piaget explica esse avanço pelos progressos operatórios. Já para Vygotsky a incorporação de signos modifica profundamente o pensamento, o convertendo em uma conduta mais consciente, mais autorregulada. Esses progressos só podem ser explicados, segundo Vygotsky, apelando à ajuda de outras pessoas. De sua parte, Piaget, mesmo que não negue que a transmissão social seja um fator necessário para o desenvolvimento do pensamento, atribui a fatores individuais o essencial do progresso. Toda a explicação que oferece para a compreensão da função semiótica é feita sem considerar a contribuição de outras pessoas.

Os sistemas externos de representação como instrumentos do pensamento

Partindo das premissas de Vygotsky sobre a mediação semiótica, defendemos a ideia de uma íntima relação entre o cognitivo e o semiótico. A influência entre ambos os aspectos é mútua se consideramos o desenvolvimento. Sem dúvida, como veremos adiante, o progresso cognitivo e conceitual permite novas formas de representação semiótica, mas por sua vez a incorporação de signos no pensamento transforma o grau de elaboração cognitiva. Ilustraremos esse ponto com um exemplo. Se ordenamos e classificamos mentalmente um conjunto de objetos em suas correspondentes categorias (como, por exemplo, forma e cor), será difícil perceber que alguns deles não têm representante (p. ex., perceber que não existe nenhum triângulo verde). Se utilizamos uma tabela com entrada dupla para representar a classificação, percebemos claramente que em algumas das células não há nenhum exemplar que cumpra ambas as condições. A tabela, como instrumento semiótico, refina e transforma nosso conhecimento prévio.

Antes de avançarmos, é necessário esclarecer um pouco melhor o que entendemos por *semiótico*. Apesar de suas divergências no papel que os signos têm no pensamento, tanto Piaget com sua *função semiótica* quanto Vygotsky com sua *mediação semiótica* incluem uma variedade de signos, sem distinguir suas peculiaridades nem sua complexidade cognitiva.

No entanto, uma análise mais minuciosa baseada em pesquisas recentes nos leva a estabelecer algumas distinções que têm importantes consequências quando avaliamos o papel desempenhado pelos signos na cognição e nos permite ir além das posições defendidas por Piaget e por Vygotsky. A primeira distinção que devemos estabelecer é o grau no qual os signos estão integrados em um sistema. A criação e a utilização de um signo particular por parte de uma pessoa, por mais importante que seja, não se compara ao uso de signos que pertencem a um sistema e cujos significados estão determinados por um conjunto de regras. A complexidade de significados e o valor instrumental de uns e outros não é comparável. Os signos que fazem parte de um sistema estabelecem uma rede semântica complexa e seu uso repercute de forma profunda na cognição. Além disso, se pensamos nas necessidades educativas, os sistemas de signos (como a escrita e a notação matemática) têm se convertido em objetos de ensino. Sua importância cultural é inegável.

Focaremos, portanto, nos sistemas de signos e não nos signos isolados e anedóticos, estando conscientes de que há uma variedade deles se levamos em conta a complexidade e precisão das regras que os regem (Martí, 2003; Tolchinsky, 2003). Lembremo-nos também de que antes que as crianças possam entender e utilizar esses sistemas de signos, será importante entender como elas são capazes de incorporar signos isolados em sua cognição, algo que abordaremos na próxima seção.

A segunda distinção que tem claras repercussões evolutivas e educativas é aquela que concerne à diferença entre os sistemas de signos que se organizam no espaço e que podem ser representados graficamente e de forma mais ou menos permanente e aqueles que se desenvolvem temporalmente e são por isso mais efêmeros. A escrita, por exemplo, se materializa mediante um conjunto de formas gráficas dispostas de maneira conveniente em uma superfície bidimensional; um texto tem certa permanência e pode ser recuperado e interpretado em qualquer momento, pois não está sujeito às circunstâncias de sua produção. Esses sistemas chamamos de *sistemas externos de representação* (Martí, 2003; Martí; Pozo, 2000; Pérez-Echeverría;

MARTÍ; POZO, 2010). Por outro lado, um enunciado verbal deve ser interpretado no momento de sua produção e dificilmente poderá ser registrado de modo a ser utilizado mais adiante. A escrita, a notação numérica, os mapas, os calendários, os diagramas, a notação química ou os desenhos seriam exemplos do primeiro tipo de sistemas. A linguagem e as ações simbólicas seriam exemplos do segundo tipo de signos.

Essa diferença entre ambos os tipos de sistemas de signos é muito importante se levamos em conta os trabalhos de Donald (1991). A partir de seus trabalhos arqueológicos, antropológicos, históricos, biológicos, etológicos e da ciência cognitiva, esse autor propõe uma descrição das diferentes etapas da mente humana, desde os primatas até a mente do *homo sapiens*. Uma de suas propostas mais inovadoras é a de distinguir uma última etapa, a da cultura teórica (que corresponde ao *homo sapiens* e começou aproximadamente 40 mil anos a.C.), que é caracterizada pelo fato de que a mente inventa um conjunto de representações externas (inscrições figurativas, escrita, notação numérica e outros dispositivos gráficos de natureza visuoespacial) e as incorpora em seu funcionamento cognitivo. Ao poder utilizar esses instrumentos semióticos de caráter permanente, os processos cognitivos se ampliam, como é o caso da memória externa; por sua vez, tais dispositivos reconfiguram a cognição de uma maneira radicalmente nova. As representações externas, ao possuirem uma natureza pública e permanente, são suscetíveis, como objetos representativos, de revisões e refinamento, conduzindo a um processo de reflexão e de regulação constante. Essas representações então facilitam a transmissão do conhecimento de uma geração à outra. Sem essas representações, segundo Donald (1991), não seria possível a ciência nem as formas teóricas do pensamento. Ressaltamos que essa invenção e incorporação das representações externas foi uma inovação cultural sem ser acompanhada de transformações biológicas da estrutura cerebral.

A BASE EVOLUTIVA DA AQUISIÇÃO DOS SISTEMAS EXTERNOS DE REPRESENTAÇÃO

Evidentemente as crianças não precisam inventar esses sistemas de signos tão potentes. Foi um longo processo que permitiu a criação e a evolução desses sistemas até alcançar a forma que conhecemos atualmente. Esse fato é importante, pois assinala que o estado atual desses sistemas (com a escrita alfabética ou a notação numérica decimal) é o resultado de uma complexa construção da qual somente se costuma conhecer o estado final. Isso levanta suposições de que o processo pelo qual as crianças serão capazes de interpretar e usar tais sistemas será também complexo. O fato de que esses sistemas fossem uma construção cultural e não o resultado de novas possibilidades cerebrais mostra que sua aquisição por parte das crianças será árdua e necessitará de um grau grande de ajuda educativa. Em outras palavras, nossa arquitetura biológica não está pronta para aprender rapidamente sistemas tão complexos que foram construídos ao longo de milhares e milhares de anos. Filogeneticamente, tais sistemas são muito novos e exigem, portanto, um grande esforço educativo (Rivière, 2003a).

Portanto, a proposta de Vygotsky sobre a necessidade de uma participação guiada para que os signos medeiem os processos psicológicos é totalmente coerente com a natureza cultural desses instrumentos. O que ocorre é que o fraco desenvolvimento do processo de internalização na teoria de Vygotsky não oferece pistas para entender a partir de quais bases evolutivas e mediante quais processos as crianças são capazes de interpretar e usar tais sistemas. Também não ajuda a entender tal aquisição o fato de que Vygotsky não esclarece a diferença entre sistemas, como a linguagem, que possuem uma clara base biológica, e os sistemas externos de representação que, como vimos, são filogeneticamente mais recentes.

Para entender tal aquisição, é necessário identificar aquelas competências básicas do desenvolvimento semiótico que permitirão o uso desses sistemas externos de representação como instrumentos cognitivos.

O ponto de partida: dos usos convencionais dos objetos a seu uso simbólico

Piaget mostrou, de forma muito original, como as ações sensório-motoras que os bebês executam com os objetos outorgam significados a esses objetos. Os objetos são conhecidos ao serem assimilados a diferentes esquemas de ação que constituem verdadeiros *conceitos em ação*: objetos que podem ser agarrados, arrastados, chupados, atirados, etc. (Piaget, 1969). No entanto, muitos desses objetos têm usos convencionais: um chocalho é sacudido para que faça barulho, um carrinho de brinquedo é para ser empurrado no chão.

Com o passar do tempo, e graças a uma complexa rede de demonstrações, ajudas e usos dos signos de todos os tipos (linguísticos, sinalizações, ostentações) que os adultos empregam ao interagirem com os bebês, estes passam a usar os objetos de forma convencional (Rodríguez; Moro, 1999). Esse progresso é importante cognitivamente, pois supõe que o objeto não assume significado apenas quando é assimilado a diferentes esquemas sensório-motores (atirar, agarrar, sacudir), mas também assume significado ao ser assimilado intencionalmente a um subconjunto desses esquemas empregados pelos adultos perante a criança.

Para que isto seja possível, as crianças devem ser capazes de interpretar as intenções dos adultos quando estes usam um objeto, algo que ocorre em situações nas quais as crianças e os adultos compartilham sua atenção sobre algo. Podem então reproduzir as ações a fim de alcançar o mesmo objetivo. Não se trata de copiar literalmente o que o adulto faz, mas de realizar as ações necessárias para conseguir o mesmo resultado. Muitas vezes, de fato, essas ações são diferentes, em seus detalhes, das ações realizadas pelo adulto: o adulto, por exemplo, bate as palmas ritmicamente na frente da criança, e esta sacode as pernas contra o chão de forma rítmica para produzir um resultado parecido. O importante é captar a intenção do outro para produzir certo resultado e regular a própria conduta para obter, intencionalmente, o mesmo resultado. A dificuldade de manipular os objetos de forma convencional está no fato de que devem ser inibidos alguns dos esquemas sensório-motores que as crianças costumam realizar com o objeto (arremessar o carrinho, colocá-lo na boca).

Ser capaz de usar os objetos de modo convencional é um pré-requisito para usá-los simbolicamente. De fato, simular que um carro é um avião não seria possível se a criança não fosse capaz de saber usar convencionalmente o carro e de saber interagir com os aviões também de forma convencional. A novidade, neste caso, reside em *suspender* o uso convencional do objeto e projetar um uso correspondente a outro objeto (Rivière, 2003b). Neste caso se relacionam dois planos de atuação, dois planos de significado, um deles ausente e mentalmente representado. Podemos compreender, então, que usar simbolicamente um carro como se fosse um avião seja um pouco mais difícil do que usar um pedaço de madeira como se fosse um avião. No primeiro caso, três tipos de esquemas competem: os sensório-motores, os convencionais e os simbólicos. No segundo caso – o pedaço de madeira – os esquemas convencionais são inexistentes (Tomasello; Striano; Rochat, 1999).

Vemos que o uso convencional e o uso simbólico dos objetos estão estreitamente ligados a situações comunicativas triádicas que exigem a competência mental de entender as intenções de outra pessoa. E, por sua vez, essas ações requerem que se acredite em dois planos de significados, o evocado e o atual, o que implica uma suspensão dos esquemas sensório-motores.

O uso de objetos semióticos

Muitos dos objetos com os quais as crianças interagem, entre os quais se incluem os sistemas externos de representação, têm uma natureza semiótica e foram criados para transmitir esse significado semiótico. As imagens, as maquetes, os mapas, a escrita ou as notações numéricas, além de serem objetos com suas propriedades físicas e perceptivas, remetem a outra realidade e têm uma natureza semiótica (MARTÍ, 2003). Ao contrário das ações simbólicas que, devido ao fato de executá-las, fazem que um objeto seja empregado de forma simbólica (o carro como avião), os objetos semióticos requerem, para seu uso adequado, que as crianças compreendam que esses objetos foram criados para representar intencionalmente e de *certa maneira* (segundo as regras de significação do objeto em questão) outra realidade. Por isso, a capacidade de usar simbolicamente um objeto (jogo simbólico) não é suficiente para usar os objetos semióticos. São necessárias novas competências cognitivas além da função semiótica analisada por Piaget.

Diversos trabalhos mostram, efetivamente, que a compreensão dos objetos semióticos ocorre pouco depois dos 2 anos de idade, momento no qual as crianças já estão familiarizadas com o jogo simbólico. Tomasello, Striano e Rochat (1999) mostram que o uso semiótico de um objeto mediante determinadas ações (entender, por exemplo, que se penteio meu cabelo com os dedos estou me referindo a um pente) é mais precoce do que a compreensão da natureza semiótica de um objeto (p. ex., ser capaz de selecionar um lápis entre vários objetos quando mostrado à criança uma vareta que antes foi usada como lápis). Neste caso, a relação semiótica "vareta-lápis" deve ser evocada e entendida como uma intenção perseguida pela pessoa que a manifestou; o que não ocorreu no primeiro caso no qual a ação de pentear o cabelo com os dedos evoca diretamente o que se costuma fazer com o pente.

DeLoache (1992, 1995) mostra também que a compreensão da natureza semiótica de mapas, maquetes, imagens ou fotografias é um pouco posterior ao jogo simbólico. De acordo com seus trabalhos, ao longo do 3º ano, as crianças são capazes de utilizar as informações espaciais desses objetos para resolver um problema no espaço representado (encontrar um objeto escondido na moradia). O desafio principal para as crianças, segundo DeLoache (1992, 1995), é entender que os objetos são, por sua vez, objetos físicos (e, portanto, podem ser tratados como objetos físicos se forem associados a determinados esquemas sensório-motores e objetos semióticos (remetem e informam sobre outra realidade).

No entanto, essa hipótese pode ser aplicada a qualquer atividade semiótica e não permite explicar de forma mais específica porque as crianças não usam as informações do mapa ou da maquete para se orientarem na moradia representada. Aqui se torna necessária uma análise mais detalhada da relação representacional no caso dos objetos semióticos como o mapa. De fato, o mapa de uma moradia representa *intencionalmente* a moradia de *certa maneira*. Ao usar o mapa, as crianças devem, antes de tudo, entender que o mapa foi construído por alguém com a finalidade de fazê-lo corresponder com a moradia. Além disso, as crianças devem entender que essa correspondência é feita segundo certas restrições: por exemplo, as relações topológicas são conservadas, mas o mapa mostra só um ponto de vista (sob o qual se foi construído) e, além disso, a escala é diferente. Essa maneira de representar é o que dá sentido ao mapa, independentemente de que se entenda que o referente do mapa é a moradia. Não é de se estranhar que a tarefa proposta por DeLoache seja mais difícil do que a proposta por Tomasello, Striano e Rochat (1999). Enquanto no primeiro caso é necessário entender que o mapa apresenta a moradia de uma determinada maneira (não única), no segundo caso, a relação entre o lápis e a vareta é muito mais singela: são as mesmas ações feitas com um e outro objeto.

Perner (1991) analisou profundamente a relação representacional e seus diferentes níveis de complexidade. Esse autor, retomando a distinção clássica de Frege entre sentido e referência, propõe que a representação sempre estabelece uma relação com o representado, de *certa maneira*. Pode-se, por exemplo, representar a moradia mediante uma fotografia aérea ou também de uma posição lateral. Em ambos os casos a intenção é representar a mesma moradia, mas isto é feito de forma muito diferente. Em cada caso são necessárias diferentes regras de interpretação. Para Perner (1991), a compreensão de que uma foto ou um mapa são representações (objetos semióticos) que explicam outra realidade *de certa maneira* implica uma competência metacognitiva que costuma ser possível a partir dos 3 anos aproximadamente. É uma competência que permite representar a relação representacional entre o objeto simbólico e o objeto referente.

Isso não impede que antes dessa idade as crianças possam agir como se conseguissem estabelecer correspondências entre um objeto semiótico e seu referente – ou de fato estabelecê-las – (reconhecer os personagens de uma foto, por exemplo). Porém, somente com uma capacidade metarrepresentacional, segundo Perner (1991), as crianças são capazes de pensar que as características específicas do objeto semiótico são as que, intencionalmente, permitem interpretá-lo e relacioná-lo com a situação representada. Se pensamos na variedade de objetos semióticos que existem (brinquedos, desenhos, imagens, mapas, textos escritos, notações numéricas, diagramas, gráficos, notações musicais, etc.), podemos concluir que o uso adequado destes objetos necessita, como ponto de partida, de uma competência metacognitiva que consiste em entender que o objeto, de modo independente de suas características físicas, remete intencionalmente a outra realidade de acordo com certas regras de interpretação.

A complexidade dessas regras é o que explicaria, em boa parte, a trajetória que deve ser percorrida pelas crianças para usar semioticamente uma fotografia ou uma imagem, saber ler e escrever um texto, entender e usar as notações numéricas ou serem capazes de entender e construir um gráfico (Martí, 2003). Nenhum desses usos, por mais simples que seja a exigência, ocorre antes dos 2 ou 3 anos de idade. O momento no qual as crianças podem usar cada uma dessas representações externas dependerá da complexidade das regras do sistema e das exigências da tarefa. Porém, sempre, em maior ou menor medida, será necessário o envolvimento educativo de outras pessoas.

A NECESSIDADE DE UMA ALFABETIZAÇÃO GRÁFICA

Um indício da importância que os sistemas externos de representação têm como instrumentos culturais é o fato de que alguns dos objetivos principais da escola (saber ler e escrever e ser capaz de fazer as operações aritméticas básicas) estão relacionados com dois desses sistemas, a escrita e a notação numérica. Como já argumentamos, a complexidade desses sistemas e sua recente aparição filogenética tornam necessária uma decisiva contribuição educativa para sua aquisição. Não é de se estranhar que a aparição da escola como instituição esteja ligada à aprendizagem desses sistemas (Gardner, 2000).

No entanto, somente nas últimas décadas a educação tem ressaltado as características notacionais desses dois sistemas como domínios de conhecimento e sobre a importância dos conhecimentos que as crianças têm sobre a escrita e das notações numéricas antes de seu ensino formal (veja o Capítulo 10 deste livro; TOLCHINSKY, 2003). Deixou-se de conceber e ensinar a escrita como uma mera tradução da linguagem oral, e se insiste cada vez mais nas particularidades notacionais da linguagem escrita. O mesmo ocorre com a notação numérica que, longe de ser reduzida a uma tradução do conceito numérico, implica um conjunto de regras de composição que devem ser entendidas antes que se possam usar os numerais para realizar operações aritméticas. Em ambos os casos se insiste sobre o semiótico, sobre as peculiaridades dos sistemas, e não somente sobre o conceitual.

Porém, não acontece o mesmo com sistemas que ocupam um lugar secundário no currículo escolar e que costumam ser considerados de fácil aquisição por parte dos alunos, porque estabelecem uma correspondência entre suas propriedades e as características do referente e por isso parece que sua interpretação é mais simples. São os sistemas que denominamos de *figurativos* (MARTÍ, 2003), nos quais as características visuais assumem grande valor para sua interpretação. Em tais sistemas, a relação dos signos com seu referente não é arbitrária, na medida em que algumas propriedades do signo (p. ex., sua forma, seu tamanho, sua posição espacial) remetem diretamente à mesma propriedade do referente. É uma relação *motivada* (TOLCHINSKY, 2003). Dois casos paradigmáticos desses sistemas são o desenho e a fotografia. Outros, como os mapas, os gráficos ou os calendários, mesmo que incluam alguns signos arbitrários, se baseiam fundamentalmente em uma correspondência entre propriedades do signo e propriedades do referente.

O fato de que sejam estabelecidas relações motivadas entre o signo e o referente não significa que a interpretação e o uso desses sistemas sejam imediatos, como se fossem meios de transporte de representação. Na verdade, uma representação figurativa nunca é uma réplica idêntica do modelo, e, para passar de um ao outro, o interpretante deve entender o jogo de transformações e relações entre ambos. Isso se aplica também ao caso extremo de representação figurativa, como pode ser a fotografia, na qual certas propriedades especiais são mantidas (posição relativa dos objetos, forma), enquanto outras (tamanho, distâncias) não são conservadas. Além disso, uma fotografia sempre implica uma perspectiva determinada, algo que pode ser difícil de explicitar para o observador.

Essa conscientização sobre a opacidade dos sistemas figurativos não parece ter chegado às escolas, onde raras vezes tais sistemas são objetos explícitos de ensino. O que ocorre com os mapas, os calendários, os gráficos e outros sistemas figurativos é que se parte do pressuposto de que sua aquisição ocorre de modo espontâneo, com o simples contato dos alunos com essas formas de representação. Nas tarefas escolares, mapas, calendários ou gráficos são utilizados com frequência em diferentes disciplinas, mas raras vezes o objetivo é compreender esses meios de representação. Por isso, o nível de compreensão e o uso desses sistemas ao final da escolaridade costuma ser muito baixo e, por isso, dificilmente eles podem ser incorporados como instrumentos do pensamento.

É necessário, então, um grande esforço para possibilitar que esses sistemas sejam convertidos em objetos explícitos de ensino, como ocorre com a escrita e com a notação numérica, e assim otimizar uma alfabetização *gráfica*. Como exemplo, abordaremos dois desses sistemas: os calendários e os gráficos.

Os calendários e o controle do tempo

Junto com os relógios, os calendários são os instrumentos culturais mais frequentes para representar o tempo. Os calendários incorporam as unidades métricas do tempo (dias da semana, meses, anos), e mediante uma organização especial na forma de linhas e colunas eles permitem visualizar relações temporais de sucessão (antes e depois) e as unidades cíclicas (repetição dos dias para formar uma semana, repetição das semanas para formar um mês e repetição dos meses para constituir um ano). A estrutura gráfica dos calendários constitui um elemento crucial para controlar e definir a passagem do tempo: antecipar com precisão acontecimentos, lembrança de eventos do passado e medida da duração. Os calendários oferecem também a possibilidade de compartilhar de modo explícito e homogêneo um conhecimento sobre o tempo que na esfera pessoal (no tempo vivido) possui características muito subjetivas.

Os estudos sobre a compreensão e o uso dos calendários são muito escassos. Ainda que não haja dúvida de que, ao contrário dos mapas, os calendários não oferecem nenhuma dificuldade de uso aos adultos, a questão de saber como as crianças incorporam esses instrumentos para conhecer e controlar o tempo nos parece crucial ao explicar como a representação do tempo se transforma mediante o emprego desses instrumentos mediadores.

Os bebês têm um sentido do tempo ligado às mudanças corporais que são produzidas neles mesmos como consequência de acontecimentos que antecedem fatos relevantes, por exemplo, a visualização da mamadeira que antecede o momento da refeição. Esse sentido temporal está ligado também a mudanças internas do organismo (fadiga, dor, fome). É um tempo contextualizado, dificilmente comunicável e descontínuo (Pozo, 2008).

Graças à linguagem, essa experiência episódica do tempo sofre uma primeira transformação, permitindo uma organização mais geral e comunicável. Nelson (1986) mostrou, de fato, que a partir dos 3 anos de idade as crianças desenvolvem esquemas para organizar suas experiências temporais. Esses esquemas são esquemas de conhecimento que permitem estruturar de forma adequada a sucessão de acontecimentos relativos a episódios cotidianos, como se levantar de manhã, ir ao colégio, assistir a uma reunião, ou ir às compras. Ao contrário do tempo intuitivo dos bebês, os esquemas permitem uma explicitação e uma comunicação das relações temporais de sucessão e favorecem a memória dos acontecimentos. A limitação dos esquemas reside em seu caráter descontínuo e no fato de que são estruturas que dificilmente correspondem à duração dos acontecimentos.

A investigação psicológica sobre o desenvolvimento dos conceitos temporais durante a infância tem evidenciado o uso de instrumentos gráficos. Os trabalhos clássicos de Piaget (1978) mostraram que a compreensão do tempo é uma longa construção que parte de uma apreciação intuitiva na qual espaço e tempo aparecem indiferenciados e na qual a velocidade desempenha um papel crucial. Segundo Piaget, somente graças às operações lógico-matemáticas, as crianças conseguem entender a duração como uma maneira de conceber o tempo de forma métrica, independentemente do espaço e da velocidade. Porém, os trabalhos de Piaget não levam em conta o papel determinante que as representações culturais, como o calendário, têm na objetivação do tempo (Westman, 2001). Ao oferecer um sistema unificado de representação do tempo, os calendários permitem transformar as experiências subjetivas do tempo em formas unitárias e manejáveis, tornam possível uma mediação do tempo que possibilita compartilhar a duração, e ao definir externamente (espacialmente) o tempo, criam novas possibilidades ou oportunidades de reflexão e refinamento.

Como dizíamos anteriormente, os estudos sobre a compreensão e o uso do calendário por parte das crianças estão ainda por serem desenvolvidos. Os trabalhos pioneiros de Teubal (2010) mostram, no entanto, que as crianças de idade pré-escolar são capazes de ordenar em um espaço gráfico que representa um calendário semanal acontecimentos cotidianos (brincar com um amigo, assistir à televisão, ficar brincando em casa). A autora ressalta as vantagens cognitivas que são produzidas quando as crianças usam esse tipo de dispositivo: melhora a memória de acontecimentos e constitui um suporte para a previsão e planificação de atividades. Resta por estudar, no entanto, até que ponto as crianças são capazes de criar graficamente a estrutura de um calendário (semanal, anual) para organizar temporalmente um conjunto de atividades e quais são as consequências cognitivas do seu uso em sua concepção do tempo. Esse uso instrumental do calendário passa necessariamente por um forte apoio educativo que considera os calendários como objetos de ensino (para que servem, qual é sua estrutura, com que intenção foram criados).

Gráficos a serviço do conhecimento científico

Os gráficos desempenham um papel essencial no conhecimento científico. São elementos imprescindíveis para sintetizar e ordenar dados quantitativos e também para visualizar relações entre variáveis e para inferir possíveis tendências. Hoje em dia é difícil se aprofundar na compreensão científica sem um nível adequado no uso dos mapas. E, no entanto, a julgar pelos dados disponíveis, o nível de compreensão e o uso dos gráficos por parte dos alunos universitários deixa muito a desejar, e os poucos estudos que incluíram uma população escolar apresentam também severas lacunas (BARQUERO; SCHNOTZ; REUTER, 2000; MARTÍ et al. 2010a; SHA; HOEFFNER, 2002).

Assim como ocorre com os mapas e os calendários, os gráficos estão presentes em muitas tarefas escolares, sobretudo nas de ciências e matemática. Porém, na maior parte das vezes, as tarefas propostas aos alunos não exigem que as particularidades e as convenções notacionais dos gráficos sejam explicitadas, nem que se reflita sobre o que seu modo de representar a realidade tem de particular. Os gráficos não costumam constituir objetivos explícitos de ensino (como são constituídos, que convenções seguem, para que servem, como mudam em função dos dados representados, etc.), pois seu uso fica relegado a níveis muito superficiais.

Para que a escola possa contribuir para a melhoria do nível de competência gráfica, é imprescindível detectar quais são as principais dificuldades que os alunos apresentam quando devem interpretar e construir um gráfico. Mesmo que estejamos conscientes da grande variedade de gráficos que existem (de setores, histogramas, cartesianos, etc.), nos focaremos em um dos mais simples e comuns (histograma de barras com duas variáveis) para ilustrar algumas das dificuldades que os alunos do final do ensino fundamental e início do ensino médio (de 10 a 14 anos de idade) apresentam em uma tarefa de interpretação e em uma tarefa de construção.

Na primeira tarefa (interpretação), os alunos deviam responder a uma série de perguntas que buscavam avaliar o grau de compreensão de um histograma que representava a distribuição de frequências de uma população de meninos e meninas segundo seu peso. O histograma que deviam analisar servia para saber quantos meninos e quantas meninas (uma das variáveis, o gênero) aparecem em diferentes intervalos de peso (segunda variável, o peso). As perguntas foram elaboradas para abordar conhecimentos de diferentes naturezas, desde os mais básicos (saber, por exemplo, o que é que indica a altura das barras), até conhecimentos que envolvem relacionar os diferentes dados do gráfico para inferir alguma hipótese (saber interpretar, por exemplo, porque razão as barras são mais altas na parte central do gráfico) (Martí et al. 2010a).

Os resultados mostram que no nível superficial os alunos foram capazes de extrair as informações que apareciam de forma explícita no gráfico (sabiam, por exemplo, encontrar o número de meninos que pesam entre 25 e 30 kg, um dado que aparece no gráfico), mas apresentaram dificuldades quando tinham de explicar o significado de alguns elementos gráficos ou quando deviam inferir um resultado que não podia ser lido diretamente. No primeiro caso, é interessante ressaltar que algumas questões básicas que correspondem a convenções essenciais do gráfico (como saber que a altura das barras indica a frequência de meninos e meninas) foram difíceis para um grande número de alunos. A dificuldade essencial neste caso consiste em diferenciar a variável frequência (visualizada pela altura das barras) e a variável peso (visualizada nas diferentes categorias do eixo das abscissas). No segundo caso, a inferência de dados não diretamente presentes no gráfico exige uma compreensão mais global do gráfico, que implica relacionar diferentes elementos. Por exemplo, muitos alunos tiveram dificuldades em calcular quantos meninos pesam mais de um valor determinado, pois neste caso não precisavam identificar um valor dado, mas deviam somar todos aqueles valores que cumpriam essa condição.

Podemos dizer, então, que o nível de interpretação dos alunos corresponde a habilidades muito básicas de leitura superficial dos dados presentes, mas que não se aprofunda no potencial do gráfico para inferir dados novos, nem na compreensão do significado de alguns elementos gráficos.

A interpretação é um dos componentes fundamentais da alfabetização gráfica. Mas é interessante indagar também quais são as competências dos alunos quando precisam construir um gráfico. Saber tomar as decisões adequadas para construir um gráfico que responda aos dados e às demandas de um problema é um indicador do grau em que os gráficos constituem instrumentos cognitivos verdadeiramente interiorizados.

Para indagar quais são as principais dificuldades que os alunos do final do ensino fundamental e início do ensino médio têm para elaborar um gráfico, lhes propusemos uma lista de informações nas quais era indicado o nome e sobrenome dos meninos e meninas de uma turma e a altura de cada um deles. Depois lhes propusemos que fizessem um gráfico que registrasse a frequência dos meninos e das meninas da lista dada em diferentes intervalos de altura (Martí et al. 2010b). A construção do gráfico exige organizar os dados da lista em categorias cruzadas (meninos/meninas e intervalos de altura), contar os meninos e as meninas de cada intervalo e situar esses dados em uma representação cartesiana (escolher como mostrar as frequências em função das duas variáveis utilizando os eixos das abscissas e das ordenadas).

Se nos focamos nas principais dificuldades dos alunos, nos damos conta de que um dos obstáculos para transformar um conjunto de dados em um gráfico de frequências é a organização prévia desses dados em função da demanda da tarefa. Alguns alunos, por exemplo, indicavam o nome de cada menino e menina no eixo das abscissas e representavam sua altura mediante uma linha ou barra de altura correspondente. A representação não é errônea, mas não permite que se entenda diretamente a frequência de meninos e meninas segundo os intervalos, o que não deixa de ser o objetivo da tarefa. Outra tendência típica consistia em representar as frequências dos meninos e das meninas em gráficos separados em vez de fazê-lo em barras justapostas, o que não permitia a comparação imediata de tais frequências para cada intervalo de altura.

Essas dificuldades na interpretação e construção de gráficos nos indicam que, apesar de os alunos do ensino fundamental e do ensino médio terem realizado muitas tarefas em aula nas quais aparecem gráficos cartesianos, é baixo seu nível de competência na elaboração de um gráfico a partir de um conjunto de dados. Os alunos possuem os conhecimentos básicos que lhes permitem saber que têm de utilizar dois eixos perpendiculares e que têm de representar alguns dados mediante linhas ou colunas, mas muitas vezes não conseguem visualizar de modo integrado estes dados. De novo, pensamos que, sem um ensino explícito das características e funções dos gráficos como formas peculiares de representação, o nível de competência é baixo e os gráficos dificilmente poderão ser interiorizados como instrumentos de pensamento.

O USO EPISTÊMICO DOS SISTEMAS DE REPRESENTAÇÃO

A revisão que permite às crianças utilizar esses instrumentos semióticos é longa. Faz falta que sejam desenvolvidas as capacidades cognitivas básicas que permitam a representação simbólica (algo que Piaget explicitou de modo magistral), mas também que se desenvolvam as capacidades sociocognitivas necessárias para que as crianças entendam o significado intencional que os sistemas de signos transmitem. Vimos que esses progressos, que têm lugar até aproximadamente os 4 anos de idade, constituem a base sobre a qual repousará a capacidade das crianças de entender e utilizar sistemas de signos como a escrita ou os mapas. Mas essa base não é suficiente. Será ao longo da escolarização que as crianças terão acesso ao uso desses instrumentos.

Não é por acaso que a aquisição desses sistemas esteja associada à escolarização. Lembremo-nos de que os sistemas de signos são construções tardias na filogênese e não estavam associados a transformações biológicas, mas foram resultado de uma criação sociocultural. Por isto, sua aquisição por parte das crianças exige um auxílio educativo explícito e prolongado. Vygotsky (1995) ressaltou este fato apelando ao conceito de *internalização*, mas no nosso entender não soube mostrar mediante que processos e pela superação de quais obstáculos as crianças conseguem reconstruir os significados desses sistemas para usá-los como instrumentos de pensamento.

Detivemos-nos em três desses sistemas – os mapas, os calendários e os gráficos – mostrando especificamente o lento processo de reconstrução que as crianças precisam para entendê-los e usá-los de modo adequado, apesar de constituírem sistemas que muitas vezes são considerados de fácil acesso por suas características visuais. Por isso, em geral a escola lhes confere um lugar secundário, como se sua aquisição fosse espontânea. Isso conduz a um grau de compreensão elementar desses sistemas por parte das crianças e dos adolescentes, o que pode limitar muito as repercussões de sua utilização.

De fato, a função cognitiva que os sistemas de signos podem ter dependerá do nível do qual são extraídos seus significados (de um processamento superficial a um processamento profundo), o nível em que sejam conhecidas suas regras de composição e a capacidade de utilizá-los de modo pertinente para resolver uma tarefa específica. Se o nível dessas competências é baixo, o uso que se faz de um mapa, um calendário ou um gráfico corresponderá a uma função meramente pragmática (apoiar e estender a memória), sem que por isso se transforme o conhecimento do usuário. Utilizou-se o mapa, por exemplo, para lembrar melhor a localização exata de uma cidade; sua função, neste caso, é de ajudar a memória, sem que isso altere o conhecimento espacial que tenha da situação representada.

Somente se o nível de compreensão do sistema de signos é elevado, a repercussão de seu uso poderá ir além de um simples apoio à memória e poderemos falar então de sua função epistêmica (Pérez-Echeverría; Martí; Pozo, 2010). Nesses casos, o uso dos sistemas de signo, ao exigir uma tradução da informação conhecida em novos modos de representação, cada um com suas restrições, suporá uma reorganização dessa informação, que abrirá novas possibilidades de atuação. Por exemplo, se o uso do mapa é feito partindo de um conhecimento profundo de seus significados, pode levar a compreender de outra maneira o espaço representado (com a conscientização de relações espaciais não evidentes ou a inferência de trajetos possíveis difíceis de imaginar sem o mapa).

A função epistêmica não é sempre garantida. Um uso ocasional e pouco reflexivo dos sistemas de signos dificilmente levará a uma transformação do conhecimento. Por isso é tão importante que a escola tenha consciência da necessidade de aprofundar no nível de compreensão desses sistemas, um requisito para o uso epistêmico.

NOTA

1 A redação deste capítulo foi possível graças ao Projeto EDU2010-21995-CO2-02 concebido pelo Ministério Espanhol de Ciência e Inovação.

REFERÊNCIAS

BARQUERO, B.; SCHNOTZ, W.; REUTER, S. Adolescent's and adults skills to visually communicate knowledge with graphics. *Infancia y Aprendizaje*, v. 90, p. 71-87, 2000.
DELOACHE, J. S. Early symbol understanding and use. In: MEDIN, D. (Ed.). *The psychology of learning and motivation*. New York: Academic, 1995. v. 33, p. 65-114.
DELOACHE, J. S. Symbolic functionning in very young children: understanding of pictures and models. *Child Development,* v. 62, n. 4, p. 736-752, 1992.
DONALD, M. *Origins of the modern mind*: three stages in the evolution of culture and cognition. Cambridge: Harvard University, 1991.
GARDNER, H. *La educacion de la mente y el conocimiento de las disciplinas*: lo que todos los estudiantes deberian compreender. Barcelona: Paidós, 2000. Edição original: *The disciplined mind*. New York: Simon & Schuster, 1999.

LATOUR, B. Drawing things together. In: LYNCH, M.; WOOLGAR, S. (Ed.). *Representation in scientific practice*. Cambridge: MIT, 1990. p. 19-68.
LEMKE, J. L. *Talking science*: language, learning and values. Norwood: Ablex, 1993.
MARTÍ E. et al. Cuando los alumnos interpetan un grafico de frecuencias: niveles de comprension y obstáculos cognitivos. *Revista IRICE*, v. 21, p. 65-80, 2010a.
MARTÍ, E. et al. Intrepreting and constructiong graphs: an analysis of 5th to 8th grade student's difficulties. In: CONFERENCE FOR RESEARCH ON LEARNING AND INSTRUCTION, 2010, Tubingen. *Anais...* Tubingen: [s.n.], 2010b. Poster presentado en la SIG2.
MARTÍ, E. *Representar el mundo externamente*: la adquisicion infantil de los sistemas externos de representación. Madrid: A. Machado, 2003.
MARTÍ, E.; POZO, J. I. Mas alla de las representaciones mentales: la adquisición de los sistemas externos de representacion. *Infancia y Aprendizaje*, v. 90, p. 11-30, 2000.
NELSON, K. *Event knowledge*: structure and function in development. Hillsdale: Erlbaum, 1986.
OLSON, D. *El mundo sobre papel*. Barcelona: Gedisa, 1998. Edição original: *The world on paper*: the conceptual and cognitive implications of writing and reading. Londres: Cambridge University, 1994.
PÉREZ-ECHEVERRÍA, M. P.; MARTÍ, E.; POZO, J. I. Los sistemas externos de representación como herramientas de la mente. *Cultura y Educacion*, v. 22, n. 2, p. 133-147, 2010.
PERNER, J. *Understanding the representational mind*. Massachusetts: The Massachussetts Institute of Technology, 1991.
PIAGET, J. *El desarrollo de la nocion de tiempo en los ninos*. Mexico: Fondo de cultura Economica, 1978. Edição original: *Le developpement de la notion de temps chez l'enfant*. Paris: Universitaires de France, 1946.
PIAGET, J. *El nacimiento de la inteligencia en el nino*. Madrid: Aguilar, 1969. Edição original: *La naissance de l'intelligence chez l'enfant*. Paris: Neuchatel; Delachaux et Niestle, 1936.
PIAGET, J.; INHELDER, B. *L'image mentale chez l'enfant*: etude sur le developpement des representations imagees. Paris: Universitaires de France, 1966.
PIAGET, J.; INHELDER, B. *Psicologia del nino*. Madrid: Morata, 1969. Edição original: *La psychologie de l'enfant*. Paris: Universitaires de France, 1966.
POZO, J. I. *Aprendices y maestros*: la psicologia cognitiva del aprendizaje. Madrid, Alianza, 2008.
RIVIÈRE, A. Comunicacion, suspension y semiosis humana: los orígenes de la practica y de la comprension interpersonales. In: BELINCHON, M. et al. (Ed.). *Obras escogidas*: metarrepresentacion y semiosis. Madrid: Medica Panamericana, 2003b. v. 3, p. 181-201.
RIVIÈRE, A. El papel de la educación en el diseno del desarrollo humano. In: BELINCHON, M. et al. (Ed.). *Obras escogidas*: metarrepresentación y semiosis. Madrid: Medica Panamericana, 2003a. v. 3, p. 203-243.
RODRÍGUEZ, C.; MORO, C. *El magico numero tres*: cuando los ninos aun no hablan. Barcelona: Paidós, 1999.
SHAH, P.; HOEFFNER, J. Review of graph comprehension research: implications for instruction. *Educational Psychology Review*, v. 14, n. 1, p. 47-79, 2002.

TEUBAL, W. La contribución de los textos gráficos no verbales a la alfabetización temprana. *Revista IRICE*, v. 21, p. 27-36, 2010.

TOLCHINSKY, L. *The cradle of culture and what children know about writing and numbers before being taught*. Mahwah: Erlbaum, 2003.

TOMASELLO, M.; STRIANO, T.; ROCHAT, P. Do young children use objects as symbols? *British Journal of Developmental Psychology*, v. 17, p. 563-584, 1999.

VYGOTSKY, L. S. Historia de las funciones psíquicas superiores. In: VYGOTSKY, L. S. *Obras escogidas*. Madrid: Visor, 1995. t. 3, p. 11-340. Originalmente publicado em 1931.

VYGOTSKY, L. S. La prehistoria del lenguaje escrito. In: VYGOTSKY, L. S. *El desarrollo de los procesos psicológicos superiores*. Mexico: Critica, 1988. p. 159-180. Edição original: The prehistory of written language. In: *Mind in society*: the development of higher psychological processes. Cambridge: Harvard University, 1978. p. 105-120.

WESTMAN, A. S. Development of time concepts: differentiating clock and calendars from apparent durations. *Journal of Genetic Psychology*, v. 148, n. 3, p. 259-27, 2001.

2
Desenvolvimento da memória

*Juan Antonio García Madruga, Francisco Gutiérrez Martínez
e José Oscar Vila Chaves*

A MEMÓRIA: HISTÓRIA E CONCEITOS BÁSICOS

O estudo da memória é um dos aspectos fundamentais da psicologia do desenvolvimento, tanto por razões teóricas como práticas. A memória é um componente básico da cognição que permite ao indivíduo interagir com o meio e que embasa os demais processos cognitivos: armazenamos em nossa memória as imagens que recebemos, as novas informações aprendidas recentemente e, além disso, utilizamos nossos conhecimentos prévios para compreender novos conceitos, bem como para resolver problemas e raciocinar. Contudo, para analisar com um pouco mais de detalhes a relação entre a memória e o desenvolvimento, precisamos fazer algumas observações sobre o conceito de memória.

Uma das contribuições mais frutíferas da psicologia ao estudo dos processos mnemônicos foi distinguir os diversos tipos de memória. Na linguagem cotidiana, o conceito de memória se refere ao armazenamento de fatos, conceitos, acontecimentos e experiências por parte do indivíduo. Essa concepção única já foi questionada por William James (1890), o qual postulou a existência de dois tipos de memória: a *memória primária* e a *secundária*. Segundo James, além da concepção popular da memória, que ele chamou de secundária, entendida como o armazenamento de informações ao longo do tempo, existiria uma memória primária. Essa memória primária seria *the trailing edge of consciousness*, ou seja, "a borda de fuga da consciência"; em outras palavras, a pequena quantidade de informação à qual recorremos conscientemente e que nos foge rapidamente. Como veremos na próxima seção, esses dois conceitos de memória – primária e secundária – correspondem à memória de curto prazo (MCP) ou memória operacional (MO) e à memória de longo prazo (MLP).

Ninguém nega a importância que a memória secundária, ou seja, o acúmulo de conhecimentos na memória de longo prazo, tem para a educação e o desenvolvimento do indivíduo. Entretanto, a memória de curto prazo ou operacional, a memória primária, parece ser no mínimo tão importante para a educação e o desenvolvimento intelectual. A memória de curto prazo ou operacional está intimamente ligada à amplitude atencional, isto é, à capacidade ou ao número de unidades às quais um indivíduo, em determinado momento, pode prestar atenção e recordar posteriormente. Um dos fundadores da psicologia evolutiva nos Estados Unidos, James Baldwin (1894), na mesma época de nossa referência anterior a Wiliam James, propôs como o aumento progressivo da capacidade de atenção como explicação básica do desenvolvimento cognitivo. Como destacam Barrouillet e Gaillard (2011), Piaget sem dúvida conhecia essa concepção de Baldwin sobre o incremento na amplitude da atenção como explicação do desenvolvimento, e esta é uma das diversas ideias que influenciaram a teoria piagetiana. Segundo a teoria de Piaget, as crianças pré-operatórias, ao enfrentar a tarefa da conservação dos líquidos, por exemplo, são incapazes de coordenar as duas dimensões dos diferentes recipientes ou copos utilizados, a largura e a altura e, portanto, não conseguem se dar conta de que a quantidade de líquido continua sendo a mesma, ainda que o tenhamos transferido a um copo diferente. A concepção piagetiana do desenvolvimento como uma progressiva aquisição de estruturas lógicas cada vez mais complexas significa que durante este processo as crianças deverão ser capazes de coordenar um número crescente de diferentes pontos de vista e dimensões, algo que não está distante da ideia do incremento na amplitude de atenção como explicação do desenvolvimento postulado por Baldwin (BARROUILLET; GAILLARD, 2011). As teorias neopiagetianas, que mantiveram uma concepção de estádios do desenvolvimento similar à de Piaget e ao mesmo tempo incluíram as ferramentas teóricas e metodológicas do processamento da informação, em particular as teorias de Pascual-Leone, Case ou Halford (veja GARCÍA MADRUGA, 1991), estabeleceram o papel-chave da amplitude atencional no desesenvovimento cognitivo.

Neste capítulo, ainda que falemos da explicação do desenvolvimento a partir do incremento na memória operacional, focaremos principalmente a descrição do desenvolvimento dos processos de memória a partir dos 6 anos de idade, com a chegada da escolarização. Para ressaltar a importância do desenvolvimento da memória, entrar em seu estudo e destacar os diferentes processos que a compõem, podemos utilizar a contribuição de Siegler (1986), o qual sugeriu quatro caminhos possíveis para explicar as diferenças entre crianças e adultos. Uma primeira possibilidade é aludir ao fato de que os adultos possuem *capacidades básicas* superiores; utilizando a metáfora do computador, isso significaria que o que se desenvolve é o *hardware* – a capacidade da memória ou sua velocidade de operação – e não tanto o *software* – os procedimentos que são empregados para memorizar o material. Em segundo lugar, poderíamos aludir ao fato de que os adultos possuem uma maior quantidade de *conhecimentos prévios*, que foram armazenados previamente a uma situação, mas que os ajudariam a recordá-la. Outra possibilidade para explicar as diferenças mencionadas seria considerar um maior desenvolvimento das *estratégias da memória* no adulto, o que supõe que ele possa utilizar um número maior de estratégias, com maior flexibilidade e eficácia. Por último, poderíamos apelar também à maior capacidade do adulto para ativar e controlar seus próprios processos mentais, seus recursos de atenção – ou seja, os *processos executivos* e a *metacognição*.

Esses quatro tipos de processos intimamente relacionados com a memória serão o objeto de nossa atenção neste capítulo. Para realizar esta tarefa, nos inseriremos em uma perspectiva que considera o ser humano como um *processador de informações* que, de maneira semelhante a um computador, codifica, armazena e recupera informações para dar determinada resposta aos estímulos do meio ambiente. Evidentemente, o processo que vai desde a entrada da informação até a conduta final é extremamente complexo, e as pesquisas e teorias desenvolvidas pelos psicólogos são bastante amplas. Assim somente podemos fazer referência a alguns aspectos muito concretos.

ESTRUTURAS E PROCESSOS DA MEMÓRIA

A estrutura da memória humana: o modelo do armazenamento múltiplo

A estrutura básica do processamento humano de informação se baseia no modelo do armazenamento múltiplo proposto por Atkinson e Shiffrin (1968), no qual se postulam três sistemas ou armazéns sequenciais de memória: a memória ou armazém *sensorial*, a memória *de curto prazo* e a memória *de longo prazo*. A informação proveniente do meio, obtida através dos sentidos, é registrada na memória sensorial; desta passa à memória de curto prazo, onde é codificada e mantida durante alguns segundos; e, por fim, transferida à memória de longo prazo, onde será armazenada de forma mais permanente.

No *armazém sensorial*, a informação é registrada de forma específica para cada modalidade sensorial (memória *auditiva*, *visual*, etc.), antes de passar ao armazém de curto prazo. Esse registro sensorial permite ao ser humano obter uma descrição bastante exata e completa do meio, ainda que apenas seja mantida por um momento muito breve: entre 100 e 500 mseg. O tempo no qual se mantém a informação, mesmo que pequeno, é suficiente para que a informação seja codificada e armazenada na memória de curto prazo.

Na memória de curto prazo, a informação obtida no meio é combinada com a recuperada do armazém de longo prazo, codificada e transformada de diversos modos, em função das metas visadas. Em outras palavras, não se trata ainda de um mero registro da informação ambiental, mas se supõe sua codificação e interpretação; desta maneira o que o sistema armazena, por exemplo, já não são meros *sons* sem sentido, mas *palavras* com significado. No entanto, esse sistema de memória é caracterizado por suas limitações, tanto as devidas à quantidade de informação que ele pode armazenar como o tempo durante o qual pode mantê-la: do ponto de vista temporal, a informação na memória de curto prazo somente dura em torno de 15 a 30 segundos, e seu limite de amplitude se situa ao redor das quatro unidades de informação. Como vemos, sua função é manter pequenas quantidades de informação durante um breve espaço de tempo.

Vale a pena destacar que esse tipo de armazenamento é produzido de forma consciente, de maneira que a memória de curto prazo tem sido considerada como a "unidade central do processamento", ela seria, de fato, o armazém onde são aplicados os *mecanismos de controle* que servem para acionar determinadas atuações estratégicas que permitem superar "funcionalmente" as limitações estruturais que acabamos de mencionar. Assim, por exemplo, se observamos nossa conduta quando nos dizem um número de telefone que queremos anotar, é fácil se dar conta de que geralmente tendemos a agrupar os sete, oito ou nove dígitos em três ou quatro unidades; por exemplo, o número "93274236" pode ser dividido em quatro unidades – 93 / 274 /25 / 36 – e dessa maneira evidentemente facilitamos a tarefa. Mediante esse *agrupamento* podemos aumentar a pouca capacidade de nossa memória de curto prazo, formando unidades mais amplas e complexas. Por outro lado, também podemos observar que o número de telefone em questão pode ser mantido em nossa memória de curto prazo por um tempo indefinido se o repetimos mentalmente, tantas vezes quanto forem necessárias. A *repetição* ou revisão dos itens a recordar, apesar de ser uma *estratégia* puramente mecânica, permite também superar a breve duração da memória de curto prazo, e, como veremos, é uma das estratégias mais utilizadas.

Essas características da memória de curto prazo fazem com que ela cumpra um papel crucial no pensamento consciente: é onde reunimos e combinamos a informação disponível para formar uma imagem integrada das coisas e, em geral, do mundo que percebemos. Graças a esse tipo de armazenamento, o ser humano consegue realizar tarefas tão importantes como a compreensão da linguagem ou os cálculos numéricos mentais, que exigem a manutenção e o processamento de unidades significativas de informação (palavras ou números). É exatamente essa natureza essencialmente ativa da memória de curto prazo que permitiu que ela seja considerada mais como uma *memória operacional* ou *de trabalho*, dentro de mo-delos teóricos nos quais, apesar de serem consideradas as limitações estruturais, são enfatizados os aspectos funcionais do sistema.

Neste sentido, o modelo mais conhecido de memória operacional (MO) é o proposto por Baddeley e Hitch (1974; BADDELEY, 1986, 1996), que foi posteriormente desenvolvido (BADDELEY, 2007) (Figura 2.1), no qual a memória operacional é concebida como um sistema encarregado de manter e manipular a informação que é necessária para a realização de tarefas cognitivas complexas, tais como a aprendizagem, o raciocínio ou a compreensão. Segundo este modelo, a memória de curto prazo seria formada por quatro componentes, os quais teriam funções distintas. Os dois primeiros, a *alça fonológica* e o *registro visuoespacial*, se encarregariam da codificação e do armazenamento da informação auditiva e visual, respectivamente. O terceiro, o *buffer episódico*, estaria encarregado da conexão com a memória de longo prazo. Por fim, o *executivo central* se ocuparia da coordenação dos componentes anteriores e da inserção dos recursos cognitivos a cada um dos componentes, em diferentes tarefas. Este quarto componente estaria encarregado dos *processos executivos* de controle, por meio de três funções principais: a abordagem da atenção, a mudança da atenção e a ativação e atualização de representações na memória de longo prazo. Além disso, a função superior do executivo incluiria a capacidade de inibir processos automáticos e de descartar informações irrelevantes (BADDELEY, 1996).

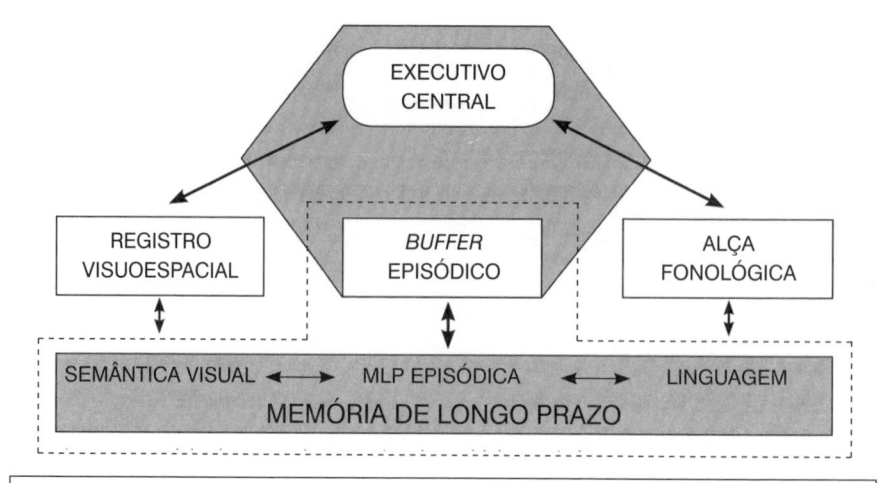

```
                    ┌─────────────┐
                    │  EXECUTIVO  │
                    │   CENTRAL   │
                    └─────────────┘
```

| REGISTRO VISUOESPACIAL | BUFFER EPISÓDICO | ALÇA FONOLÓGICA |

```
┌─────────────────────────────────────────────────────────────┐
│ SEMÂNTICA VISUAL  ⟷  MLP EPISÓDICA  ⟷  LINGUAGEM            │
│              MEMÓRIA DE LONGO PRAZO                          │
└─────────────────────────────────────────────────────────────┘
```

- As áreas dentro da linha pontilhada fazem referência aos elementos incorporados depois da última revisão do modelo (BADDELEY, 2007).
- As áreas no hexágono representam as capacidades fluidas (como a atenção e o armazenamento temporal).
- A área do retângulo maior representa os sistemas cognoscitivos "cristalizados capazes de aumentar o conhecimento a longo prazo (como a linguagem e o conhecimento semântico), mantidos em sistemas de armazenamento permanentes.

Figura 2.1 O modelo de memória operacional.
Fonte: Baddeley e Hitch (1974).

A memória de longo prazo (MLP) coincide com a noção popular de memória estendida, como o conhecimento que vamos armazenando com base em nossa experiência, já que permite o armazenamento de informações durante longos períodos. Ao contrário da memória de curto prazo, a memória de longo prazo se caracteriza, a princípio, por sua falta de restrições: ela pode armazenar uma quantidade praticamente ilimitada de informações durante um tempo indefinido. Não obstante, esta na verdade é uma descrição idealizada, já que sequer neste armazém as informações ficam registradas de uma maneira completamente segura. O registro feito é somente "relativamente permanente", uma vez que está sujeito aos fenômenos do *esquecimento*, em virtude de diferentes mecanismos, como o esmaecimento com o passar do tempo ou a interferência entre recordações que compartilham características comuns. Devido a isso, a lembrança de fatos e acontecimentos não é fácil nem segura, se transformando muitas vezes em um difícil problema, no qual, mais do que recordar, se deduz ou infere, ou seja, a recordação tem um caráter mais *reconstrutivo* do que *reprodutivo*.

Porém, na realidade, a memória de longo prazo não é uma estrutura unitária, e existem diversos armazéns nos quais são mantidos diferentes tipos de informação. Neste sentido, cabe distinguir entre os conteúdos ou conhecimentos declarativos, ou seja, que podem ser expressos linguisticamente, e os de caráter procedimental, que se referem à forma como são realizadas as tarefas, como, por exemplo, as tarefas sensório-motoras, como andar de bicicleta. Essa distinção suporia, portanto, uma *memória declarativa* e uma *memória procedimental*, respectivamente. Por outro lado, dentro da memória declarativa foi feita a distinção entre uma memória episódica, de acontecimentos pelos quais as pessoas passam e que possuem referências espacial-temporais, e uma *memória semântica*, relativa à representação de significados e relações conceituais. Por fim, nos últimos anos, tem-se aludido ao contraste entre uma *memória explícita* e uma *memória implícita*, que seria relativamente paralela à divisão anteriormente feita entre os conteúdos declarativos e procedimentais: enquanto que a memória explícita implica a recompilação consciente da experiência passada, a memória implícita se refere ao registro e à manutenção involuntária e inconsciente de todo tipo de informação.

Aspectos funcionais: o processamento estratégico

Como acabamos de ver, do ponto de vista estrutural, a ideia de uma "capacidade ilimitada" é fundamental para o modelo de memória que descrevemos, particularmente em relação à memória de curto prazo, onde tal limitação se refere tanto à *quantidade* de informações armazenadas como ao *tempo* durante o qual elas podem ser preservadas. Todavia, como também vimos, essas limitações podem ser evitadas até certo ponto, se a informação a ser armazenada for codificada ou processada de uma maneira estratégica (p. ex., sendo agrupada em algumas categorias). Isso implica, portanto, que o "armazenamento" não independe do "processamento", mas eles constituem aspectos intimamente ligados. O reconhecimento desse fato implicou novas propostas, nas quais, em relação às meras limitações de capacidade, são enfatizados os aspectos funcionais do sistema e a importância de um processamento estratégico.

Neste sentido, é preciso mencionar algumas alternativas teóricas mais funcionais que classicamente se opuseram ao modelo do armazenamento múltiplo, ainda que no final apenas tenham conseguido complementá-lo. Entre elas cabe destacar a teoria dos *níveis de processamento* de Craik e Lockhart (1972), que enfatizava a maneira pela qual é feito o processamento, de acordo com os objetivos concretos da tarefa. Segundo esse tipo de proposta, a recordação não depende do armazém no qual a informação se encontra, mas do *nível de profundidade* com o qual é feito o processamento da entrada sensorial. Por exemplo, o processamento da linguagem envolve um nível "superficial", no qual são codificadas as características visuais ou auditivas das palavras, e um nível "profundo", que analisa suas propriedades semânticas, ou seja, o "significado" das palavras.

Além da distinção entre os diferentes níveis de processamento, o importante, do ponto de vista prático, é que o processamento profundo, semântico, gera uma melhor recordação do que o superficial. Os estudos de Craik e Tulving (1975) mostraram uma melhor recordação das palavras mediante um processamento semântico (se GATO pertenceria ou não à categoria "animal") do que mediante um processamento superficial (se seria ou não escrita com letras maiúsculas). Esses autores confirmaram que, de fato, um processamento profundo, que atende ao significado das palavras e das coisas, imprime uma marca mais forte na memória.

O DESENVOLVIMENTO DA MEMÓRIA

O desenvolvimento da memória operacional

Como vimos, as teorias cognitivas defendem a existência de uma capacidade *atencional* e *de memória* limitada; a existência de transformações evolutivas nesta capacidade permitiria explicar, ao menos superficialmente, as diferenças intelectuais entre as crianças pequenas e os adolescentes ou os adultos. Como já dissemos, continuando a ideia de Baldwin, esta explicação foi proposta por Pascual-Leone (1980), o qual sustentava que os estádios do desenvolvimento cognitivo são determinados basicamente pelo crescimento – até a adolescência – de uma *capacidade central de processamento*, à qual chamava de *espaço mental*. Esse crescimento, neurologicamente determinado, fica evidente no número de esquemas que a criança consegue fixar e interiorizar em determinado momento de seu desenvolvimento, e que vai de uma unidade, aos 3 anos, até sete unidades, aos 15 anos.

Sustentando as mudanças estruturais na capacidade de processamento, estão os estudos que mostram que a *rapidez do acesso* à informação (Keating; Bobbitt, 1978) e, em geral, a *velocidade geral de processa-*

mento (KAIL, 1986) aumenta com a idade até a adolescência ou inclusive a juventude (por volta dos 20 anos de idade). A ideia central, neste sentido, é que a quantidade de informações que pode ser mantida na mente provavelmente depende da "rapidez" com a qual elas podem ser processadas.

No entanto, há outra explicação possível para esses dados, que está relacionada com o fato de que com a prática e o domínio de uma tarefa diminuem os recursos que o sujeito deve mobilizar para sua realização. Neste sentido, Case (1989) defendeu que o que aumenta com a idade não é a *capacidade* "total" de armazenamento – relativamente constante desde o final da infância – mas a *eficácia* com a qual o sujeito é capaz de realizar as operações específicas envolvidas nas tarefas, o que se traduziria em uma crescente liberação de recursos, que poderiam, portanto, ser dedicados às funções de armazenamento. De acordo com essa interpretação, o desenvolvimento que as crianças demonstram na amplitude da memória de curto prazo seria apenas aparente, já que ela é a maneira pela qual se reflete o crescente espaço residual disponível para o armazenamento, perante o decrescente consumo do processamento exigido; em outras palavras, o aumento na capacidade de memória operacional seria somente a manifestação dessa transação ou relação de troca entre as funções de armazenamento e processamento. Essa nova tese tem encontrado apoio em outros estudos (MORRIS; CRAIK; GICK, 1990), os quais demonstram que a diferença fundamental entre crianças e adultos se baseia principalmente no fato de que estes realizam as tarefas de modo mais eficaz e estratégico.

Em relação à hipótese do incremento da eficácia das operações cognitivas, mais recentemente tem se enfatizado a importância dos processos metacognitivos de controle, relacionados com a habilidade dos indivíduos para aplicar com flexibilidade o conhecimento disponível e, neste sentido, autorregular eficazmente sua atuação, se ajustando às demandas e aos objetivos da tarefa. Como vimos, ao descrever o modelo de Baddeley e Hitch, esses processos de controle da atenção, incluídos no executivo central, são de importância crucial para o funcionamento da memória operacional.

Parece claro, portanto, que a memória operacional se desenvolve com a idade. Quanto a isto se torna particularmente ilustrativo o amplo estudo longitudinal realizado por Siegel (1994) com 1.266 indivíduos, cujas idades variavam dos 6 anos à adulta. Os resultados desse trabalho mostram um crescimento gradual no desenvolvimento da memória operacional da infância à adolescência, alcançando sua capacidade máxima aos 19 anos de idade; e uma diminuição gradual a partir do final da adolescência, com uma maior redução a partir dos 65 ou 70 anos (García Madruga, 2010).

Um aspecto que não devemos esquecer sobre o desenvolvimento da memória operacional é seu papel relevante na educação. A capacidade da memória operacional dos estudantes restringe suas habilidades de compreensão e raciocínio, o que necessariamente implica, por sua vez, que sejam afetados os processos de aprendizagem escolar. Além disso, a memória operacional e, em particular, os processos executivos de controle da atenção, supervisão e planejamento estão diretamente envolvidos nas múltiplas tarefas escolares cotidianas, desde a compreensão das explicações do professor até a realização dos exames (García Madruga; Fernández Corte, 2008; Gathercole; Lamont; Alloway, 2006; Meltzer, 2007). De fato, o executivo central é o componente básico na hora de explicar a atuação dos indivíduos nas tarefas cognitivas mais complexas, como o raciocínio e o pensamento matemático (Furst; Hitch, 2001; García Madruga et al., 2007; Logie; Gilhooly; Wynn, 1994), algo que provavelmente também se pode estender à aprendizagem declarativa complexa.

A relevância dos processos de controle executivo de atenção e memória também tem sido comprovada pelos estudos que permitem conhecer melhor o funcionamento do cérebro durante a realização das tarefas cognitivas, graças à utilização das técnicas de imagens cerebrais. Desta maneira, tem-se comprovado que as chamadas funções executivas, ou seja, os processos metacognitivos de controle, regulação, inibição e planejamento da conduta têm uma base neurológica principal no córtex pré-frontal e mostram um padrão evolutivo ao longo de toda a infância, chegando ao seu apogeu apenas na adolescência ou mesmo na idade adulta (Kagan; Baird, 2004).

Como vemos, a evidência experimental disponível nos oferece um panorama realmente complexo. De um lado, é provável que existam mudanças estruturais na capacidade e pelo menos na velocidade de processamento; por outro lado, o aumento na eficácia funcional na realização das tarefas, por meio da aquisição de novas estratégias, também é, sem dúvida, um fator relevante. Os processos e as funções executivos também sofrem transformações e modificações continuamente, até a chegada da idade adulta. Essas modificações nos processos executivos dependem tanto de fatores biológicos de amadurecimento como da própria aquisição por parte dos indivíduos, mediante a contínua atividade intelectual envolvida pela escolarização.

O desenvolvimento das estratégias da memória

O termo *estratégias*, no contexto dos estudos da memória, faz alusão às atividades cognitivas ou comportamentais que são empregadas para melhorar o rendimento da memória e que o sujeito controla deliberadamente (Naus; Ornstein, 1983). Um aspecto-chave das estratégias da memória é seu caráter deliberado, ou seja, as estratégias supõem planos de ação projetados e executados conscientemente, a fim de melhorar o rendimento.

A estratégia da repetição

A repetição ou revisão é uma estratégia básica que costumamos utilizar sempre que queremos manter uma informação na memória de curto prazo. Assim, é mediante a repetição que desde criança costumamos memorizar materiais pouco significativos, como os números de telefone ou uma pequena lista de compra. Porém, além disso, a repetição também pode eventualmente implicar uma retenção mais permanente da informação e sua transferência à memória de longo prazo.

Flavell, Beach e Chinsky (1966) mostraram o notável desenvolvimento que a repetição gera entre os 5 e os 10 anos de idade e a correlação positiva que ela tinha com o sucesso obtido na tarefa da memorização. Esses autores comprovaram a existência de um notável incremento, com o aumento da idade, do uso da repetição, que era acompanhada de uma maior recordação nos sujeitos que usavam a estratégia, o que os levou a concluir que a frequência com a qual a estratégia era utilizada determinava o nível de execução.

Estudos posteriores demonstraram que o importante neste desenvolvimento era o *estilo* ou a forma pela qual a repetição era feita. Por exemplo, Ornstein, Naus e Liberty (1975), em uma tarefa na qual se pedia que as crianças memorizassem listas de 18 a 20 palavras, descobriram que os indivíduos mais jovens tendiam a repetir individualmente cada palavra à medida que ela era apresentada (*repetição passiva*), ao passo que as crianças maiores eram capazes de repetir cada palavra junto com as que haviam sido previamente apresentadas (*repetição ativa* ou *acumulativa*), o que gerava um melhor rendimento. Em conjunto, portanto, os estudos refletem um padrão geral muito claro na aquisição da repetição, que inclui três estágios: um *primeiro estágio* (até os 5 ou 6 anos de idade), no qual a estratégia não está disponível nem pode ser induzida; um *segundo estágio* (entre os 6 e 7 anos), no qual já se dispõe da estratégia, mas ela somente é empregada quando induzida mediante treinamento com instruções explícitas; e um *terceiro estágio* (a partir dos 7 anos), no qual já se pode falar de um emprego maduro da estratégia, que é aplicada de maneira espontânea e sistemática.

Do ponto de vista da evolução, portanto, a diferença-chave não parece estar na habilidade para usar a estratégia como tal, mas na tendência a que isso seja feito de maneira espontânea. Neste sentido, o estágio verdadeiramente interessante e enigmático é o intermediário, no qual as crianças mostram um desenvolvimento já "suficiente", mas "improdutivo" da repetição. Isto é o que levou a distinguir entre dois tipos de deficiências – de *mediação* e de *produção* – para caracterizar os estágios prévios ao desenvolvimento maduro da estratégia (Flavell, 1984). A primeira corresponde às crianças do primeiro estágio, uma vez que não são capazes de utilizar a estratégia, ainda que lhes sejam dadas instruções para isso; ou seja, a deficiência de mediação sugere que a estratégia não facilita a recordação espontânea nem a induzida. Contrastando, a deficiência da produção significa que a criança não emprega a estratégia espontaneamente, mas o faz quando é induzida; essa deficiência é, portanto, a que caracteriza as crianças do segundo estágio: elas não "produzem" de maneira espontânea a estratégia, mas não por que careçam absolutamente da habilidade, mas por que precisam de um apoio externo para aplicá-la.

As estratégias semânticas

A estratégia da revisão é, em essência, superficial, já que não exige qualquer tipo de análise do conteúdo ou das relações entre os estímulos. Em contraste a isso, como já vimos, há outro tipo de estratégia que implica um processamento mais profundo – "semântico" ou conceitual – que envolve o estabelecimento de conexões significativas dentro da informação ou do material a recordar. Neste sentido, costuma-se distinguir entre a estratégia da *organização* e a da *elaboração* do material.

A estratégia da organização consiste simplesmente em agrupar a informação, formando categorias a fim de facilitar a memorização. Por exemplo, a criança que tem de memorizar uma lista aleatória de palavras pode identificar que algumas se referem a *seres inanimados*, outras, a *plantas* e ainda outras, a *animais*, o que lhe permitirá agrupá-las, o que torna sua lembrança mais fácil do que com o emprego da mera repetição. Evidentemente, a principal vantagem dessa estratégia é a redução imediata das *unidades de informação* a serem manejadas, o que facilita a retenção na memória de curto prazo – permitindo, por exemplo, o uso mais eficaz da estratégia básica da revisão; contudo, ao mesmo tempo, também se pode supor alguma transferência do material para a memória de longo prazo – em função da análise semântica realizada –, com o que sua retenção será mais permanente e sua recuperação, mais simples. Sem dúvida, esse tipo de estratégia necessariamente implica um processamento mais profundo, o que facilita a lembrança em relação a ambos os sistemas de memória e que, de fato, tem se mostrado mais eficaz do que a simples repetição superficial.

Os estudos sobre como as crianças utilizam a organização mostram que isso ocorre de acordo com uma pauta semelhante à da estratégia da repetição – isto é, mediada por déficits de "produção" –, ainda que com um atraso de dois ou três anos em relação àquela (FLAVELL; MILLER; MILLER, 1993). Por exemplo, em um estudo realizado por Moley et al. (1969), se mostrava a crianças de 5 a 11 anos de idade um conjunto de desenhos que incluíam *animais*, móveis, veículos e peças do vestuário. As instruções que as crianças recebiam eram que elas tinham de memorizar os nomes dos desenhos e para isso deveriam estudá-los, sendo permitido que fizessem qualquer tipo de movimento com os desenhos ou qualquer coisa que facilitasse sua tarefa. Após alguns minutos (nos quais o pesquisador deixava a criança sozinha), eram medidos os grupos que a criança havia feito com os desenhos dentro de cada categoria. Desta maneira, se descobriu que é somente a partir dos 10 ou 11 anos de idade que as crianças utilizam de maneira espontânea e sistemática a estratégia de organização, agrupando os desenhos pertencentes à mesma categoria, a fim de memorizá-los com mais facilidade. No entanto, quando as crianças de 5 ou 6 anos foram instruídas para agrupar o material, seu desempenho melhorou significativamente, aproximando-se do resultado das crianças maiores.

De qualquer maneira, muitos outros estudos têm confirmado a fragilidade da atuação das crianças menores em relação a essa estratégia (CARR; SCHNEIDER, 1991). Os efeitos do treinamento não são genéricos nem se mantêm, de modo que raramente eliminam as diferenças de evolução. Assim, esses estudos demonstram que, ainda que as crianças pequenas geralmente tenham os conhecimentos suficientes para categorizar os itens, elas não sabem como fazer isso em uma situação concreta ou precisam ser induzidas explicitamente. Somente por volta dos 9 anos de idade, as crianças começarão a utilizar a organização por iniciativa própria, e apenas na adolescência elas aplicarão esta estratégia de maneira suficientemente flexível e coordenada para que seja possível se adaptar às características da tarefa.

Como vemos, a organização supõe que já seja empregado o conhecimento conceitual disponível – ou seja, a memória de longo prazo – a fim de identificar e aplicar categorias facilitadoras; a *elaboração* se refere a qualquer outra forma na qual se possa fazer um uso produtivo do conhecimento prévio em relação ao material a ser lembrado. A elaboração envolve um processamento mais ativo da informação, por meio do qual o sujeito busca qualquer significado ou relação que favoreça a conexão entre os elementos e sua recordação posterior. Logicamente, as possibilidades neste sentido são inúmeras: desde a mera *aprendizagem associativa*, que envolve uma simples elaboração imaginativa ou verbal, até a elaboração significativa, que supõe a conexão com *os esquemas* de conhecimento já disponíveis, inserindo o novo material nas estruturas conceituais prévias. Tudo depende do tipo de material a ser memorizado e dos objetivos almejados. Perante um material simples e descontextualizado – como aquele típico das situações de laboratório –, o primeiro tipo de opção pode ser eficaz, ao passo que, quando o material é significativo e complexo – por exemplo, este texto que você está estudando – o mais efetivo, em geral, será o segundo tipo de elaboração.

Como nas estratégias anteriores, no desenvolvimento da elaboração também têm sido identificados déficits de produção, ainda que com uma evolução relativamente mais tardia. Por exemplo, Siegler (1986) cita vários estudos nos quais se mostra como a utilização espontânea da elaboração raramente ocorre antes da adolescência. Além disso, muitos adultos continuam manifestando um uso muito escasso da elaboração, a menos que sejam expressamente incitados, o que melhora de forma significativa com o treinamento. Por outro lado, descobriu-se que, em comparação com as mais jovens, as crianças mais velhas e os adultos costu-mam se beneficiar mais das elaborações do que elas próprias fazem, o que talvez se deva às diferenças na qualidade destas: as crianças mais velhas costumam elaborar a informação de modo mais *significativo* – em relação a seus conhecimentos prévios mais amplos – o que tem como consequência uma melhor recordação.

Na realidade, essas diferenças evolutivas na eficácia com as quais são usadas as estratégias têm sido uma observação comum dentro do desenvolvimento estratégico, ainda que especialmente notável em relação às estratégias semânticas; de fato, foi o que obrigou a ampliar o campo dos déficits tradicionalmente reconhecidos (os déficits de *mediação* e *produção*), com as denominadas deficiências de *utilização* (MILLER, 1994); este seria o caso das crianças que já possuem a estratégia e inclusive a utilizam espontaneamente, mas se beneficiam pouco ou nada dela, pois não lhes facilita a lembrança. Esse tipo de deficiência não somente parece acontecer de forma generalizada, mas também envolve um período de desenvolvimento até sua utilização eficiente, flexível e produtiva. Evidentemente, as três deficiências aludidas podem ocorrer com diferentes idades segundo as tarefas; no entanto, para uma estratégia particular, parecem se suceder segundo uma ordem fixa: primeiramente, as de mediação; depois as de produção, e, por fim, as de utilização.

O padrão de desenvolvimento estratégico que apresentamos, elaborado a partir de *estudos transversais* – estudos nos quais são utilizados ao mesmo tempo indivíduos de diversas idades, como crianças de 6, 8, 10 e 12 anos – parece sugerir uma evolução progressiva mediante mudanças graduais na utilização e eficácia das estratégias. No entanto, os resultados recentes dos *estudos longitudinais* parecem confirmar o contrário. O importante é que nestes estudos se analisa a mudança real que ocorre nos mesmos indivíduos com o passar dos anos; ou seja, se medem, por exemplo, as mesmas crianças pela primeira vez quando têm 6 anos de idade e, sucessivamente, quando completam 8, 10 e 12 anos. Os resultados encontrados por Schneider e colaboradores em vários estudos longitudinais revelam que as crianças que demonstram um desenvolvimento gradual em suas estratégias são muito raras, a maioria manifesta mais um desenvolvimento abrupto no qual passa diretamente da situação em que não possuía determinada estratégia àquela na qual a possui e emprega eficazmente (SCHNEIDER; KRON-SPERL; HÜNNERKOPF, 2007). Além disso, os *estudos microgenéticos* que avaliam a mudança em espaços de tempo muito mais breves do que os longitudinais – por exemplo, semanalmente – têm confirmado esta transição rápida entre uma atuação não estratégica e uma atuação estratégica (BJORKLUND; DUKES; BROWN, 2009).

Os pontos de vista anteriores serviram para destacar a complexidade da conduta estratégica e a dificuldade de uma avaliação rigorosa da mudança evolutiva neste âmbito, o que tem se traduzido em novas abordagens, que enfatizam sua contextualização e multidimensionalidade. Entre elas, não podemos deixar de mencionar a de Siegler (1996), o qual considera que aquilo que sempre caracteriza a cognição é a *variabilidade* (inter e intraindividual) dos recursos disponíveis para pensar e solucionar problemas em todos os campos (estratégias, conceitos, regras, teorias, etc.) e que o desenvolvimento implica sobretudo um progresso na capacidade para selecionar adaptativamente entre as múltiplas alternativas possíveis, melhorando a execução e a aprendizagem.

MEMÓRIA, CONHECIMENTO E EDUCAÇÃO

O papel do conhecimento

Como acabamos de ver, o conhecimento constitui a base sobre a qual se assentam as estratégias semânticas de organização e elaboração; além disso, existe uma relação substancial entre conhecimento e memória, particularmente a memória de longo prazo. No entanto, as relações entre conhecimento e memória também têm sido amplamente corroboradas do ponto de vista empírico. Assim, são muitos os estudos que documentam o grande efeito sobre a memória infantil do grau de conhecimento prévio, de *familiaridade* com o material a ser memorizado (HERNÁNDEZ BLASI; SOTO, 1997); este efeito se manifesta não somente em relação à aprendizagem de tarefas simples – que requerem a memória de curto prazo –, mas também em relação à aprendizagem de materiais complexos – como a facilitação da memorização de textos. Esse efeito positivo parece se manifestar, em primeiro lugar, mediante um aumento da "velocidade de processamento" da informação específica, com a conseguinte redução das demandas na memória operacional para a realização de operações estratégicas sobre o material a ser memorizado (a eficácia do processamento). Entretanto, há diversos outros efeitos relacionados que podem contribuir para o resultado. Bjorklund (1987), por exemplo, propõe que a influência positiva da base de conhecimentos nas tarefas da memória surge por meio da facilitação de, no mínimo, três coisas: a *acessibilidade* dos elementos de conhecimento necessários para a resolução da tarefa, o estabelecimento de *relações* entre eles e a aplicação deliberada de *estratégias*. É claro que existem outras interpretações e análises, além de muitas questões polêmicas a resolver; o que ninguém questiona, no entanto, é que as diferenças no conhecimento de base podem explicar uma parte importante das diferenças evolutivas encontradas nas tarefas da memória.

Na realidade, ainda que a influência dos níveis de conhecimento tenha ficado evidente particularmente nas tarefas da memória, também foi demonstrada em outras tarefas e em diversos campos, de maneira que passou a ser reconhecida como um fator que modula a execução intelectual em geral. Tanto é assim que alguns autores têm defendido a ideia de que muitas diferenças evolutivas podem ser mais bem entendidas e interpretadas como *simples diferenças entre experientes e novatos*, ou seja, mais como diferenças relativas aos diferentes níveis de conhecimento em campos específicos, do que como diferenças evolutivas cronológicas de domínio geral. Isto já ficou patente nos estudos pioneiros de Chase e Simon (1973) e de Chi (1978), com relação ao jogo de xadrez: a capacidade para memorizar as posições das peças no tabuleiro era significativamente menor nos *adultos novatos* do que nas *crianças experientes* de apenas 10 anos, o que refletia algumas diferenças paralelas quanto à competência no jogo. Colocando em termos mais simples: devido ao seu maior conhecimento, os especialistas conseguiam codificar e memorizar melhor as posições – e assim encontrar a jogada correta. Posteriormente, esse tipo de resultado foi repetido em relação a outros domínios. Por exemplo, em outro estudo clássico, Chi (1985) pesquisou o conhecimento que quatro crianças de 7 anos, duas novatas e duas experientes, tinham sobre dinossauros. Tratava-se de averiguar como estas crianças eram capazes de classificar um conjunto de 20 dinossauros e que tipo de explicações elas davam sobre as categorias que empregavam. As crianças que não tinham conhecimentos prévios classificavam os dinossauros segundo suas semelhanças visuais, utilizando categorias como o *número de patas* que eles possuíam ou se tinham ou não um *bico de pato*; além disso, suas justificativas confirmavam o caráter superficial de suas categorias. Já as crianças experientes em dinossauros tendiam a utilizar classificações baseadas em características mais abstratas, empregando categorias como *herbívoros* ou *carnívoros*. Além disso, sua representação do conhecimento sobre os dinossauros parecia ser mais complexa, incluindo um número de níveis maior, já que dentro das categorias citadas tais crianças criavam outras, em função dos mesmos critérios perceptivos que os novatos utilizavam. Esse tipo de classificação que inclui vários níveis e utiliza características abstratas é típico da conduta adulta e, como vemos, pode ser encontrado em crianças de apenas 7 anos, desde que tenham algum conhecimento sobre o assunto em questão.

Assim, em conjunto, esse tipo de trabalho sobre as diferenças entre experientes e novatos reforçou a ideia de que o importante não é tanto o aumento quantitativo dos conhecimentos, mas sua crescente *interconexão* e *organização*. Este último aspecto é o que facilitaria o rápido acesso à informação relevante e ao estabelecimento de relações, permitindo também o uso mais eficiente – menos exigente – das estratégias e, consequentemente, uma distribuição mais ajustada e eficaz dos recursos, melhorando a execução (BJORKLUND; SCHNEIDER, 1996).

Outro tipo de conhecimento que parece distinguir os experientes dos novatos é o conhecimento metacognitivo que os indivíduos mostram em relação à memória ou durante a realização de tarefas da memória, o que já foi chamado *metamemória* (FLAVELL, 1971). A metamemória tem sido estudada nas crianças em sua dupla acepção: o conhecimento que estas demonstram sobre seus próprios conteúdos e processos da memória e a capacidade de controlar de modo eficaz seus processos da memória durante a realização das tarefas. Além de comprovar que as crianças pequenas costumam supervalorizar as habilidades da memória, os estudos têm demonstrado que a metamemória não está diretamente relacionada com um comportamento estratégico eficaz por parte das crianças. Por isso, atualmente ninguém mais considera que a metacognição envolva simplesmente uma boa cognição, mas que ela apela a modelos de relações mais complexas, incluindo todos os aspectos que afetam o uso de estratégias: tipo de tarefa, dificuldade, idade das crianças, etc.

O papel da educação

Com a chegada à escola, as crianças enfrentam regularmente tarefas da memória, o que supõe uma comprovação de suas capacidades e limitações, bem como uma crescente prática e melhoria nas estratégias empregadas para realizar esse tipo de tarefas. Não é de estranhar, portanto, que, além do reconhecido papel do conhecimento, se tenha apelado à própria escolarização – e às experiências que ela envolve – como o principal fator determinante do notável desenvolvimento das estratégias da memória que são produzidas exatamente nos anos escolares (NAUS; ORNSTEIN, 1983). Neste sentido, existe um considerável conjunto de dados proveniente de estudos transculturais que mostra que as crianças pertencentes a culturas ou grupos culturais que não recebem uma educação formal na escola manifestam uma conduta estratégica que, em diferentes campos e em particular na memória, é claramente inferior à das crianças escolarizadas (LABORATORY OF COMPARATIVE HUMAN COGNITION, 1983). Assim, embora os professores muito raramente ensinem explicitamente as estratégias, a escolarização, com todas as atividades que ela envolve – repetição, agrupamento, classificação, memorização, etc. – pode ser o fator-chave no desenvolvimento da conduta estratégica na criança.

Por outro lado, é justamente no contexto escolar que o estudo das estratégias da memória, como recursos cognitivos elementares, converge essencialmente com o estudo de como tais recursos são inseridos dentro dos processos mais complexos de aprendizagem e solução de pro-blemas em contextos naturais; e de como estes processos são fundamentalmente afetados pelos conhecimentos prévios. Assim, em referência ao contexto de aprendizagem escolar, é curioso constatar como a estratégia básica da *repetição* corresponde a uma *estratégia de estudo* tão comum quanto pouco produtiva, e que consiste, simplesmente, em "ler muitas vezes" os conteúdos a serem aprendidos. Parece claro que o que neste contexto é preciso é a habilidade para utilizar ativamente estratégias mais "semânticas" – como as de organização e elaboração – de acordo com o que se entende como *aprendizagem significativa*. Neste sentido, evidentemente, o progresso evolutivo que fica evidente nas estratégias de estudo reflete – ou se mostra paralelo – ao que é produzido pelas próprias estratégias de memória: a organização e a elaboração do material de estudo se desenvolvem mais tarde, na revisão – ou releitura – e seu uso apropriado exige menos apoio e ajuda externa à medida que aumenta a idade, se manifestando em formas progressivamente mais complexas, conscientes e eficazes (Schneider, 1986).

É claro que isso também se relaciona diretamente com a forma na qual se adquire e desenvolve a própria leitura e mesmo a escrita como ferramentas básicas para a aprendizagem e a comunicação; de fato, estas talvez sejam as atividades mais características do período escolar, voltadas para a promoção das habilidades das crianças para interpretar e expressar ideias mediante o uso da linguagem escrita. Em relação à leitura, a evolução gerada pode ser descrita de forma singela: as crianças devem passar de "aprender a ler" a "ler para aprender". Isto supõe o desenvolvimento de habilidades de "compreensão leitora" – ou seja, de extração do significado dos textos – as quais se baseiam essencialmente em certas estratégias que permitem identificar e hierarquizar as ideias principais de um texto, mas este desenvolvimento também é lento e tardio. Esse paralelismo entre as pautas de desenvolvimento das diferentes estratégias – de memorização, compreensão e estudo – é realmente o que se espera, levando-se em conta a íntima relação que deve existir entre essas habilidades e estratégias quando a aprendizagem é feita com base em textos – como acontece em grande parte no contexto escolar. Neste sentido, devemos destacar o fato de que, assim como ocorre com as estratégias básicas da memória, as diferenças evolutivas nas estratégias de compreensão leitora podem ser consideravelmente reduzidas mediante o treinamento, embora pareça existir uma clara interação entre o nível de desenvolvimento e a sensibilidade à instrução. Em nossa própria pesquisa sobre esse tema (GARCÍA MADRUGA, 2006), pudemos comprovar que, apesar das dificuldades, é possível ensinar as crianças a ler de maneira crítica, aplicando estratégias ativas, o que repercutirá positivamente em suas estratégias de estudo e, por fim, em seu desempenho acadêmico.

Como vimos ao longo do capítulo, as pesquisas sobre o desenvolvimento da memória têm transferido seu interesse das teorias pelas quais se analisava como os sujeitos "armazenam" a informação para modelos nos quais se insiste mais na importância dos aspectos funcionais. Isso tem implicado uma menor atenção às limitações estruturais do sistema de processamento, como as possibilidades de superação funcional mediante o uso eficaz dos recursos; concretamente, mediante as estratégias e os processos executivos de controle que o sujeito aplica à informação.

Além disso, na explicação das transformações no rendimento das tarefas de memória, tem-se reconhecido a influência de diversos fatores: o aumento da capacidade de processamento da memória operacional, o incremento da eficiência no processamento, mediante a aquisição de novas estratégias, o incremento na quantidade e qualidade de conhecimentos específicos e o progresso na metamemória. Gostaríamos de ressaltar dois aspectos para finalizar o capítulo: a importância da memória operacional e a relevância dos conhecimentos e de sua organização.

A memória operacional parece ser crucial na aprendizagem e na escola, já que é na memória operacional que se produz a conexão entre o conhecido e o novo, onde o estudante compreende os novos conhecimentos que ele deve aprender e que terá de armazenar na memória de longo prazo. Já o aumento dos conhecimentos e sua organização são fatores cruciais sobre os quais parecem orbitar as demais influências no desenvolvimento da memória, o que, por sua vez, tem permitido que se ressalte a importância da aprendizagem escolar como fonte principal de tal progresso. A forma pela qual as crianças enfrentam as tarefas cognitivas depende dos conhecimentos específicos que já tiverem adquirido, existindo uma interação entre estes e as estratégias que elas aplicam. Além disso, a progressiva aquisição e a reorganização dos conhecimentos em diversos campos podem afetar outros campos distintos, provocando, em determinado momento, sua completa reestruturação.

REFERÊNCIAS

ATKINSON, R. C.; SHIFFRIN, R. M. Human memory: a proposed system and its control processes. In: SPENCE, K. W.; SPENCE, J. J. *Advances in the psychology of learning and motivations research and theory.* New York: Academic, 1968. v. 2, p. 89-115.

BADDELEY, A. D. Exploring the central executive. *The Quarterly Journal of Experimental Psychology*, v. 49A, p. 5-28, 1996.

BADDELEY, A. D. *Working memory, thought and action.* Oxford: Oxford University, 2007.

BADDELEY, A. D. *Working memory.* Oxford: Oxford University, 1986.

BADDELEY, A. D.; HITCH, G. Working memory. In: BOWER, G. A. (Ed.). *The psychology of learning and motivation.* New York: Academic, 1974. v. 8, p. 47-90.

BALDWIN, J. M. *Mental development in the child and the race.* New York: MacMillan, 1894.

BARROUILLET, P.; GAILLARD, V. Introduction: from Neo-Piagetian theories to working memory development studies. In: BARROUILLET, P.; GAILLARD, V. (Ed.). *Cognitive development and working memory*: a dialogue between Neo-Piagetian theories and cognitive approaches. Hove East Sussex: Psychology, 2011. p. 1-9.

BJORKLUND, D. F. How age changes in knowledge base contribute to development of organization in children's memory: an interpretative review. *Developmental Review*, v. 7, p. 93-130, 1987.

BJORKLUND, D. F.; DUKES, C.; BROWN, R. D. The development of memory strategies. In: COURAGE, M. L.; COWAN, M. (Ed.). *The development of memory in infancy and childhood.* Hove: Psychology, 2009. p. 145-175.

BJORKLUND, D. F.; SCHNEIDER, W. The interaction of knowledge, aptitudes, and strategies in children's memory performance. *Advances in Child Development and Behavior*, v. 26, p. 58-89, 1996.

CARR, M.; SCHNEIDER, W. Long-term maintenance of organizational strategies in kindergarten children. *Contemporary Educational Psychology*, v. 16, p. 61-72, 1991.

CASE, R. *El desarrollo intelectual.* Barcelona: Paidós, 1989. Edição original: *Intellectual development*: birth to adulthood. Orlando: Academic, 1985.

CHASE, W. G.; SIMON, H. A. The mind'eye in chess. In: CHASE, W. G. (Comp.). *Visual information processing.* New York: Academic, 1973. p. 215-281.

CHI, M. T. H. Interactive roles of knowledge and strategies in the development of organized sorting and recall. In: CHIPMAN, S. F.; SEGAL, J. W.; GLASER, R. (Ed.). *Thinking and learning skills*: research and open questions. Hillsdale: LEA, 1985. v. 2, p. 457-483.

CHI, M. T. H. Knowledge structures and memory development. In: SIEGLER, R. S. (Ed.). *Children's thinking*: what develops? Hillsdale: LEA, 1978. p. 73-96.

CRAIK, F. I. M.; LOCKHART, R. S. Levels of processing: a framework for memory research. *Journal of Verbal Learning and Verbal Behavior*, v. 11, p. 671-684, 1972.

CRAIK, F. I. M.; TULVING, E. Depth of processing and the retention of words in episodic memory. *Journal of Experimental Psychology: General*, v. 104, p. 268-294, 1975.

FLAVELL, J. H. *El desarrollo cognitivo.* Madrid: Visor, 1984. Edição original: *Cognitive development.* Englewood Cliffs: Prentice Hall, 1977.

FLAVELL, J. H. First discussant's comments: what is memory development of? *Human Development*, v. 14, p. 272-278, 1971.

FLAVELL, J. H.; BEACH D. H.; CHINSKY, J. M. Spontaneous verbal rehearsal in a memory task as a function of age. *Child Development,* v. 37, p. 283-299, 1966.

FLAVELL, J. H.; MILLER, P. H.; MILLER, S. A. *Cognitive development.* 3rd ed. Englewood Cliffs: Prentice Hall, 1993.

FURST, A. J.; HITCH, G. H. Different roles for executive and phonological components of working memory in mental arithmetic. *Memory and Cognition,* v. 28, p. 774-782, 2001.

GARCÍA MADRUGA, J. A. *Desarrollo y conocimiento.* Madrid: Siglo XXI, 1991.

GARCÍA MADRUGA, J. A. El desarrollo cognitivo en la edad adulta y el envejecimiento. In: GARCÍA MADRUGA, J. A.; DELVAL, J. (Coord.). *Psicologia del desarrollo I.* Madrid: UNED, 2010.

GARCÍA MADRUGA, J. A. et al. Mental models in propositional reasoning and working memory's central executive. *Thinking and Reasoning,* v. 13, n. 4, p. 370-393, 2007.

GARCÍA MADRUGA, J. A. *Lectura y conocimiento.* Barcelona: Paidós; UNED, 2006.

GARCÍA MADRUGA, J. A.; FERNÁNDEZ CORTE, M. T. Memoria operativa, comprension y razonamiento en la educacion secundaria. *Anuario de Psicologia,* v. 39, n. 1, p. 133-157, 2008.

GATHERCOLE, S. E.; LAMONT, E.; ALLOWAY, T. P. Working memory in the classroom. In: PICKERING, S. (Ed.). *Working memory and education.* San Diego: Elsevier, 2006. p. 219-240.

HERNÁNDEZ BLASI, C.; SOTO, P. Influencia del conocimiento en el recuerdo infantil: un estudio experimental. *Infancia y Aprendizaje,* v. 80, p. 53-70, 1997.

JAMES, W. *The principles of psychology.* New York: Holt, 1890. v. 1.

KAGAN, J.; BAIRD, A. Brain and behavioral development during childhood. In: GAZZANIGA, M. (Ed.). *The cognitive neurosciences III.* New York: MIT, 2004. p. 93-103.

KAIL, R. Sources of age differences in speed of processing. *Child Development,* v. 57, p. 969-987, 1986.

KEATING, D. P.; BOBBITT, B. L. Individual and developmental differences in cognitive processing components of mental ability. *Child Development,* v. 49, p. 155-167, 1978.

LABORATORY OF COMPARATIVE HUMAN COGNITION. Culture and cognitive development. In: KESSEN, W. (Ed.). *Handbook of child psychology:* history, theory and methods. New York: Wiley, 1983. p. 295-356.

LOGIE, R. H.; GILHOOLY, K. J.; WYNN, V. Counting on working memory in arithmetic problema solving. *Memory and Cognition,* v. 22, p. 395- 410, 1994.

MELTZER, L. (Ed.). *Executive function in education:* from theory to practice. New York: Guilford, 2007.

MILLER, P. H. Individual differences in children strategic behavior: utilization deficiencies. *Learning and Individual Differences,* v. 6, p. 285- 307, 1994.

MOLEY, B. E. et al. Production deficiency in young children's clustered recall. *Developmental Psychology,* v. 1, p. 26-34, 1969.

MORRIS, R. G.; CRAIK, F. I. M.; GICK, M. L. Age differences in working memory tasks: the role of secondary memory and the central executive system. *The Quarterly Journal of Experimental Psychology,* v. 1, p. 67-86, 1990.

NAUS, M. J.; ORNSTEIN, P. A. Development of memory strategies: analysis, questions and issues. In: CHI, M. T. C. (Ed.). *Trends in memory development research.* Basilea: Karger, 1983. p. 1-29.

ORNSTEIN, P. A.; NAUS, M. G.; LIBERTY, C. Rehearsal and organizational processes in children's memory. *Child Development,* v. 46, p. 818-830, 1975.

PASCUAL-LEONE, J. Constructive problems for constructive theories: the current relevance of Piaget's work and a critique of information-processing simulation psychology. In: KLUWE, R. H.; SPADA, H. (Ed.). *Developmental models of thinking*. Londres: Academic, 1980.

SCHNEIDER, W. The role of conceptual knowledge and metamemory in the development of organizational processes in memory. *Journal of Experimental Child Psychology*, v. 42, p. 218-236, 1986.

SCHNEIDER, W.; KRON-SPERL, V.; HÜNNERKOPF, M. The development of young children's memory strategies: evidence from the Wurzburg longitudinal memory study. *European Journal of Developmental Psychology*, v. 6, p. 70-99, 2007.

SIEGEL, L. S. Working memory and reading. *International Journal of Behavioral Development*, v. 1, p. 109-124, 1994.

SIEGLER, R. S. *Chidren's thinking*. Englewood Cliffs: Prentice Hall, 1986.

SIEGLER, R. S. *Emerging minds*: the process of change in children's thinking. New York: Oxford University, 1996.

3
Mudança conceitual

José A. Castorina e Mario Carretero

A PESQUISA DA MUDANÇA COGNITIVA

Atualmente o estudo da mudança conceitual não é somente uma área de pesquisa de grande importância no âmbito do desenvolvimento cognitivo, mas uma abordagem geral sobre como estudar as transformações no conhecimento dos indivíduos e das teorias científicas, que vêm sendo desenvolvidas vigorosamente nas últimas três décadas, o que sem dúvida continuará acontecendo nas próximas. Os termos "mudança conceitual" ou "mudança cognitiva" surgem pela primeira vez nos estudos psicológicos e educativos no começo dos anos de 1980 (CAREY, 1985; POSNER et al., 1982) e, desde então a influência dessas ideias não parou de aumentar, como pode ser comprovado no *International Handbook of Research on Conceptual Change* (VOSNIADOU, 2008).

São várias as razões, em nossa opinião, que explicam por que essa abordagem acabou se consolidando (CARRETERO; RODRÍGUEZ MONEO, 2008; SCHNOTZ; VOSNIADOU; CARRETERO, 2006). Talvez o motivo mais importante seja o auge, na década de 1980, das posições que abordam os estudos da mente humana com a concepção modular, e que prescindem da ideia de questionar mudanças gerais, como as estruturas lógicas piagetianas, no desenvolvimento e funcionamento da mente humana. Em íntima relação com esse interesse, também no início dos anos de 1980 começa a se desenvolver a pesquisa sobre o conhecimento "experiente" e o conhecimento "novato", Ou seja, o foco de interesse é a comparação entre os indivíduos experientes em um campo do conhecimento e os que estão começando a se tornar peritos nesta área. Embora alguns autores (Pozo; Carretero, 1992; Vosniadou, 2006) tenham defendido a frutífera relação da abordagem piagetiana e daquela baseada em uma ideia modular, não resta dúvida de que hoje em dia tem grande influência a heurística pesquisadora baseada no estudo da gênese de conceitos específicos. No entanto, também é preciso destacar que muitas das premissas teóricas do estudo da mudança conceitual em grande parte procedem, por um lado, da teoria piagetiana do equilíbrio, e, por outro lado, da visão kuhniana da gênese e do desenvolvimento das revoluções científicas, as quais, por sua vez, correspondem aos trabalhos sobre o ensino da ciência.

Também se pode dizer que progressivamente essas três influências têm sido relacionadas de maneira bastante frutífera. Por essa razão, os trabalhos atuais sobre a mudança conceitual são de grande relevância tanto para a pesquisa básica, de caráter cognitivo (Carey, 2009) e epistemológico (Carretero; Castorina; Levinas, 2008; Levinas; Carretero, 2010), como para a aplicada à educação (Schnotz; Vosniadou; Carretero, 2006). E, utilizando aquele que talvez seja o exemplo mais citado nesta área – as pesquisas sobre a representação da forma da Terra –, as perguntas sobre as quais cada um dos âmbitos citados buscaria uma resposta seriam as seguintes: a) como uma pessoa deixa de representar a Terra plana e passa a representá-la como uma esfera?; b) como seria possível ensinar tal conteúdo, bem como as implicações que ele tem, para que seja adequadamente compreendido?; e c) como a ciência passou de uma visão geocêntrica para outra, heliocêntrica?

Neste capítulo apresentaremos uma visão geral dos pressupostos básicos deste campo de estudo, no contexto de seu desenvolvimento como área de pesquisa, e focaremos também alguns dos debates teóricos centrais que tal visão acarreta.

IDEIAS PRÉVIAS E MUDANÇA CONCEITUAL

O estudo das chamadas "ideias prévias" ou *misconceptions* – entre outras denominações utilizadas – se refere ao conjunto de trabalhos, sobretudo no âmbito do ensino da ciência, que têm mostrado, há bastante tempo, que uma grande quantidade de nossas representações sobre noções científicas básicas apenas muda ao longo de nosso desenvolvimento cog-

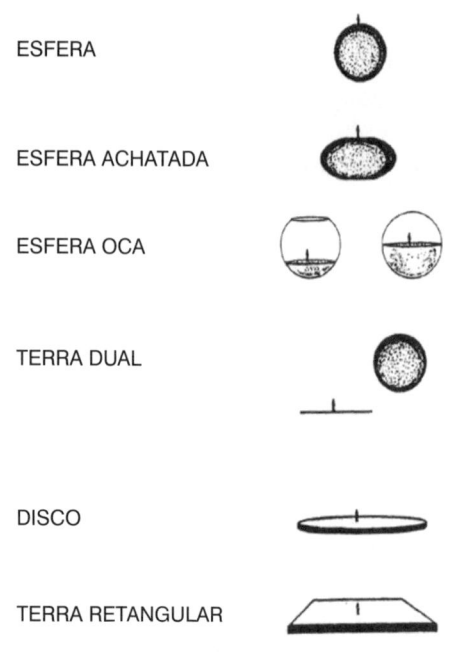

ESFERA	⬤
ESFERA ACHATADA	⬬
ESFERA OCA	◖ ◗
TERRA DUAL	⬤
DISCO	⬯
TERRA RETANGULAR	▱

Figura 3.1 Modelos mentais da Terra.
Fonte: Vosniadou e Brewer (1992).

nitivo, apesar, inclusive, da influência da instrução recebida. Devido ao fato de terem derrubado alguns exemplos de diferentes microdomínios da física e da química, têm sido estudadas as ideias sobre o movimento, o peso e a queda livre dos corpos, a aceleração, o calor e a temperatura, a natureza dos gases, a densidade, etc.

Estes e muitos outros trabalhos têm permitido saber que, apesar de que as ideias prévias variam dependendo do domínio em questão, do tipo de conteúdo incluído, da idade e do nível de habilidade do sujeito que as possui e da influência social e cultural, existem alguns aspectos comuns a todas elas. Assim, poderíamos tomar como exemplo duas dessas ideias que têm sido amplamente pesquisadas. Referimo-nos, por um lado, às ideias que muitas das crianças têm sobre a forma da Terra, comentada anteriormente, no sentido de acreditar que a Terra seja plana ou tenha outra forma, mas não seja redonda, o que implica a incompreensão dos ciclos noite e dia, das diferenças entre os hemisférios e dos ciclos das estações. Outro exemplo amplamente estudado tem a ver com a teoria da evolução das espécies, que, tanto em crianças como em adolescentes e adultos, costuma ser entendida de forma incompleta ou equivocada, dando mais importância à influência da adaptação que à da mutação. Ou seja, tanto as crianças como os adolescentes e os adultos parecem ter uma representação sobre este tema mais próxima à das ideias lamarckianas do que à das darwinistas. Assim, de modo resumido, podemos dizer que as ideias anteriores se caracterizam pelos seguintes aspectos:

a) São específicas de um tema e, frequentemente, podem depender da tarefa utilizada para identificá-las.
b) A maioria destas ideias não são fáceis de identificar, porque fazem parte do conhecimento implícito de um sujeito.
c) São construções pessoais, ainda que costumem ter certa constância em diferentes meios culturais e sociais.
d) Muitas delas são orientadas pela percepção e pela experiência do aluno em sua vida cotidiana.
e) Estas ideias prévias dos estudantes não têm todas o mesmo nível de especificidade/generalidade e, portanto, as dificuldades de compreensão que acarretam não têm a mesma importância.
f) Com frequência, essas ideias são muito resistentes à instrução e, consequentemente, difíceis de modificar (DUIT, 2006; LIMÓN; CARRETERO, 2006).

Todavia, se nossas representações do mundo, ao menos as científicas, são tão resistentes à transformação, então é mais do que pertinente nos perguntarmos por que elas não mudam. Sem dúvida, uma boa maneira de tentar responder a tal pergunta tem sido tentar teorizar sobre como tal transformação é produzida. É justamente isto o que tentaram explicar há bastante tempo Strike e Posner (1993; POSNER et al., 1982), contribuindo para o estudo da ciência, mas com claros insumos teóricos tanto oriundos da teoria de Piaget como da filosofia da ciência, como já foi dito. Esses autores entendem que a mudança conceitual é um processo de duas fases. A primeira fase, a *da assimilação*, é aquela na qual são empregados os conceitos existentes para interpretar os novos fenômenos. Nesta primeira fase, se agrega uma nova informação à estrutura de conhecimento do sujeito, mas essa informação é interpretada em termos da estrutura de conhecimento existente. Não há, portanto, uma mudança teórica, pois pode ser associada aos períodos kuhnianos de ciência normal.

Em certas ocasiões, no entanto, os conceitos da estrutura de conhecimento do sujeito são inadequados para explicar de forma satisfatória algum fenômeno novo. Portanto, é necessário mudar tal estrutura para poder entender e aprender adequadamente a nova informação. Estamos, então, na forma mais radical de mudança conceitual: na *fase da acomodação*. Nesta segunda fase, são substituídos e reorganizados os conceitos centrais das teorias do sujeito, para explicar de modo satisfatório os novos fenômenos que antes não podiam ser explicados. Produz-se algo parecido ao que seria uma mudança paradigmática na história da ciência.

Quanto às condições sob as quais ocorre esta mudança conceitual, Posner et al. (1982) assinalam que, em primeiro lugar, o sujeito deve estar insatisfeito com as concepções existentes. Antes de que o sujeito modifique sua estrutura de conhecimento deve ter sido observado um conjunto de anomalias ou contradições que surgem quando ele mantém suas concepções. Em outras palavras, a pessoa deve estar consciente de que a teoria que possui não é válida para a compreensão da realidade e, portanto, não tem o valor explicativo que ela pensava ter.

Em segundo lugar, é preciso que exista uma nova concepção, que deve ser inteligível para o sujeito. Ou seja, este deve se dar conta de que a realidade pode ser explicada por uma nova concepção, distinta daquela que o indivíduo tinha. As analogias desempenham um importante papel na compreensão das novas concepções.

Em terceiro lugar, a nova concepção deve aparecer como inicialmente plausível. A plausibilidade fica evidente, por um lado, na medida em que a nova concepção tenha capacidade suficiente para resolver os problemas que foram gerados pelas concepções precedentes. Por outro lado, ainda que a nova concepção seja consistente com outros conhecimentos, se ela não resolver os problemas apresentados e/ou for incompatível com aquilo que a pessoa conhece, evidentemente as possibilidades de que seja adotada são menores.

Em quarto e último lugar, a nova concepção deveria sugerir a possibilidade de um programa de pesquisa frutífero: ela deveria sugerir a possibilidade de novas soluções e novas áreas de pesquisa.

Em relação à identificação da ecologia conceitual, Strike e Posner (1993) consideram que esta desempenha um papel decisivo na mudança conceitual, sendo este o elemento inovador na revisão de seu modelo. A ecologia conceitual é constituída pelas crenças, conceitos existentes, errôneos ou adequados, que fazem parte da estrutura de conhecimento do sujeito. Como consequência, ela tem grande influência no processo da mudança conceitual, tanto pela geração da necessidade de mudança, como pela direção que este tomará. A ecologia conceitual é determinante na escolha dos novos conceitos.

Sem dúvida, os trabalhos que se aprofundam no processo de mudança conceitual ressaltam dois aspectos importantes. Em primeiro lugar, para que se produza uma mudança conceitual profunda da estrutura de conhecimento, deve existir uma necessidade que aparecerá por uma insatisfação ou limitação no uso de uma concepção existente. Os sujeitos não mudaram de teorias a não ser que se deem conta de que não são válidas. Em segundo lugar, a insatisfação com a concepção ou teoria existente é necessária, mas não é suficiente. Para que ocorra a mudança conceitual, deve existir, além disso, uma nova concepção que seja compreendida e viável para o sujeito.

A MUDANÇA CONCEITUAL COMO REESTRUTURAÇÃO FORTE OU RADICAL

Em nossa opinião, algumas das contribuições dos teóricos cognitivos têm dado explicações semelhantes às de Strike e Posner (1993), ainda que no contexto da pesquisa cognitiva básica. Assim, Vosniadou (2008) descreve dois tipos de mudança da estrutura de conhecimento. Ambas as mudanças são consideradas mudanças conceituais. Em primeiro lugar, a forma mais simples de mudança conceitual é definida pelo que se costuma chamar *enriquecimento*. O enriquecimento implica uma mudança na estrutura de conhecimento que se caracteriza pela mera incorporação de nova informação à existente, que pode ser entendida em termos do mecanismo de assimilação piagetiano.

Em segundo lugar, o autor menciona outra forma mais radical de mudança da estrutura de conhecimento: a *revisão*. Falamos de revisão quando a nova informação que será adquirida entra em contradição com a estrutura de conhecimento existente. Surge um conflito, e é necessário transformar a estrutura cognitiva, mas desta vez no nível teórico. Ou seja, deve ser feita uma mudança que implique a transformação no sujeito de uma teoria específica ou de uma estrutura teórica existente. A teoria específica e o esquema teórico estão por trás dos modelos mentais do indivíduo. Portanto, a mudança gerada, seja na teoria ou no esquema teórico, repercutirá no modelo mental adotado pelo sujeito. A revisão se identifica com o modelo de acomodação proposto por Piaget.

Por outro lado, para descrever as mudanças que podem ser produzidas na estrutura de conhecimento dos sujeitos, Carey (1985, 2009) e Vosniadou (2006) falam de reestruturação fraca e reestruturação forte. Fala-se da primeira quando aparecem novas relações entre os conceitos existentes e a estrutura de conhecimento e quando são gerados novos conceitos que implicam um agrupamento de conceitos em termos mais abstratos. Isto é, quando surgem conceitos superordenados.

> Dois sistemas conceituais sucessivos são estruturalmente diferentes no sentido fraco se o segundo deles representa diferentes relações entre conceitos que o conceito anterior não apresentava, e se os padrões destas relações geram conceitos superordenados no segundo sistema que não são representados no sistema conceitual anterior. (CAREY, 1985, p. 186).

Para ilustrar esse tipo de reestruturação, se oferece como exemplo a passagem do estágio de novato ao de experiente. Na estrutura do conhecimento do experiente aparecem relações e conceitos que não existem na estrutura de conhecimento do novato. No entanto, ambas as estruturas compartilham alguns conceitos centrais. Da mesma forma, na reestruturação fraca, se mantém o núcleo teórico conceitual, antes e depois de ser produzida a mudança.

Por outro lado, diz-se que foi gerada uma reestruturação forte, radical ou uma mudança conceitual quando ocorre uma mudança nos conceitos centrais, no "núcleo duro", originando-se uma mudança teórica ou uma mudança conceitual. Para ilustrar esse tipo de reestruturação, são utilizadas como exemplo as mudanças teóricas ou paradigmáticas que ocorreram ao longo da história da ciência. A mudança teórica é uma alteração radical que implica a transformação de grande parte dos conceitos que constituem a teoria e, sobretudo, dos conceitos centrais, do núcleo teórico desta. Como podemos ver, sob essa perspectiva, a mudança conceitual não é identificada com qualquer transformação da estrutura cognitiva, mas somente com aquela que supõe uma mudança teórica essencial.

Em outros trabalhos (CHI, 2008; CHI; SLOTTA; DE LEEUW, 1994), a mudança conceitual mais simples e superficial ocorre quando um conceito, que era atribuído a uma categoria, passa a ser atribuído a outra categoria que pertence ao mesmo grupo ou categoria ontológica que a primeira. Por outro lado, a mudança conceitual mais complexa e profunda ocorre quando um conceito, que era atribuído a uma categoria, passa a ser atribuído a outra categoria ontológica de um diferente grupo categórico.

Por outro lado, alguns autores consideram que essas concepções são representações mais ou menos complexas, coerentes e integradas que fazem parte de modelos mentais ou de teorias que, apesar de serem incorretos do ponto de vista científico, têm certo poder explicativo e preditivo. No entanto, para Di Sessa (1988, 1993, 2008), entre outros, essas ideias dos alunos constituiriam um conhecimento fragmentado carente de coerência e consistência e, portanto, longe da sistematicidade que uma teoria possui. Assim, segundo esse autor, "a física intuitiva" consistiria em um conjunto amplo de ideias fragmentadas e isoladas, mais do que em um número reduzido de pequenas estruturas integradas que poderiam ser denominadas "teorias". Muitas dessas ideias fragmentadas – denominadas "p-prims" (abreviatura de "primitivos fenomenológicos") – seriam meras abstrações de experiências comuns, primitivas, no sentido de que geralmente não exigem explicação e simplesmente ocorrem.

Um exemplo de "p-prim" seria a força como agente que produz movimento. É uma mera abstração de um empurrão. Um empurrão implica um *impetus*, um modelo de esforço rápido, uma descarga e um resultado na direção do *impetus*. O resultado pode ser produzido a distância ou mesmo localmente (velocidade).

Já Vosniadou e Brewer (1992) consideram que o conhecimento conceitual das crianças não é fragmentado e desconectado, como propõe Di Sessa (1993, 2008), mas que são capazes de incorporar a informação que recebem em suas experiências ou na dos adultos a modelos mentais coerentes, que utilizam de maneira consistente.

Nossa opinião é que essas duas possibilidades não teriam porque ser incompatíveis. É possível que em relação a alguns conceitos, provavelmente mais distantes de seu conhecimento e de sua experiência, os alunos tenham representações difusas e pouco coerentes, ao passo que, com respeito a outros, sobre os quais tenham mais conhecimento, não somente com base em sua experiência pessoal, mas por meio da escola, eles possam ser capazes de elaborar representações mais complexas, integradas e coerentes. Aparentemente, as ideias que fazem parte dessas representações mais complexas e integradas seriam mais difíceis de modificar do que aquelas que pertencem a uma representação difusa. Provavelmente, as características específicas dos conteúdos e seu nível de generalidade ou especificidade ao qual aludimos antes influenciam o estudante a construir um ou outro tipo de representação. Se investigarmos a representação que o estudante tem sobre a estrutura da matéria – uma noção crucial e básica dentro de seu domínio e da qual já possui certo conhecimento, ainda que incompleto ou errôneo, obtido na escola e que além disso possui certo grau de generalidade – parece mais factível que o aluno possa ter elaborado uma representação mais complexa de um conceito muito específico e com caráter mais secundário, como o conceito de mol.

MUDANÇA CONCEITUAL OU CONHECIMENTO CONTEXTUALIZADO?

Um dos âmbitos que mais tem sido trabalhado é o relativo à pergunta que intitula esta seção: como é gerada a mudança conceitual? Ou em outras palavras: o que muda e mediante quais mecanismos? Entre a enorme quantidade de pesquisas realizadas nos últimos anos sobre essas questões (Levinas; Carretero, 2010; Vosniadou, 2008), é preciso destacar algumas que serão descritas a seguir. (Em todo caso, também se pode consultar Carretero e Rodríguez Moneo [2008], para uma classificação sobre os diferentes modelos de mudança conceitual, relativos ao "que", e os distintos mecanismos, relativos a "como".)

Por exemplo, Vosniadou (2008) afirma que não se troca repentinamente uma teoria específica de domínio por outra, mas seria preciso distinguir entre a teoria de referência (a teoria ingênua do mundo físico, posto que se refere ao processo de mudança conceitual na física) e as teorias específicas que estariam limitadas pela teoria de referência. A mudança consistiria em uma reinterpretação gradual dos diferentes tipos de restrições que vão surgindo, especialmente daquelas que pertencem à teoria de referência. Portanto, o que é preciso reinterpretar é a teoria de referência que suporia uma "reestruturação radical", de acordo com a denominação de Carey, à qual aparentemente se chega após as "reestruturações fracas" das teorias específicas de domínio. A mudança seria um processo contínuo de reestruturação da teoria de referência.

No entanto, nossa opinião é que sem dúvida a posição que tem sido mais desafiadora nesta área de estudo (e talvez por isso mesmo seja a mais frutífera) tem sido a que considera que os fenômenos descritos pela pesquisa sobre ideias prévias e mudança conceitual não podem ser compreendidos cabalmente se não levamos em consideração que o conhecimento do indivíduo está social e culturalmente "arraigado". Assim, a persistência das ideias prévias e a dificuldade para a mudança conceitual são explicadas por autores como Caravita e Halldén (1994) com o argumento de que na realidade não é preciso mudar nada, posto que o que ocorre é que o aluno não reconhece o contexto ou a situação na qual devem ser empregadas as ideias prévias, as quais talvez sejam válidas para as aplicar adequadamente à vida cotidiana, mas não o são no contexto da aprendizagem escolar ou em qualquer contexto investigativo. De acordo com essa posição, mais do que conseguir uma mudança, o adequado para um progresso do conhecimento, em situação escolar ou cotidiana é que o aluno possua múltiplas representações mentais (Caravita; Halldén, 1994; Halldén; Scheja; Haglund, 2008) e que discrimine o contexto no qual cada uma surge. Acreditamos que uma análise mais detalhada deste debate permitirá examiná-lo com mais profundidade.

Já mencionamos a pesquisa de Vosniadou (1994) sobre a forma e a posição da Terra, na qual se destaca a existência de diversos modelos, desde o modelo inicial da Terra plana, apoiada na água, onde vivem as pessoas; passando por um modelo dual, no qual a Terra é oca e em cujo interior há uma plataforma sobre a qual vivem as pessoas; depois uma construção parecida a um charuto; e, por fim, alguns sujeitos chegam a um modelo de Terra esférica, cujos habitantes vivem em toda sua superfície. Contudo, outros autores (Ivarsson; Schoultz; Säljö, 2002) deram uma versão totalmente diferente e crítica da mudança conceitual, já que consideram ter provado que as concepções da Terra como plataforma ou como esfera oca não apareciam quando os sujeitos eram expostos a um globo terrestre, como um instrumento cultural. Isto é, eles mostraram que as crianças eram muito sofisticadas sempre que dispunham do globo terrestre como recurso para raciocinar. De acordo com os resultados obtidos, todos os participantes podiam identificar o globo como uma re-presentação da Terra, todos consideravam que era possível viver em qualquer ponto do planeta sem cair e 77% fizeram referência à lei da gravidade como um conceito explicativo. Além disso, entre as crianças mais jovens, várias delas argumentaram em termos de um conceito de gravidade (ainda que não tenham empregado tal termo), como uma explicação de por que as coisas caem no solo da Terra. A tese principal do trabalho é que não é possível estudar as ideias dos sujeitos sem levar em consideração os instrumentos culturais, já que o funcionamento mental depende muito do conjunto dos instrumentos culturais.

Do ponto de vista metodológico, essa tese se contrapõe ao método clínico ou aos métodos que reconstroem as ideias individuais, ressaltando como unidade de análise "as crianças operando com instrumentos de mediação", e em um contexto de mudança discursiva, dialógica, que dá lugar às contribuições "distribuídas" tanto do pesquisador como dos sujeitos. É feita uma forte distinção entre "ter modelos mentais" e raciocinar com base em modelos culturais, de modo que não seriam feitas suposições ontológicas sobre fenômenos mentais.

Vosniadou, Skopeliti e Ikospentaki (2004), por outro lado, não estão tão certos de que a análise do discurso seja o melhor método para estudar o conhecimento físico. Além disso, sustentam que aprender a usar um artefato cultural envolve uma atividade do sujeito, razão pela qual um artefato pode ser distorcido para que se encaixe no que já se sabe.

Skopeliti e Vosniadou (2007) concordam com os autores da abordagem sociocultural radical que a presença de um globo terrestre facilita o raciocínio das crianças sobre a Terra, por que ele funcionaria como uma prótese que ajuda a pensar, como ferramenta cultural. No entanto, a internalização dessa ferramenta não é uma transmissão simples, mas um processo construtivo que muda o significado – com base nas ideias prévias – da informação externa. Os mapas e globos terrestres parecem ter influenciado de diferentes maneiras o pensamento das crianças: enquanto o globo terrestre provoca uma mudança radical em suas respostas, ao adotar o ponto de vista de sua cultura, no caso do mapa (plano) nenhuma criança abandonou sua ideia prévia de uma Terra esférica em prol daquela de uma Terra plana. A conclusão que parece derivar desses resultados, segundo Skopeliti e Vosniadou (2007), seria que as crianças não estariam apenas aceitando a representação externa, mas que a interpretavam segundo o que sabiam. E – o que é interessante – as crianças suprimiram as lacunas com seus próprios conhecimentos prévios, o que diminuiu a consistência interna de suas respostas.

Em nossa opinião, esta interessante discussão, sobre a qual apresentamos alguns exemplos fundamentais, não pode ser separada de questões maiores, como as diferenças teóricas entre as posições tradicionais ou dominantes das pesquisas sobre cognição e as relativas aos estudos socioculturais, que sem dúvida se diferenciam não apenas por questões empíricas, mas também, e sobretudo, por elementos de caráter epistemológico. Esta é uma das razões pelas quais a seção a seguir tratará precisamente de algumas discussões desta natureza, vinculadas ao estudo da mudança conceitual.

OS PROBLEMAS EPISTEMOLÓGICOS

Sem dúvida, a teoria da mudança conceitual não se ocupa da reconstrução de relações empíricas relevantes para os pesquisadores e não faz sentido sem estas. Já as perguntas epistemológicas são voltadas ao produto da elaboração teórica, aos conceitos de seu "núcleo duro", à índole de suas definições assim como às suas relações com as teses epistemológicas e ontológicas que fundamentam a produção das teorias. Quanto aos estudos da mudança conceitual, destacamos uma entre as muitas perguntas possíveis: quais são as suposições ontológicas e epistemológicas que tornaram possível as pesquisas?

Nesta seção do capítulo vamos explorar a influência das teses filosóficas nas teorias da mudança conceitual, elucidando sua intervenção em diversas instâncias do processo de pesquisa. Propomo-nos a ressaltar a superação do esquema filosófico "da cisão" a fim de orientar a explicação do mecanismo da mudança conceitual, propondo outra abordagem. Vygotsky (1991) já havia previsto que sempre há um conjunto interconectado de princípios que transcendem as teorias e os métodos específicos e emergem ou operam em diferentes instâncias da pesquisa. Eles definem o contexto no qual os conceitos teóricos ou as metodologias são construídos e com frequência atuam implicitamente na prática cotidiana da ciência.

As ideias da metateoria formam um sistema hierárquico e relacionado entre si, e o modelo que opera no nível mais alto é denominado "concepção do mundo" ou marco epistêmico, incluindo uma dimensão ontológica sobre o que "há" no mundo psicológico e outra sobre os princípios epistemológicos sobre o conhecimento (Overton, 2006).

Pode-se afirmar que tais pressupostos definem o contexto no qual os conceitos teóricos são construídos e as metodologias são escolhidas, apresentando certas características importantes: qualquer método ou teoria é formulado dentro de uma metateoria; frequentemente estas metateorias agem implicitamente na pesquisa e operam em diferentes instâncias. Elas podem ser a fonte e a consistência das teorias, por que estabelecem as categorias e os construtos mais básicos do campo. Portanto, seu esclarecimento é imprescindível para o desenvolvimento da pesquisa, especialmente quando as teorias psicológicas são ainda pobres em sua sistematização e poder explicativo.

A concepção que estruturou a histórica da psicologia do desenvolvimento e que se estende a boa parte das teorias da mudança conceitual foi a desvinculação radical do subjetivo e do objetivo, oriunda da filosofia moderna. Esta deu lugar, por um lado, a uma ontologia, no sentido de certa interpretação sobre o que "há" no mundo. Basicamente, trata-se da tese dualista – de origem cartesiana – que divorciou a representação do mundo, a mente da matéria e, mais tarde, o indivíduo da sociedade; assim como de seu aparente oposto, o reducionismo, seja do materialismo naturalista, que remete a aquisição conceitual às causas naturais, ou a sociologia discursiva, que elimina os processos conceituais do sujeito, colocando em seu lugar as práticas de trocas de significações discursivas. Por outro lado, esse dualismo possibilitou o marco epistêmico constituído por princípios epistemológicos em termos da concepção do conhecimento e de sua objetividade, que adota a forma da dicotomia entre teoria e experiência, sujeito e objeto ou descrição e explicação ou mesmo a forma reducionista da explicação por causas lineares.

Podemos exemplificar isto com algumas das formulações mais influentes do naturalismo ontológico na concepção da mudança conceitual, em seu nível de mudança espontânea mencionado anteriormente. Assim, Gopnik e Meltzoff (1997) propõem a identidade entre as ideias infantis (sobre a mente ou os fenômenos físicos) e o desenvolvimento do conhecimento científico: ambos são reduzidos a um sistema de regras e representações, de modo que certas conexões podem ser entendidas como previsões e, às vezes, como relações causais. As representações e as habilidades básicas resultam do processo evolutivo do qual deriva a maquinaria cognitiva que elabora as "teorias" intuitivas nas crianças e as teorias científicas. Estas coincidem em sua essência, porque a natureza deu a todos nós os mesmos instrumentos básicos, provenientes da evolução. Quanto a isto, as diferenças nas condições sociais e culturais são consideradas secundárias: o dispositivo de explicação, previsão, formação e testagem de teorias não são produções da cultura, mas parte do equipamento da evolução (GOPNICK; MELTZOFF, 1997). No que se refere à abordagem epistemológica da cisão, que separa taxativamente o sujeito do conhecimento e do mundo, pode-se destacar a tese de Spelke (1998), segundo a qual a discussão-chave na mudança conceitual se dá exclusivamente entre as explicações inatistas, que destacam as representações no começo da vida psicológica, e as explicações empiristas, que defendem a aquisição conceitual por meio de associações oriundas do exterior. De acordo com essa perspectiva, o futuro da pesquisa será o diálogo excludente entre tais posturas, cujo somatório poderia levar a uma explicação aceitável do desenvolvimento.

Por outro lado, a posição contextualista sobre a mudança conceitual está vinculada também a estratégias da dissociação dos componentes da experiência cognoscitiva. Ou seja, os pesquisadores reduziram os processos de desenvolvimento às interações participativas dos indivíduos em práticas socioculturais, postulando a tese ontológica de que o conhecimento é socialmente construído e que emerge somente das práticas sociais discursivas. Somente contam os formatos narrativos comentados anteriormente ou a negociação de significados entre crianças e adultos a respeito de certas ferramentas simbólicas, subordinando ao extremo a produção cognitiva do sujeito. Inclusive já foi proposta, em alguns casos (Lave; Wenger, 1991), a eliminação de toda atividade intelectual do sujeito, por ser uma herança do dualismo do sujeito e do objeto, próprio da modernidade. Desse modo, a crítica correta à estratégia do dualismo chega a afirmar que a atividade construtiva individual perde toda relevância para explicar a formação dos conceitos, ou que não é necessário levá-la em conta, sendo inclusive eliminada.

Entretanto, a história recente das teorias da mudança conceitual (Inagaki; Hatano, 2008) tem tentado fazer interpretações que não foram orientadas pelos pressupostos dualistas, naturalistas ou individualistas, os quais têm formado a corrente dominante da psicologia do desenvolvimento (Overton, 2006) ou pelo reducionismo contextualista. A insatisfação com esse marco epistêmico nos permite explorar a abordagem ontológica relacional ou dialética entre contexto e estruturação individual de conhecimentos, natureza e cultura ou as restrições e elaborações conceituais. É uma tarefa relevante examinar o alcance das tese metateóricas que se opõem ao marco epistêmico do dualismo e justificar sua validade para explicar certos problemas de mudança conceitual.

A INTERVENÇÃO DOS PRESSUPOSTOS

Em primeiro lugar, acreditamos que a intervenção dos pressupostos ontológicos e epistêmicos não determina inequivocamente a credibilidade da própria pesquisa psicológica, já que a produção e verificação de hipóteses dependem da atividade dos pesquisadores na estruturação dos dados e sua análise. As pesquisas têm verificação empírica aceitável ou não, conforme marcos epistêmicos muito diferentes. Além disso, discutir a estratégia do dualismo não significa refutar os resultados das pesquisas empíricas realizadas dentro desse contexto, porque os procedimentos de produção e prova das hipóteses têm relativa autonomia, como seria o caso de boa parte dos estudos sobre a modificação de ideias prévias em um domínio do conhecimento ou a identificação de representações básicas de domínio. Não se trata de uma derivação lógica dos pressupostos aos resultados da pesquisa teórica e empírica, mas de que os primeiros suscitam ou possibilitam a formulação dos segundos.

Outra intervenção reside em um marco epistêmico que fixa os limites do que se torna "visível" ou "invisível" e com frequência funciona implicitamente nas pesquisas. O mesmo marco epistêmico do dualismo está por trás tanto dos problemas que são formulados como dos que são desconhecidos. Entre outras modalidades, mencionamos a insistente busca, nas teorias cognitivas, de um mecanismo explicativo baseado nas representações e capacidades inatas de domínio específico. O desenvolvimento cognoscitivo depende do processamento do aparato mental, o que implica que certos aspectos de sua arquitetura já estejam constituídos. Os pesquisadores se obrigam, pela força que os pressupostos assumem, a buscar os princípios iniciais que restringem (*constraints*) ou canalizam as aquisições cognoscitivas de domínio no conhecimento físico, mental ou matemático. Desse modo, o marco epistêmico do dualismo interveio durante décadas no tipo de perguntas relacionadas com os fatores da mudança conceitual, seja a busca de princípios inatos, de suas causas externas ou de sua somatória na psicologia do desenvolvimento e na teoria da mudança conceitual. Essa mesma orientação impede que se coloque com suficiente profundidade a problemática relativa aos mecanismos que presidem a transformação dos sistemas conceituais.

Neste sentido, na perspectiva do contextualismo, segundo mostrou Vosniadou (2008), não se pode fazer a questão clássica da transferência entre formas cognitivas, uma vez que ela é prisioneira da interpretação do contexto e do caráter específico de todo conhecimento. A rejeição dos conhecimentos prévios dos alunos impede que estes atribuam seu sentido pessoal à informação cultural, particularmente àquela que provêm do saber acadêmico. Deste modo, não se pode interpretar como os sujeitos têm dificuldades em compreender o conhecimento propriamente científico. Sabe-se que as interpretações contextualistas têm ressaltado – com razão – a frequente ausência de transferência do saber escolar ao saber cotidiano, o que é interpretado como um indicador de seu caráter contextual e específico (Schoultz; Säljö; Wyndham, 2001). No entanto, não se pode "ver", justamente devido à abordagem dotada, o sentido da transferência negativa do saber disponível ao aluno com respeito à informação que advém do saber das disciplinas escolares (Vosniadou, 2008). Sem apelar a uma atividade construtiva, não conseguem explicar as dificuldades de aprender os novos conhecimentos. Os pesquisadores registram a ausência de mudança, mas o trabalho ativo do conhecimento disponível sobre a compreensão do conhecimento disciplinar é "invisível", por razões teóricas.

Vejamos outra instância de intervenção: certos procedimentos metodológicos dependem do marco epistêmico que foi considerado; as "unidades de análise", em especial, estão claramente associadas aos pressupostos adotados na metateoria. Por um lado, os estudos focam as atividades independentes dos contextos discursivos ou dos contextos das práticas sociais, assim como assinalam Inagaki e Hatano: "Acreditamos que os pesquisadores, ao estudar a mudança conceitual, têm sido por demais cognitivos e individualistas." (2008, p. 259). Obviamente, essa escolha supõe a estratégia intelectual da dissociação dos componentes da experiência do conhecimento das crianças e alunos. Dessa maneira, as situações experimentais permitem afirmar que as interações sociais nada têm a ver com os princípios cognitivos. Ou seja, elas são feitas de tal maneira que se isola ou dissocia a criança das interações sociais, e assim desde o princípio se evita sua participação para explicar o princípio cognitivo. Portanto, as situações experimentais prenunciam a figura final de uma criança e de suas representações do modo já constituído e autônomo, isolado de toda a rede de interdependências e resolvendo problemas "externos".

Halldén, Scheja e Haglund (2008) consideram razoável pensar que o conhecimento está sempre inserido em um contexto, propondo um postulado metodológico claramente distinto do anterior. No entanto, para esses autores tal postulado costuma adquirir uma modalidade dependente do suposto ontológico da dicotomia: que o conhecimento somente é produzido nas práticas sociais. Nesta abordagem, a entrevista nos oferece um bom exemplo da construção conjunta do significado, está amarrada politica e contextualmente e pode ser descrita como "um texto negociado": o que se obtém em uma entrevista depende do entrevistador e do entrevistado, em um cenário sociocultural em um instante do tempo. Desse modo, não há instrumentos neutros de obtenção de dados, mas interações ativas entre os protagonistas da entrevista, como foi afirmado por Ivarsson, Schoultz e Säljö (2002). A "unidade de análise" da entrevista é formada pelas crianças operando com instrumentos de mediação, sob a forma de artefatos tecnológicos e simbólicos, em uma relação discursiva com o entrevistador, uma conversação contextualizada. Tal entrevista não fornece uma abordagem aos processos mentais dos entrevistados. Além disso, tem-se sustentado que o caráter dialógico das interações, entendidas como um modo de falar e pensar distribuído entre os participantes, implica que o método de buscar concepções "atrás" das respostas seja muito problemático (Ivarsson; Schoultz; Säljö, 2002).

Pode-se concordar com os autores contextualistas sobre a centralidade da índole da intervenção do próprio entrevistador na negociação, que faz parte integral da entrevista. No entanto, a crítica metodológica à possibilidade de questionar as crenças dos alunos em nome da ontologia da comunicação é discutível. Pode-se investigar, por outro lado, a mudança conceitual sobre cenários ou sob condições discursivas de negociação, sem que isto suponha a ausência de pensamentos individuais ou de saberes prévios à disposição de cada indivíduo. A unidade de "análise" é modificada com a mudança do pressuposto ontológico que fundamenta a escolha metodológica: é indiscutível que os dados são produzidos em uma situação de diálogo entre entrevistador e entrevistado, mas considerando a descrição das influências contextuais e conteúdo cognitivo do diálogo. Pode-se optar por uma unidade "nas diferenças ou na oposição dinâmica" dos componentes, entre entrevistador e atividade do entrevistado, entre as condições contextuais da atividade e a elaboração de ideias prévias ou de seu questionamento na atividade educativa. Aqui o contexto se entende, em nossa opinião, como uma "situação concreta" no sentido hegeliano do reconhecimento da complexidade da descrição, "uma unidade de suas múltiplas determinações", em sua dinâmica, sem desconsiderar qualquer um de seus componentes, como a atividade do sujeito da mudança conceitual. "Qualquer interpretação dos dados tem de levar em conta tanto os aspectos cognitivos como os contextuais do fenômeno" (HALLDÉN; SCHEJA; HAGLUND, 2008, p. 514).

Outra intervenção do marco epistemológico na mudança conceitual se refere à concepção da objetividade do conhecimento por parte dos pesquisadores. Assim, ao contrapor as visões da história intuitiva ou da biologia intuitiva sobre o conhecimento científico, que as substitui definitivamente (em algumas leituras frequentes da mudança conceitual), se adota uma tese positivista sobre a objetividade. Esta seria uma propriedade de um conhecimento que representa adequadamente o mundo como ele é e, comparada às versões ingênuas ou alternativas da vida cotidiana, estas são inteiramente adequadas, e por isso, falsas.

Por outro lado, tem-se refutado a objetividade do conhecimento em nome do caráter contextual ou discursivo do conhecimento científico. Assim, o relativismo epistemológico é característico do contextualismo, ao sustentar a tese da "independência entre os contextos específicos do conhecimento", particularmente da vida cotidiana e da vida acadêmica, o que equivale à sua incomensurabilidade. Em diversas pesquisas das ciências sociais, da psicologia e da educação, tem-se considerado que a objetividade é uma lamentável herança da modernidade, que deve ser abandonada (DANZIN; LINCOLN, 2005). Segundo a posição discursiva, não há como conceber que a mudança conceitual seja uma efetiva transformação, já que a ciência se reduz ao discurso e à negociação de significados que ocorrem na sala de aula (LEMKE, 1993) em diferentes campos do conhecimento compartilhado, cada um com suas próprias regras. Não há avanços nos conhecimentos, por mais relativo que isto seja, mas simplesmente uma alternância de um contexto a outro ou uma diversidade de regras discursivas.

A abordagem contextualista depende de uma estratégia de cisão, ao reduzir os processos de desenvolvimento à apropriação das ferramentas culturais ou às interações participativas dos indivíduos. Mais do que isso, tem-se postulado a "evaporação do sujeito", por ser uma herança do dualismo modernista sujeito-objeto, assim como o objeto de conhecimento, caracterizando-se o conhecimento somente nas práticas sociais, descartando qualquer abordagem de mundo ou uma transformação em um conhecimento mais avançado como expectativa das pesquisas (SCHOUTZ; SÄLJÖ; WYNDHAM, 2001).

Por outro lado, gostaríamos de colocar o problema em outros termos: estamos de acordo que as transformações cognoscitivas incluem o contexto discursivo, mas é muito diferente afirmar que não há "passagem de um estado de conhecimento menor a outro, maior". Isto é, não podemos estabelecer se o conhecimento "cotidiano" pode ser superado pelas construções do aluno que se aproximam do saber das disciplinas. Pode-se defender um marco epistêmico relacional e dialético, para o qual a objetividade é uma conquista da atividade cognoscitiva dos alunos, uma aquisição progressiva, por diferenciações e integrações, que possibilitam uma aproximação ao saber das disciplinas. Desse modo, se propõe uma objetividade derivada da atividade construtiva individual e da interação social, baseada na abordagem incompleta, mas possível dos saberes das disciplinas que são transmitidos nas situações didáticas, por meio de uma reorganização progressiva das ideias prévias. A objetividade é considerada como uma tarefa ou um projeto, não como dado anterior ao conhecimento.

Finalmente, é relevante a intervenção dos modelos explicativos baseados no marco epistêmico do dualismo nas teorias da mudança conceitual. De um lado, os ensaios focados na construção de teorias individuais, com total separação do contexto sociocultural e particularmente alheio ao contexto didático. Nos modelos cognitivos de mudança de "teorias", a cultura é uma entrada (*input*), ou, no máximo, uma condição "disparadora" de um processo de elaboração interior, como no caso do mecanismo da "redescrição representacional" (KARMILOFF-SMITH, 1994). Deste modo, nem as atividades com os objetos nem as práticas sociais têm uma participação de destaque; se evitam as interações que poderiam explicar a novidade cognoscitiva. Assim, o recurso às causas naturais, a um somatório de fatores (sejam capacidades ou representações naturais), em conjunto com o choque da evidência empírica, não pode explicar satisfatoriamente as construções das crianças. Inclusive em posições construtivistas, como a psicologia genética clássica, se mantém uma dissociação taxativa entre a elaboração individual de sistemas conceituais da cultura, que apenas intervém como estimuladora exterior do pensamento ou freio da mudança.

A esses modelos se contrapõe um marco epistêmico que articula em contextos as construções dos aprendizes, inclusive os didáticos, em uma relação dinâmica de subsistemas sociais e culturais que restringem as construções individuais. Coloca-se, assim, a interação entre a construção de noções novas, com a integração e diferenciação dos conceitos e das situações contextuais (Halldén; Scheja; Haglund, 2008; Larsson; Halldén, 2009). A questão que a explicação da mudança conceitual tenta responder não é como certos fatores influem a mudança conceitual do exterior, mas como a cultura sustenta e limita tal construção, como tais fatores se cruzam em um marco epistêmico relacional. Estamos falando de elaboração progressiva de uma metateoria relacional e dialética. Em um sentido amplo, trata-se de uma explicação sistêmica, onde um resultado B (uma nova noção ou uma habilidade) não deriva da ação causal de nenhuma das partes de um sistema A (sejam X, Y ou Z), mas de suas relações internas, aquelas que caracterizam o sistema em questão, entre teoria e observação, entre informação e ideias prévias, entre sujeito e objeto, entre recursos culturais e construção individual (Valsiner; Van der Veer, 2000).

Se considerarmos a mudança conceitual antes do ensino, os estudos sobre a mudança das ideias da biologia (Inagaki; Hatano, 2008), de ideias sociais sobre autoridade escolar (Castorina; Lenzi, 2000), ou de transformações da imagem da Terra (Halldén; Scheja; Haglund, 2008) mostram processos mais sistêmicos. Estamos nos referindo a uma explicação que envolve processos dialéticos de diferenciação e integração, de relativização dos conceitos na interação individual com os objetos, nas condições do contexto – sejam práticas sociais, representacionais ou determinados instrumentos culturais – nas quais se produz aquela construção. Não se recorre somente aos contextos, mas ao seu relacionamento como os processos de construção.

Se considerarmos a mudança conceitual com relação ao saber disciplinar, é essencial afirmar que tal mudança de ideias somente ocorre dentro do contexto das situações didáticas – não se trata simplesmente de operar com atividades de instrução ou apostar na metacognição para que se produzam as transformações, tal como têm feito as principais versões da mudança conceitual. É preciso considerar como os alunos redefinem, com base em seus saberes prévios, os desafios impostos pelas situações didáticas que "estruturam" a atividade representativa, estudando ali as interações com a informação, com os instrumentos culturais que se pretendem transmitir socialmente.

A propósito de tal marco epistêmico, é exemplar a tese de Halldén, Scheja e Haglund (2008), segundo a qual há um envolvimento também das situações contextuais, dos recursos do discurso e da atividade cognitiva propriamente dita e uma explicação teleológica que inclui uma interação constitutiva entre esses componentes. A mudança conceitual é explicada pelas atividades significativas dos indivíduos em um cenário particular. Não se trata de uma cadeia causal linear, mas de uma articulação entre as dimensões cognitiva e sociocultural, de uma interação entre as restrições contextuais e as crenças e habilidades do aluno.

Em resumo, do ponto de vista epistemológico, a escolha do modelo explicativo é fundamental para a teoria da mudança conceitual: de um lado, modelos que se inspiram no pensamento dualista, uma vez que dissociam a continuidade das ideias prévias e os saberes DAS DISCIPLINAS ESCOLARES de sua descontinuidade construtiva, do exterior (como cultura ou entorno) e da interioridade da produção intelectual, que inclusive focam as práticas discursivas em termos de "modos de falar" ou comprometidas com ações mediadas pelo uso de instrumentos; de outro lado, os modelos que se inspiram em uma perspectiva filosófica dialética: continuidade e descontinuidade entre ideias prévias e saberes das disciplinas escolares em um processo de construção do conhecimento por meio da relativização ou diferenciação/integração de conceitos em um contexto (HALLDÉN; SCHEJA; HAGLUND, 2008), onde o novo surge por meio da reorganização do saber prévio ou por que se postula um mecanismo de "abstração" que reconstrói o saber alcançado, sob certas condições contextuais particulares, uma passagem de certas premissas a uma conclusão que agrega novidades às premissas (CASTORINA; BAQUERO, 2005).

CONCLUSÕES E IMPLICAÇÕES NA EDUCAÇÃO

Neste capítulo apresentamos os principais pressupostos e descobertas, tanto de um ponto de vista empírico como teórico, das pesquisas sobre mudança conceitual das últimas décadas. Ressaltamos que este campo de estudo não somente tem mostrado a importância e persistência das ideias prévias e indagado seus mecanismos de mudança, mas também especificado suas características gerais em diferentes domínios e idades das pessoas, ao longo de seu desenvolvimento. Por essa razão, este campo de trabalho tem dado contribuições às compreensões do mundo que podem ser geradas a partir das distintas áreas disciplinares, mas também se podem considerar as teorias da mudança conceitual como autênticas tentativas de uma alternativa geral às visões mais amplas do desenvolvimento cognitivo. Por isso, seria imprescindível ressaltar a relação entre os mecanismos e processos básicos de mudança conceitual e sua origem teórica no contexto da teoria de Piaget, da filosofia da ciência e da didática da ciência.

Dessa maneira, os estudos sobre a mudança conceitual têm implicações de grande importância para o estudo da aprendizagem humana e particularmente para a educação escolar, e, ainda que não possam ser reduzidos a um esquema de geração e transmissão de novos conhecimentos, tais processos ocupam um lugar essencial em seu funcionamento, já que toda escola pretende que seus alunos mudem de maneira permanente e profunda os conhecimentos com os quais iniciam seu percurso educativo (Schnotz; Vosniadou; Carretero, 2006).

Neste sentido, acreditamos que uma das implicações mais evidentes destes estudos é a relativa à importância do fato de a escola prestar atenção principalmente aos conhecimentos prévios dos alunos e à geração de diferentes métodos de análise destes, para gerar, a partir deles, diferentes contextos de diálogo entre professor e aluno e entre os próprios alunos, e não simplesmente ter uma estratégia ingênua de eliminação ou erradicação de erros.

Essa posição foi fundamentada – ou pelo menos tentamos fazê-lo – com a apresentação de algumas questões centrais de caráter epistemológico, que foram apresentadas na segunda metade deste capítulo. Assim, destacamos a relevância do marco epistêmico relacional em comparação ao marco epistêmico dualista, levando em conta as instâncias de intervenção, sejam elas as perguntas que os pesquisadores se fazem, o teor das unidades de análises que estes abordam, a abordagem da objetividade ou o tipo de explicação que eles propõem. Neste último caso, será que temos de explicar as modificações das teorias "de dentro" do encadeamento de representações básicas ou por meio da apropriação de instrumentos culturais? Quanto à emergência do novo sistema conceitual, é necessário pensar em uma atividade que redefina a transmissão dos instrumentos culturais, dando lugar a uma reorganização das ideias prévias. No entanto, para um construtivismo que pretenda explicar a possibilidade da mudança conceitual, cabe nos perguntar como um sistema conceitual pode engendrar outro mais complexo do que ele próprio ou gerar novidades em relação a ideias anteriores. Propor a construção de saberes irredutíveis a ideias anteriores por meio de processos de abstração e reelaboração de ideias anteriores feitos por cada aluno não nos obriga a adotar uma tese individualista ou naturalista. Além disso, questionar o individualismo não nos exime da tese de uma reconstrução individual do objeto de conhecimento. Neste sentido, a modificação dos saberes não é uma interiorização pura do discurso político, mas a reconstrução de informações ou instrumentos culturais preexistentes, por meio de uma elaboração individual de explicações. Recorremos a um marco epistêmico dialético que relaciona os polos das interações cognoscitivas em suas oposições. Neste caso, a elaboração individual é restrita não somente por condições biológicas, mas também culturais. Ou seja, os sistemas conceituais são produzidos de acordo com as condições das práticas sociais e culturais, ao internalizar ativamente os sistemas simbólicos existentes externos, os quais, por sua vez "estruturam" os processos de pensamento. Assim, cada aluno reconstrói os significados sociais de acordo com seus próprios saberes, reorganizando, em certas ocasiões, os sistemas conceituais em outros mais diferenciados ou articulados, a partir de conflitos ou antagonismos (CASTORINA; LENZI, 2000; HALLDÉN; SCHEJA; HAGLUND, 2008).

Insistimos: os sistemas conceituais são reorganizados durante os diálogos e negociações de significados com as outras pessoas e por meio da interação com os objetos; uma completa compreensão da mudança conceitual envolve um aspecto de construção cognitiva e restrições contextualizadas. Isso significa que a interação pode ser definida conceitualmente e provada de forma empírica para contextos e sujeitos particulares (HALLDÉN; SCHEJA; HAGLUND, 2008), mas constitui uma tarefa ainda pouco abordada pela pesquisa. O marco epistêmico relacional refuta que o aluno "já sabia" (na versão naturalista atual), porque os saberes já disponíveis não impedem sua reorganização, inclusive para a abordagem do saber que será ensinado; ele recusa a mera substituição de um saber por outro, porque, desse modo, se elimina a novidade, que inclui a continuidade, e a descontinuidade com o reformulado.

O marco epistêmico ou relacional, ao sustentar a tese de que o subsistema de atividade cognoscitiva é definido junto com os subsistemas biológicos e sociais em jogo, é uma abordagem promissora. Isto é, ele considera a atividade individual no contexto das restrições ou de "suas condições de entorno" impostas pelas condições culturais. Pode-se sugerir a unidade dinâmica dos contrários, entre o pensamento individual e os contextos, a assimilação de uma nova informação às ideias prévias e a simultânea aceitação destas últimas, entre os processos de integração e diferenciação conceitual, as estruturas conceituais e os cenários nos quais elas são construídas.

REFERÊNCIAS

CARAVITA, S.; HALLDÉN, O. Re-framing and modeling the processes of conceptual change. *Learning and Instruction*, v. 4, n. 1, p. 89-111, 1994.
CAREY, S. *Conceptual change in childhood*. Cambridge: MIT, 1985.
CAREY, S. *The origin of concepts*. New York: Oxford University, 2009.
CARRETERO, M.; CASTORINA, J. A.; LEVINAS, L. The changing concept of nation as key issue of historical knowledge. In: VOSNIADOU, S. (Ed.). *International handbook of research on conceptual change*. London: Routledge, 2008.
CARRETERO, M.; RODRÍGUEZ MONEO, M. Ideas previas y cambio conceptual. In: CARRETERO, M.; ASENSIO, M. (Comp.). *Psicologia del pensamiento*. Madrid: Alianza, 2008.
CASTORINA, J. A.; BAQUERO, R. *Dialectica y psicologia del desarrollo*. Buenos Aires: Amorrortu, 2005.
CASTORINA, J. A.; LENZI, A. *La formación de los conocimientos sociales en los ninos*. Barcelona: Gedisa, 2000.
CHI, M. Three types of conceptual change: belief revision, mental modeling transformation and categorical shift. In: VOSNIADOU, S. (Ed.). *International handbook of research on conceptual change*. London: Routledge, 2008. p. 61-82.
CHI, M.; SLOTTA, J. D.; DE LEEUW, N. From things to processes: a theory of conceptual change for learning science concepts. *Learning and Instruction*, v. 4, n. 1, p. 27-44, 1994.
DANZIN, N. K.; LINCOLN, I. S. Introduction. In: DANZIN, N. K.; LINCOLN, I. S. *Handbook of qualitative research*. London: Sage, 2005.
DI SESSA, A. A. A bird´s-eye view of the 'pieces' vs. 'coherence' controversy: from the 'pieces' sides of the fence. In: VOSNIADOU, S. (Ed.). *International handbook of research on conceptual change*. London: Routledge, 2008. p. 35-60
DI SESSA, A. A. Knowledge in pieces. In: FORMAN, G.; PUFALL, P. B. (Ed.). *Constructivism in the computer age*. Hillsdale: LEA, 1988.
DI SESSA, A. A. Towards an epistemology of physics. *Cognition and Instruction*, v. 10, n. 2-3, p. 105-225, 1993.
DUIT, R. Enfoques sobre el cambio conceptual y ensenanza de la ciência. In: SCHNOTZ, W.; VOSNIADOU, S.; CARRETERO, M. (Comp.). *Cambio conceptual y educación*. Buenos Aires: Aique, 2006.
GOPNICK, A.; MELTZOFF, A. *Words, thoughts, and theories*. Cambridge: MIT, 1997.
HALLDÉN, I.; SCHEJA, N.; HAGLUND, L. The contextuality of knowledge. In: VOSNIADOU, S. (Ed.). *International handbook of research on conceptual change*. London: Routledge, 2008. p. 509-532.

INAGAKI, K.; HATANO, G. Conceptual change in naive biology. In: VOSNIADOU, S. (Ed.). *International handbook of research on conceptual change*. London: Routledge, 2008.

IVARSSON, J.; SCHOULTZ, J.; SÄLJÖ, R. Map reading versus mind reading: revisiting children's understanding of the shape of the earth. In: LIMON, M.; MASON, L. (Ed.). *Reconsidering conceptual change*: issues in theory and practice. New York: Kluwer Academic, 2002.

KARMILOFF-SMITH, A. *Beyond modularity*: a developmental perspective on cognitive science. Cambridge: Cambridge University, 1992. Edição em espanhol: *Mas alla de la modularidad*. Madrid: Alianza, 1994.

LARSSON, A.; HALLDÉN, O. A structural view on the emergence of a conception: conceptual change as radical reconstruction of contexts. *Science Education*, v. 94, p. 640-664, 2009.

LAVE, J.; WENGER, E. *Situated learning*: legitimate periphrical participation. Cambridge: Cambridge University, 1991.

LEMKE, J. L. *Talking science*: language, learning, and values. London: Ablex, 1993.

LEVINAS, M. L.; CARRETERO, M. Conceptual change, crucial experiments and auxiliary hypotheses: a theoretical contribution. *Integrative Psychological and Behavioral Scien-ce*, v. 44, n. 4, p. 1-11, 2010.

LIMÓN, M.; CARRETERO, M. Razonamiento y cambio conceptual en expertos en Historia. In: SCHNOTZ, W.; VOSNIADOU, S.; CARRETERO, M. (Comp.). *Cambio conceptual y educación*. Buenos Aires: Aique, 2006.

OVERTON, W. Developmental psychology: philosophy, concepts, methodology. In: DAMON, W.; LERNER, R. M. *Handbook of child psychology*. 6th ed. New York: Wiley, 2006.

POSNER, G. J. et al. Accommodation of scientific conception: toward a theory of conceptual change. *Science Education*, v. 66, n. 2, p. 211-227, 1982.

POZO, J. I.; CARRETERO, M. Causal theories, reasoning strategies, and conflict resolution by experts and novices in Newtonian mechanics. In: DEMETRIOU, A.; SHAYER, M.; EFKLIDES, A. (Ed.). *Neo-piagetian theories of cognitive development*: implications and applications for education. London: Routledge, 1992. p. 232-257.

SCHNOTZ, W.; VOSNIADOU, S.; CARRETERO, M. (Comp.). *Cambio conceptual y educación*. Buenos Aires: Aique, 2006. Edição original: *New perspectives on conceptual change*. London: Pergamon, 1999.

SCHOULTZ, J; SÄLJÖ, R.; WYNDHAM, J. Heavenly talk: discourse, artifacts, and children's understanding of elementary astronomy. *Human Development*, v. 44, p. 103-118, 2001.

SKOPELITI, I.; VOSNIADOU, S. Reasoning with external representations in elementary astronomy. In: VOSNIADOU, S.; KAYSER, D.; PROTAPAPAS, A. (Ed.). *Proceedings of European cognitive science conference*. Delphi: Grecia, 2007.

SPELKE, E. S. Nativism, empiricism, and the origins of knowledge. *Infant Behavior and Development*, v. 21, p. 181-200, 1998.

STRIKE, K.; POSNER, G. A revisionist theory of conceptual change. In: DUSCHL, R.; HAMILTON, D. (Ed.). *Philosophy of science, cognitive psychology and education*: theory and practice. New York: State University of New York, 1993.

VALSINER, J.; VAN DER VEER, R. *The social mind*. Cambridge: Cambridge University, 2000.

VYGOTSKY, L. S. El significado histórico de la crisis de la psicología. In: VYGOTSKY, L. *Obras escogidas*. Madrid: Centro de Publicaciones del M.E.C.; Visor, 1991. v. 1, p. 259-413.

VOSNIADOU, S. Capturing and modeling the process of conceptual change. *Learning and Instruction*, v. 4, n. 1, p. 45-70, 1994.

VOSNIADOU, S. *International handbook of research on conceptual change*. London: Routledge, 2008.

VOSNIADOU, S. Investigaciones sobre el cambio conceptual: direcciones futuras y de vanguardia. In: SCHNOTZ, W.; VOSNIADOU, S.; CARRETERO, M. (Comp.). *Cambio conceptual y educación*. Buenos Aires: Aique, 2006.

VOSNIADOU, S.; BREWER, W. F. Mental models of the earth: a study of conceptual change in childhood. *Cognitive Psychology*, v. 24, p. 535- 585, 1992.

VOSNIADOU, S.; SKOPELITI, I.; IKOSPENTAKI, K. Modes of knowing and ways of reasoning in elementary astronomy. *Cognitive Development*, v. 19, n. 2, p. 203-222, 2004.

4
Desenvolvimento representacional: as crianças como teóricas da mudança cognitiva?[1]

Nora Scheuer e Montserrat de la Cruz

APRENDIZAGEM E DESENVOLVIMENTO COMO PROCESSO DE MUDANÇA COGNITIVA

O desenvolvimento cognitivo e a aprendizagem na infância constituem processos de mudança cognitiva intimamente relacionados na pesquisa psicológica. Mas são apenas os pesquisadores, os educadores, os pais e os avôs que se dedicam a pensar como as crianças se relacionam e aprendem? Ou será que as próprias crianças também são capazes de demonstrar os processos de mudança cognitiva? As crianças mudam, com o desenvolvimento, suas formas de mostrar esses processos? Qual é a natureza das mudanças nas formas pelas quais as crianças demonstram a mudança cognitiva? Esse tipo de pergunta norteia os estudos que temos conduzido há mais de uma década acerca das concepções das crianças sobre os processos de aquisição e transformação do conhecimento em *domínios de notação específicos* (KARMILOFF-SMITH, 1994), como o desenho, a escrita e a notação numérica. Porém, antes de passarmos às abordagens e aos resultados desse conjunto de estudos, é útil revisar alguns dos conceitos oferecidos pela pesquisa psicológica.

Em primeiro lugar, observemos que entre os diversos processos de mudança cognitiva encontramos a aprendizagem e o desenvolvimento, ambos se caracterizando por gerar transformações relativamente duradouras tanto nos recursos e nas habilidades das quais uma criança pode dispor em suas interações com o entorno, como nos motivos e nas metas que os afetam. Evidentemente, a aprendizagem e o desenvolvimento não são os únicos processos de mudança cognitiva, podendo ser identificados outros processos de registro temporal mais demarcado.

No entanto, nas primeiras cinco ou seis décadas do século XX, o estudo da aprendizagem e do desenvolvimento adotava duas perspectivas bastante diferenciadas de pesquisa psicológica, cada uma com diferentes metas, contextos interpretativos e metodologias. Os estudos sobre a evolução pareciam mais preocupados em captar as mudanças nas formas de pensar, desenhar, brincar e interagir por parte das crianças, segundo o aumento de sua idade e experiência, enquanto os estudos sobre a aprendizagem se ocupavam das mudanças que são geradas a partir da participação em alguma situação ou sucessão de situações particulares. Poderíamos dizer que se tratava de estudar mudanças de origem principalmente endógena (o desenvolvimento) ou exógena (a aprendizagem). As tentativas de relacionar ambos os processos deram lugar basicamente a duas interpretações muito conhecidas dessa relação, que corresponderam, em cada momento, às versões clássicas das teorias de Piaget e Vygotsky, respectivamente:

1. Certos níveis de desenvolvimento, como condição necessária para certas aprendizagens.
2. A aprendizagem como promotora do desenvolvimento.

Por outro lado, na atualidade – e muito especialmente quando focamos os estudos sobre a infância –, poderíamos nos aventurar a dizer que as concordâncias entre os estudos que se interessam por um ou outro processo são maiores que as divergências. Assim, muitos dos desafios aos quais se propõem os estudos evolutivos (ou do desenvolvimento) e os da aprendizagem na infância são muito similares, e as contribuições que vêm de um campo servem ao outro. Em outras palavras, pareceria que, no contexto da infância, esmaeceram as fronteiras entre o desenvolvimento e a aprendizagem como campos diferenciados de pesquisa. Em grande parte, isso pode ser explicado por dois motivos:

– A força que a visão epigênica do desenvolvimento tem tido, segundo a qual não haveria nenhum processo ou habilidade cujo surgimento, abandono ou avanço seja independente da interação com um ambiente físico, social e inclusive proprioceptivo (CAREY; GELMAN, 1991; ERIKSON, 1973).

– A noção de que toda participação em uma situação de aprendizagem é mediada pela perspectiva do próprio aprendiz, e que essa perspectiva é produto de uma história pessoal, ideia originalmente descartada por Piaget (1988), que fundamentou sua decisão.

Assim, o modelo de *redescrição representacional* (RR), que Karmiloff-Smith (1994) propôs como alternativa para "levar a sério o desenvolvimento", se mostra muito útil para pensar a aprendizagem, ao explicar como os conhecimentos implícitos de uma criança, isto é, aquilo que ela sabe sem ter clara consciência disso, podem se tornar cada vez mais acessíveis para ela e, portanto, suscetíveis de serem utilizados ou mesmo ajustados para resolver uma tarefa. Em particular, inferir que uma criança se dedicou a repensar algo, o que nos termos da teoria é chamado "processo de redescrição representacional" e abreviado como "RR", em muitos casos pode ser considerado como indicador da aprendizagem.

Por outro lado, diversas formulações das trajetórias de desenvolvimento cognitivo também podem ser vistas como trajetórias na aprendizagem (veja a Figura 4.1):

- *Processo escalonado*: uma espécie de escada, com saltos notórios com base em reorganizações gerais do pensamento e períodos de consolidação, os quais explicam as conhecidas denominações de etapas ou estádios (PIAGET; INHELDER, 1980).
- *Ondas sobrepostas*: explicam a coexistência, no nível intrapessoal, de formas de pensar que dão lugar a estratégias de diferentes graus de adequação ou potencialidade em um campo particular de problemas. No desenvolvimento cognitivo, com o aumento da idade e experiência, são produzidas mudanças graduais na frequência pela qual se manifestam as diferentes formas de pensar, bem como o surgimento de formas avançadas e o desaparecimento de algumas formas anteriores. Ou seja, os novos sucessos e descobrimentos convivem temporariamente com abordagens anteriores (SIEGLER, 1996).
- *Surgimento sucessivo do si próprio, segundo domínios de relacionamento da criança com o mundo e consigo própria*: o desenvolvimento registrado no interior de um domínio particular se baseia na relativa consolidação de domínios mais básicos, originados anteriormente, os quais, por sua vez, continuam registrando pro-

gressos (STERN, 1991). Por exemplo, o domínio do relacionamento verbal se apoia no surgimento e na consolidação anterior do domínio intersubjetivo.

– *Desenvolvimento em forma de U*: o desenvolvimento nem sempre se manifesta mediante avanços, mas também apresenta momentaneamente aparentes retrocessos originados nas dificuldades que parecem reforçar a coordenação de informações múltiplas (KARMILOFF-SMITH; INHELDER, 1995; SIEGLER, 2004).

Em suma, a aprendizagem e o desenvolvimento cognitivo nas crianças aparecem como processos de mudança cognitiva tão relacionados entre si como as linhas de pesquisa que se propõem a descrevê-los e explicá-los.

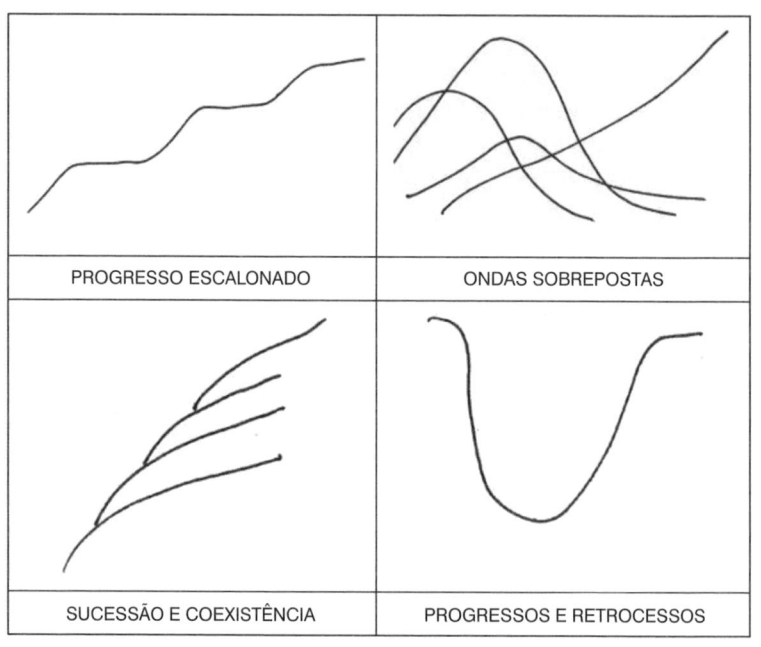

Figura 4.1 Diversos gráficos da trajetória do desenvolvimento cognitivo, que também permitem repensar como ocorre a aprendizagem.
Fonte: As autoras.

Os diversos modelos do desenvolvimento cognitivo e/ou da aprendizagem que compartilham um esquema construtivista mostram a criança como um sujeito ou agente que tem perspectivas sobre o mundo e si próprio. De acordo com isso, esses modelos explicam a mudança cognitiva principalmente como mudança destas perspectivas (TOMASELLO, 2007). Já os situados nos modelos construtivistas de *domínio* (KARMILOFF-SMITH, 1994; STERN, 1991; WELLMAN, 1995) afirmam que as crianças (bem como os jovens e adultos) contam com um conjunto de perspectivas – baseadas em princípios, esquemas, modelos mentais ou teorias implícitas – que lhes permitem organizar certos aspectos ou dimensões particulares do mundo de forma diferenciada. Ou seja, as crianças não se apoiariam em uma única perspectiva abrangente para trabalhar com todos os tipos de conteúdos e em qualquer tipo de situações, bem como interpretá-los e aprendê-los, mas desde suas primeiras trocas contariam com recursos relativamente específicos que poriam em jogo, revisariam e redescreveriam de forma diferenciada a interação com fenômenos tão diferentes como os sucessos físicos, as relações sociais, as propriedades transformacionais quantitativas, a linguagem, entre outros.

A PERSPECTIVA DAS CRIANÇAS SOBRE A APRENDIZAGEM E O DESENVOLVIMENTO COMO PROCESSOS DE MUDANÇA COGNITIVA

Pensar as crianças como sujeitos ou agentes cognoscentes relativamente refinados e especializados nos leva a pensar nelas também como conhecedores – talvez parciais e indubitavelmente tendenciosos – dos processos de mudança cognitiva pelos quais passam. Entendemos que:

- As crianças se dão conta de alguns dos progressos quanto àquilo que sabem fazer, dizer, escrever, desenhar, compreender.
- Elas inserem seu registro de mudanças pontuais dentro de uma história.
- Elas explicam a origem ou forma de produção dessas mudanças.
- Sua representação da ocorrência, história e produção de mudanças é orientada por uma teoria de referência da mudança conceitual.
- As mudanças nas formas pelas quais as crianças compreendem diversos processos cognitivos são orientadas por uma mudança teórica mais geral.

A seguir, esmiuçaremos cada um desses postulados, nos baseando nos resultados de inúmeros estudos que fizemos nos últimos 15 anos, para explorar como as crianças demonstram suas mudanças vinculadas com a aprendizagem, o desenvolvimento e/ou com as fontes do conhecimento, em três domínios da notação: o desenho, a escrita e a notação numérica (Echenique, 2004; Márquez, 2008; Pozo; Scheuer, 1999; Pozo et al, 2006; Scheuer; De la Cruz; Pozo, 2010; Scheuer et al., 2009; Scheuer; De la Cruz, 2010).

No total, participaram desses estudos 360 crianças de ambos os sexos e idades compreendidas entre os 4 e os 13 anos, de escolas públicas de Río Negro e Neuquén, na Argentina. Todas foram entrevistadas de forma individual em algum espaço mais ou menos privado de suas escolas.

Escolhemos a entrevista como modalidade de questionamento devido ao fato de que ela gera um contexto adequado para que as crianças desenvolvam sua perspectiva sobre a aprendizagem e o desenvolvimento. Elaboramos esquemas semiestruturais específicos (em relação a cada domínio notacional questionado) com base na distinção entre: a) condições, processos e resultados da aprendizagem; b) diferentes tempos (presente, passado e futuro); e c) agentes de aprendizagem (a própria criança ao aprender, a aprendizagem de outras pessoas). Além de permitir a ampliação do questionamento sobre o pensamento das crianças quanto à aprendizagem, essas distinções possibilitaram a análise de relações de consistência e coerência em suas respostas. Com esta base, os roteiros elaborados incluem uma diversidade de perguntas e demandas, a fim de reduzir as limitações de todas as técnicas de acesso isoladas. Essas perguntas e demandas compreendem:

- Produções gráficas. Pede-se à criança que desenhe ou escreva em três momentos, com propósitos diversos: para iniciar a entrevista com uma produção pessoal relativa à área questionada, a fim de reconstruir graficamente sua própria história nesse domínio e ilustrar os progressos futuros, e para terminar a entrevista com outra produção geral.
- Perguntas orais abertas, que exigem reconstruir experiências habituais ou passadas, fazer previsões, explicar situações, fazer conjecturas.
- Perguntas orais relacionadas a situações representadas mediante cartuns, nas quais aparece um personagem infantil (masculino, para os entrevistados do mesmo gênero e feminino, para as meninas). Essas perguntas exigem que a criança descreva uma situação, explique a escolha feita entre duas situações em função de sua utilidade e justifique sua escolha.

As entrevistas, que duraram entre 30 e 45 minutos, foram gravadas e transcritas textualmente em forma completa. Para analisar as informações, empregamos uma variedade de procedimentos complementares, incluindo técnicas da estatística, a fim de enriquecer e detalhar a descrição das perspectivas das crianças. Os principais procedimentos foram os seguintes:

- A análise de categorias, para as respostas orais e gráficas.
- A análise de dados textuais ou lexicometria (LEBART; SALEM; BÉCUE BERTAUT, 2000), para as respostas orais.

As crianças se dão conta dos progressos naquilo que podem e conseguem fazer, dizer, desenhar, escrever, compreender

Desde muito jovens, as crianças parecem reconhecer algumas das transformações pelas quais passam em seu desenvolvimento. Estas não somente seriam detectáveis pelos pais, avós, irmãos, professores e profissionais da saúde, mas também, de certa maneira e até certo ponto, pelas próprias crianças. De fato, é amplamente reconhecido que mesmo crianças muito pequenas expressam gestualmente satisfação com os progressos – motores, sociais e simbólicos – que acabam de alcançar e que disfrutam, ao demonstrá-los em outros significados. Por exemplo, as crianças costumam demonstrar suas recentes aquisições: que agora já conseguem (tacitamente: ao contrário daquilo que até pouco antes não conseguiam) subir em uma cadeira, se equilibrar em apenas um dos pés, fazer determinado traço sobre o papel, nomear e reconhecer um objeto fisicamente presente ou graficamente representado ("um gato!"), contar vários números em série, cumprimentar em outro idioma... Com apenas 4 ou 5 anos de idade, já são diversos os indícios da conscientização quanto aos próprios avanços epistêmicos: "Já entendi!", "Aprendi a fazer (desenhar) o cabelo da nenê!".

No contexto das novas entrevistas, encontramos múltiplas evidências dessa conscientização. Por exemplo, uma criança do ensino fundamental lembra "o" momento no qual – segundo seu relato – entrou no mundo convencional da escrita: "Mamãe, mamãe! Olha só – eu aprendi", "Profe, olha, profe!". Além disso, desde uma idade muito pequena as crianças são capazes de relacionar alguns de seus progressos com aspectos bastante precisos das situações nas quais participam como aprendizes. Diz uma criança do 2º ano do ensino fundamental: "Como estou escrevendo e olhando para o quadro –

aí eu aprendo!". Um aluno do ensino fundamental, ao ser questionado "Como você aprende a escrever os números?", responde: "Porque escuto alguém que fala números maiores dos que eu sei, eu aprendo e, depois, quando escuto os números que eu já sei, aprendo a contá-los".

As crianças inserem seu registro de mudanças pontuais em uma história

Uma vez que as crianças atingem certo desenvolvimento metarrepresentacional, por volta dos 4 ou 5 anos de idade (PERNER, 1994; TOMASELLO, 2007; WELLMAN, 1995), se tornam capazes não somente de detectar avanços, momentos importantes, novidades nas habilidades e compreensões nelas próprias e em outras pessoas, com também de relacioná-los retrospectivamente em uma sequência ou em um enredo, bem como de projetar expectativas para o futuro, o que provavelmente, por sua vez, funcionará como metas orientadoras. Esse enredo é uma síntese histórica, de caráter dinâmico, no processo, já que se redefine segundo a posição atual. Ele possibilita dar sentido, explicar e também prever certas mudanças e inclusive confiar – mais ou menos – na própria capacidade de atingi-las. Essa história construída e em construção (BRUNER, 2003) tem então certo poder estruturante, pois intermedeia a leitura que a criança faz das mudanças já experimentadas, daquelas em processo de consolidação e inclusive a previsão das mudanças que estão por vir e sua confiança em alcançá-los.

No contexto de nossas entrevistas, crianças de diferentes idades explicaram de forma gráfica e oral sua história como desenhistas ou escritores. Em uma das tarefas gráficas, pediu-se a elas que mostrassem como desenhavam quando eram menores e como desenharão no próximo ano (veja a instrução dada na Figura 4.2).

Uma primeira observação que surge da análise do conjunto das respostas é que mesmo as crianças que estão começando a se apropriar das convenções notacionais – e, portanto, não dispõem de uma representação abrangente da área em questão – conseguem explicar momentos prévios, nos quais sua abordagem era mais incipiente. Um exemplo disso é a sequência produzida por L., um menino com 6 anos de idade que cursa o 1º ano do ensino fundamental (veja a história superior da Figura 4.2). Ele começa com uma figura humana (FH) já reconhecível na idade "0", mostra os progressos em diversos aspectos (relação das partes com o todo, as

Desenvolvimento cognitivo e educação: processos do conhecimento e conteúdos específicos **97**

L., aluno do ensino fundamental, com 6 anos de idade. A quinta FH, da esquerda para a direita, é a atual.

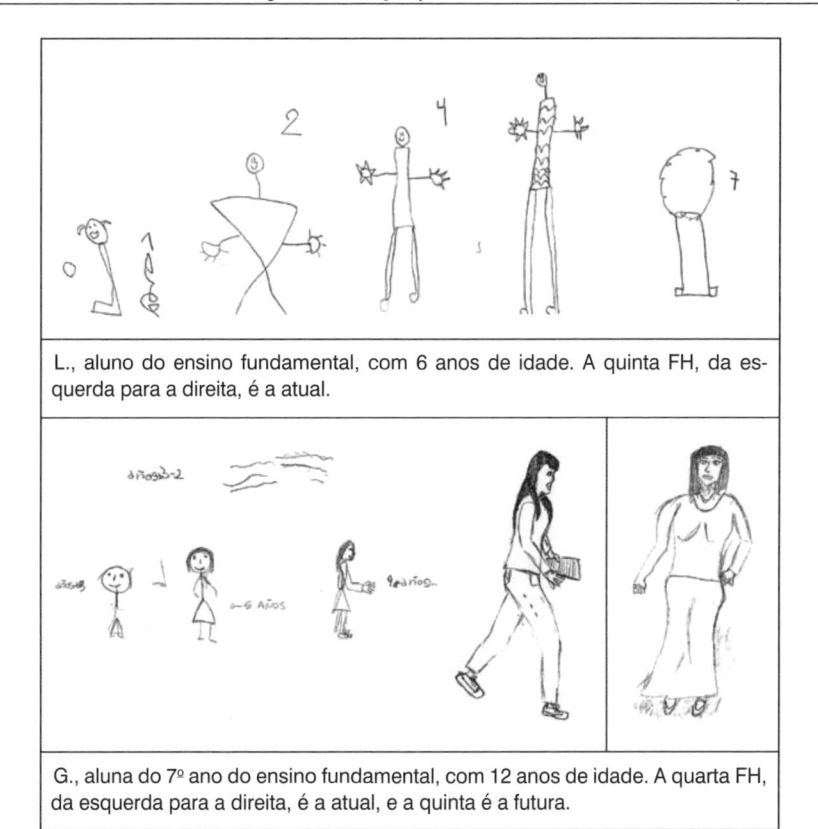

G., aluna do 7º ano do ensino fundamental, com 12 anos de idade. A quarta FH, da esquerda para a direita, é a atual, e a quinta é a futura.

Figura 4.2 Duas histórias da produção própria de desenhos da figura humana (FH) com a instrução: "Quando você era menorzinho(a), já desenhava? Como?" Era entregue à criança uma folha em branco e um lápis, e então se pedia: "Você pode me mostrar como desenhava uma pessoa quando tinha 1 ano? E quando tinha 2 anos?", e assim sucessivamente até a idade atual. Por fim, "Como você desenhará no ano que vem?".
Fonte: As autoras.

duas dimensões) nas idades posteriores – mas que antecedem sua idade atual –, ao passo que, ao explicar como desenhará quando tiver 7 anos, desenha uma árvore, como atualmente já tivesse dominado completamente a representação da figura humana.

G., uma menina bem mais velha do que L. (tem 12 anos, cursa o 7º ano do ensino fundamental) esboça uma história (veja a história inferior da Figura 4.2) na qual inclui recursos gráficos que não são observados na construção realizada por L. Por exemplo, a representação do movimento, a possibilidade de desenhar uma pessoa sob diferentes pontos de vista laterais, a representação tridimensional ou da profundidade. Isso, entendemos, mostra um maior progresso na apropriação de alguns códigos de representação figurativa de nossa cultura, que ocorrem juntos com a consciência da aquisição desses códigos (observemos que G. usa o perfil para ilustrar sua produção aos 9 anos, mas não o faz aos 3 ou 5 anos). Contudo, o que é mais relevante para nosso estudo das perspectivas das crianças sobre a mudança cognitiva, G. revela por meio de sua história uma concepção mais ampla da sequência já percorrida e da que será percorrida, não tanto porque inclui mais idades (o que é natural, uma vez que é mais velha), mas porque inclui uma produção pré-icônica (as linhas) e porque projeta em sua produção para o ano seguinte os próximos avanços no desenho da figura humana.

Vemos assim que tanto L., que inicia o ensino fundamental, como G., que já está quase finalizando-o, são capazes de traçar uma história ou cronologia de seus progressos como desenhistas. No entanto, L. expressa uma história mais abrupta, na qual a capacidade de produzir uma figura reconhecível (básica, indicial) aparece como existente desde o início da vida e está completa no presente, enquanto G. a situa em um contexto mais amplo, não somente cronológico, como seria de esperar, mas também cognitivo. Para ela, assim como para outras crianças nas etapas finais do ensino fundamental (Scheuer et al., 2010), a capacidade icônica não seria dada *a priori* (e, portanto, a produção pré-figurativa), nem sua conquista se inscreveria somente no passado (como indica a elaboração da figura humana que ela prevê para o ano seguinte).

Também quando convidamos as crianças a explicar oralmente sua história como aprendizes do desenho, da escrita ou da notação numérica reencontramos já no nível pré-escolar essa capacidade de pensar em diferentes tempos e com diferentes (crescentes) níveis de apropriação nos modos de fazer e conhecer. Também observamos, entre os tão diferentes matizes próprios de histórias intrinsecamente singulares, um eixo de diferenciação evolutivo-educativo que compromete o mundo de representar a mudança: de acordo com um foco nos produtos alcançados, com a integração dos procedimentos empregados para alcançar esses produtos ou inclusive de certos aspectos subjetivos.

Extraímos alguns fragmentos de histórias cuja análise completa sugere um foco predominante em produtos, manifestado por algumas das crianças menores. Em relação à escrita, M., de 6 anos, disse: "Antes eu escrevia só estas três: papai, mamãe e Laura. No ano que vem, vou aprender a escrever bola, casa... vou aprender a escrever tudo". Com relação ao desenho, R., de 4 anos, relatou: "Aprendi a desenhar as coisas que quero:

uma gaivota, uma pomba, um passarinho, um fantasminha". Em relação à notação numérica, J., de 5 anos, disse: "E fui aprendendo. Um dia cada coisa. Um dia (o) dois, um dia (o) três, e assim por diante".

Nos primeiros anos do ensino fundamental, encontramos muitas crianças que constroem sua história do desenho, da matemática ou da escrita mostrando não somente o que conseguiam fazer, mas *como* o faziam, ou seja, explicando a apropriação e o refinamento dos procedimentos empregados. Por exemplo, no caso do desenho, C., aluna do 4º ano, disse: "Eu fazia os olhos assim, assim (demonstra com um gesto no ar). A cara eu fazia assim... Eu só me lembro de como fazia a cara – o corpo não me lembro muito bem. Eu tentava fazer e ficava assim [...] minha mãe dizia que eu desenhava bem, mas eu não conseguia [...] ficava tudo torto [...] aqui ficava um olho, esta era a outra parte, e eu tentava fazer o outro olho e ele ficava diferente, e eu guardava os desenhos, todos os dias nos ensinavam a fazer mais desenhos". Já não se trata de ser ou não capaz de desenhar uma pessoa ou uma de suas partes, em termos absolutos, mas de qualificar nuances e formas de fazer.

Agora vejamos alguns fragmentos em histórias relacionadas com o registro de aspectos que comprometem a subjetividade (nos apoiamos nos estudos sobre o desenho e a escrita, pois o estudo da matemática não se estendeu aos níveis socioeducativos mais avançados). D. do 7º ano do ensino fundamental, com 13 anos de idade, disse: "Com o passar do tempo a gente passa a desenhar de outra maneira, porque pensa diferente. A gente pensa diferente porque vai mudando sua maneira de ser. Os sentimentos são os mesmos. [...] às vezes a gente desenha com sentimentos, outas vezes desenha apenas por diversão". J., também do mesmo ano, com 12 anos: "Mudou que eu fiquei mais à vontade com a professora e com o pessoal, (então) eu escrevia melhor".

As crianças explicam a origem ou a forma de produção das mudanças

Tentamos mostrar, principalmente por meio de ilustrações, que desde a etapa pré-escolar, as crianças mostram uma consciência mais ou menos ampla sobre a ocorrência de mudanças cognitivas em si próprias, bem como em seu ordenamento temporal em uma sequência progressiva. Com o avanço evolutivo-educativo, ao longo do ensino fundamental, essa consciência se amplia, incluindo momentos prévios e dando lugar a progressões mais graduais. Essa consciência é inclusive redescrita, à medida que mudam seus eixos estruturantes de um foco inicial nos produtos à integração posterior dos modos de fazer e de ser, pensar e sentir. No entanto, as crianças também conseguem explicar como ou por que essas mudanças – pensadas de modo distinto ao longo do desenvolvimento – acontecem? Em caso afirmativo, essas explicações mudam com o desenvolvimento?

A esta altura da argumentação é de se esperar que a resposta à qual chegamos por meio de nossos estudos seja positiva: até mesmo as crianças pré-escolares conseguem explicar essas mudanças, e tais explicações costumam se tornar mais complexas ao longo do ensino fundamental, passando a integrar as duas direções de ajuste propostas por Searle (1992): a direção de fora para dentro, orientada para a incorporação do conhecimento externo, e também a direção de dentro para fora, orientada para a explicitação dos progressos e sentidos do conhecimento adquirido.

De fato, entre algumas das crianças menores, as explicações predominantes apelam à influência determinante de fatores que se encontram fora do controle da própria pessoa em desenvolvimento: o crescimento ou amadurecimento, a exposição a determinados estímulos ou situações, o ensino deliberado inteiramente a cargo de alguém cuja competência ou conhecimento era considerado absolutamente confiável. Uma criança da pré-escola deposita sua confiança com o passar do tempo: "Vou crescer, fazer 6 anos, para ver se então aprendo um pouco mais". Uma menina do ensino fundamental depende de seu entorno familiar: "que lhe ajude sua família". Consequentemente, quando essas condições de amadurecimento ou ambientais não são satisfeitas, não ocorrem mudanças: "Não aprendeu porque não lhe davam papel".

Entre as crianças um pouco mais velhas, a agência da própria pessoa que se desenvolve e aprende começa a ocupar um lugar de crescente importância para explicar a ocorrência e os modos de produção das mudanças. Por exemplo, P., aluno do ensino fundamental, com 7 anos, se apoia nas indicações da professora para sua própria iniciativa e regulação da atividade de aprendizagem:

> E a profe me disse: "Faça assim, assim vai aprender a contar até um montão. Tem que praticar muitas vezes na sua casa, aqui, ou em qualquer outro lugar". E eu fui contando com meus passos, minhas mãos. [...] Eu dava um passo, outro passo, e mais outro, e assim ia contando até chegar a 100. E também com as minhas mãos. [...] Porque eu contava 1, 2, ... 11, 12. Não! 11... 20. Porque cada número tem 10 números. [...] Você dizia que, para

chegar a 10, tem que somar cinco e cinco são 10. Por isso tem que de contar cinco vezes para chegar a 10. Duas vezes cinco! (e para 20) tem que contar 10 e outro 10. [...] e, além disso, também conto as moedas de 10 centavos. Eu pego outra: aqui tem 20, aqui tem 30, aqui tem 50, aqui tem 60, aqui tem 80, aqui tem 90, aqui tem 100. Um peso! [...] E também conto com a cabeça, assim vou contando, conto e mexo a cabeça.

Uma menina do 2º ano, ao falar de seus progressos no domínio da escrita: "Eu queria fazer o 'o' e escrevi 'co', depois fiz um palito, fiz o 'ele' [mas] fiz um 'i', depois queira fazer o 'e' [mas] deu um 'o', depois queria fazer o 'erre' [mas] saiu um 'e'. Assim eu tinha que fazer o 'o' primeiro, para aprender, e comecei a escrever 'mamãe', 'papai', 'profe', 'diretora', e aí fui aprendendo".

Entre algumas das crianças maiores que entrevistamos a explicação para as mudanças se concentra não somente na regulação da atividade em si, mas também nas formas pelas quais a própria pessoa é responsável pela aprendizagem e é afetada por esta. Assim expressam dois alunos dos anos finais no ensino fundamental: "Eu presto mais atenção nos acentos e essas coisas do que antes. Eu não colocava nenhum acento, porque antes eu não me interessava e achava que não tinha muita importância não colocar o acento; agora, que sou maior, como penso melhor, acho que é importante. Eu penso quando escrevo".

A integração de diversas técnicas provenientes principalmente da estatística descritiva multivariada (como as análises fatoriais de correspondências simples e múltiplas, a análise da informação de correspondências simples e múltiplas, a análise da classificação hierárquica) nos permitiu dar um passo adiante na análise das informações: passar da identificação detalhada de um repertório de ideias das crianças quanto às mudanças cognitivas à identificação de inter-relações significativas entre essas ideais e seu ordenamento evolutivo-educativo.[2] A coerência considerável e a consistência mostradas deste modo no interior das explicações, interpretações, relatos e atribuições de nossas crianças em relação a uma diversidade de situações envolvidas nos processo de mudança cognitiva nos campos do desenho, da escrita e da matemática, indicam que elas são dotadas de certo caráter teórico. Ao longo de nossos estudos, identificamos duas principais teorias implícitas: a teoria direta, segundo a qual as crianças enfatizam certas condições de amadurecimento e/ou ambientais, cujo cumprimento garante ou leva simplesmente ao alcance dos resultados; e a teoria interpretativa, segundo a qual as crianças estruturam suas respostas com base nas representações e nos processos mentais do aprendiz. A recorrência e a generalidade de tais teorias nos leva a colocar o que segue.

O modo como as crianças representam a ocorrência, a história e a produção de mudanças depende de uma teoria de referência da mudança cognitiva

O conjunto de estudos realizados indica relevantes conexões nos modos pelos quais as crianças representam a sequência de mudanças e os modos pelos quais relacionam um roteiro significativo ao explicar um conjunto de processos cognitivos, tanto quando falam de si mesmo como quando falam de outras pessoas. A noção de *teoria de referência*, segundo as obras de Wellman (1995) e de Vosniadou (2008), se mostra uma poderosa ferramenta para explicar essas conexões (veja o Capítulo 3 deste livro). Podemos pensar então que o desenvolvimento das crianças gera uma teoria (implícita) de referência da mudança cognitiva, na qual se inserem teorias implícitas mais específicas, como as que explicam como ocorre a aprendizagem (Pozo et al., 2006), como o conhecimento é obtido e validado (Kuhn; Weinstock, 2002), como ocorrem as ajudas sociais para o avanço da produção e da aprendizagem (De la Cruz et al., 2006). Resgatamos a denominação de teoria de referência também por entender que essas formas de explicação colaboram para o entendimento de como essas diversas mudanças ocorrem em relação a uma variedade de domínios: a escrita, o desenho, a matemática.

De fato, todos os estudos que apresentamos a seguir sustentam que as crianças descrevem, ordenam e explicam diferentes mudanças cognitivas em diferentes campos do conhecimento em termos das teorias implícitas – direta e interpretativa – que especificamos de maneira sintética na seção anterior. Entre elas, mencionamos:

- Os sentimentos que as crianças sentem em situações de sucesso e dificuldade ao desenhar (De la Cruz; Scheuer; Pozo, 2008).
- A contribuição da aprendizagem do desenho à aprendizagem em outro domínio de notação mais formal, como a escrita (Scheuer et al., 2009).
- Sua própria história e a previsão de seu futuro próximo como desenhistas da figura humana (Scheuer et al., 2010).

- O pensamento em diferentes momentos da atividade de escrever (Scheuer et al., 2006a).
- Sua própria história e a previsão de seu futuro próximo como produtores de textos escritos (Scheuer et al., 2006b).
- O ensino recebido ou aquele que eles próprios se proporcionaram com o propósito de favorecer a aquisição da escrita (De la Cruz et al., 2011).

Assim, as transformações que são registradas na infância nas formas de pensar diferentes mudanças cognitivas podem ser entendidas em termos de um deslocamento mais geral de uma teoria de referência à outra, entendidas respectivamente como:

- uma teoria de referência *direta*, que privilegia entidades manifestas ou observáveis, tanto no nível de seu objeto (que muda), como dos fatores (nos quais se baseiam as mudanças) e indicadores (como se manifestam) levados em conta; e
- uma teoria de referência *interpretativa*, na qual a explicitação de si próprio desempenha um papel importante nas formas pelas quais se consideram o objeto, os fatores e indicadores de mudança.

Combinar os resultados dos estudos evolutivos realizados por uma terceira pessoa especialista (a dos psicólogos do desenvolvimento) e os dos estudos que exploram a evolução da perspectiva na primeira pessoa (na etapa da infância) sobre o próprio desenvolvimento nos permite captar que, com o desenvolvimento, as crianças não somente avançam em seus recursos gráfico-representacionais específicos, mas também em seus modos de explicar esse desenvolvimento, de acordo com uma teoria de referência da mudança cognitiva, cujos princípios básicos são reconhecidos em diferentes áreas do conhecimento.

OTIMIZAR AS PERSPECTIVAS DAS CRIANÇAS QUANTO A APRENDIZAGEM E DESENVOLVIMENTO COMO PROCESSOS DE MUDANÇA COGNITIVA: RECURSOS PARA OS EDUCADORES

Algumas das ideias desenvolvidas anteriormente podem nos ajudar a pensar em como otimizar os processos de mudança cognitiva, inclusive a partir do nível inicial (Pramling, 1996), a fim de que os alunos passem a ter maior controle sobre suas principais aprendizagens, bem como maior compromisso, protagonismo e agencialidade.

Em nossos estudos, notamos que a entrevista implementada para explorar o pensamento das crianças sobre as mudanças cognitivas lhes ofereceu um autêntico momento de aprendizagem, no sentido de ampliar a zona de desenvolvimento proximal (VYGOTSKY, 1988), tanto quanto à consciência da aprendizagem e do desenvolvimento, como o desempenho na área questionada. Por exemplo, na Figura 4.3, se observa a expansão da produção gráfica após uma conversa profunda sobre a própria aprendizagem e o desenvolvimento neste campo.

No momento inicial, R. desenhou algumas casas; no final, uma cidade.

Figura 4.3 Desenhos livres de R., de 6 anos de idade, no início da entrevista (à esquerda) e após seu término (à direita).
Fonte: As autoras.

Pareceria que a modalidade e o conteúdo das entrevistas empregadas para questionar as concepções das crianças sobre diferentes aspectos da aprendizagem e do desenvolvimento em domínios específicos configuram em si próprios uma situação propícia para a mudança cognitiva. Um fator-chave para isso foi ter tratado as crianças como verdadeiras autoridades no tema: quem mais, senão elas próprias, poderia expressar melhor sua perspectiva e experiência? Algumas das exigências específicas que podem ter favorecido essas mudanças são as que propõem às crianças que resgatem memórias relativas à própria aprendizagem do desenho, da escrita ou da notação numérica, reconstruam gráfica e verbalmente a sucessão de resultados alcançados anteriormente, se vejam no futuro, mediante a identificação de metas, visualizem diferentes condições de aprendizagem para selecionar as próprias condições, reflitam sobre a aprendizagem e seus possíveis obstáculos neles próprios e em outras pessoas, se situem mentalmente na posição do professor e imaginem como ensina-riam outra criança que se encontra com certa dificuldade.

Cremos que o interesse em conhecer a perspectiva das crianças, a aceitação de suas expressões e ideias em um encontro que conjuga o suporte emocional com o respeito epistêmico e a inclusão de demandas como as que acabamos de enunciar poderiam ser inseridas de diferentes formas em contextos educativos – tanto familiares como escolares – não a fim de pesquisa, mas para promover a agencialidades e um maior comprometimento com a aprendizagem. A seguir descreveremos rapidamente alguns dos modos de fazer isso, entre muitos outros que certamente podem ser elaborados e implementados por nossos próprios educadores da pré-escola e do ensino fundamental. Por exemplo:

- A inclusão em sala de aula de tarefas cotidianas de reflexão, explicitação e autoavaliação das aprendizagens pessoais, por parte dos alunos.
- A comparação desses processos com os de seus colegas.
- A reconstrução da história de uma de suas aprendizagens em diferentes momentos e/ou ao final do ano escolar, em diferentes áreas do conhecimento, apelando aos indicadores de progressos encontrados em seus cadernos, em suas apresentações, suas avaliações.
- A projeção, por parte das crianças, de possíveis progressos.
- A explicitação, por parte dos professores, dos progressos que são esperados de seus alunos.
- A explicitação, por parte dos pais, dos progressos que são esperados de seus filhos.

Uma atividade poderosa nos sentidos empregados seria dedicar uma hora, uma vez por semana, para que todas as crianças relatassem suas histórias de vida em um caderno dedicado exclusivamente a esta tarefa. Ao final do ano escolar, poder-se-ia registrar o itinerário de aspectos dessa história, que podem ser publicados, em uma linha do tempo, e situar esse gráfico entre as aprendizagens mais importantes sentidas nesse ano escolar. Também seria proveitoso situar as ajudas mais significativas recebidas em relação a suas aprendizagens e seu bem-estar pessoal.

Em resumo, trata-se de criar espaços de diálogo entre os alunos e com o professor sobre a singularidade das aprendizagens próprias e dos outros, sobre os obstáculos enfrentados e o uso de auxílios para superá-los, os progressos, as possíveis relações entre as aprendizagens em geral, a aprendizagem pessoal e o desenvolvimento pessoal. Em todas essas situações, é de fundamental importância o apoio do educador, pois é ele que proporcionará às crianças um ambiente que lhes possibilitará empregar e consolidar processos de reflexão, promovendo, deste modo, tanto a experiência de aprendizagens dotadas de sentido para a criança como a comunicação dessas aprendizagens a seus colegas e familiares.

NOTAS

1 Este capítulo se baseia na pesquisa realizada pelas autoras com o financiamento da Secretaria de Pesquisa da Universidade Nacional do Comahue (B 139), CONICET (PIP 112 200801 01029), da Agência Nacional de Promoção Científica e Tecnológica (PICT 06-1607) e do Ministério Espanhol da Ciência e Inovação (EDU2010-21995-CO2-02).
2 Sugerimos ao leitor interessado que consulte as publicações das autoras citadas ao longo destas páginas.

REFERÊNCIAS

BRUNER, J. *La fabrica de historias*: derecho, literatura, vida. Buenos Aires: Fondo de Cultura Economica, 2003. Edição original: *Making stories*: law, literature, life. Cambridge: Harvard University, 2002.
CAREY, S.; GELMAN, S. (Ed.). *The epigenesis of mind*: essays on biology and cognition. Hillsdale: Lawrence Erlbaum, 1991.
DE LA CRUZ, M. et al. Concepciones de los ninos acerca de la zona de desarrollo proximo al aprender a escribir. *Cultura y Educación*, v. 18, n. 1, p. 47-61, 2006.
DE LA CRUZ, M. et al. Ninos de educación inicial y primaria hablan sobre la ensenanza la escritura. *Revista de Educación*, v. 354, p. 689-712, 2011.
DE LA CRUZ, M.; SCHEUER, N.; POZO, J. I. Aprender, sentir, intervenir: los ninos hablan de sus logros y sus fracasos al dibujar. In: SEMINARIO IDENTIDAD, APRENDIZAJE Y ENSENANZA, 2008, Barcelona. *Anais...* Barcelona: [s.n.], 2008.
ECHENIQUE, M. *Las concepciones infantiles sobre el aprendizaje del dibujo*. 2004. Tese (Doutoramento) – Facultad de Ciencias de la Educacion, Universidad Nacional del Comahue, Argentina, 2004.
ERIKSON, E. *Infancia y sociedad*. Buenos Aires: Paidós, 1973.
KARMILOFF-SMITH, A. *Mas alla de la modularidad*. Madrid: Alianza, 1994. Edição original: *Beyond modularity*. Cambridge: Cambridge University, 1992.
KARMILOFF-SMITH, A.; INHELDER, B. Si quieres avanzar, hazte con con una teoria. In: CARRETERO, M.; GARCÍA-MADRUGA, F. (Comp.). *Lecturas de psicología del pen-*

samiento. Madrid: Alianza, 1995. p. 307-320. Edição original: If you want to get ahead, get a theory. *Cognition,* v. 3, p. 195-212, 1974.

KUHN, D.; WEINSTOCK, M. What is epistemological thinking and why does it matter? In: HOFER, B.; PINTRICH, P. (Ed.). *Personal epistemology*: the psychology of beliefs about knowledge and knowing. Mahwah: Lawrence Erlbaum, 2002. p. 121-144.

LEBART, L.; SALEM, A.; BECUE BERTAUT, M. *Analisis estadistico de textos*. Lleida: Milenio, 2000.

MÁRQUEZ, S. *Concepciones acerca del aprendizaje de la escritura de ninos de primer ciclo de la educacion básica*. 2008. Tese (Doutoramiento) – Facultad de Ciencias de la Educacion, Universidad Nacional del Comahue, Argentina, 2008.

PERNER, J. *Comprender la mente representacional*. Barcelona: Paidós, 1994. Edição original: *Understanding the representational mind*. Cambridge: MIT, 1991.

PIAGET, J. *Seis estudios de psicologia*. Buenos Aires: Ariel, 1988. Edição original: *Six psychological studies*. New York: Random House, 1967.

PIAGET, J.; INHELDER, B. *La psicologia del nino*. Madrid: Morata, 1980. Edição original: *La psychologie de l'enfant*, Paris: Universitaires de France, 1966.

POZO, J. I. et al. (Ed.). *Nuevas formas de pensar la ensenanza y el aprendizaje*: las concepciones de profesores y alunos. Barcelona: Grao, 2006.

POZO, J. I.; SCHEUER, N. Las concepciones sobre el aprendizaje como teorias implícitas. In: POZO, J. I.; MONEREO, C. (Ed.). *El aprendizaje estratégico*. Madrid: Santillana, 1999. p. 87-108.

PRAMLING, I. Understanding and empowering the child as learner. In: OLSON, D. R.; TORRANCE, N. (Ed.). *Education and human development*. Malden: Blackwell, 1996. p. 243-254.

SCHEUER, N. et al. Children's autobiographies of learning to write. *British Journal of Educational Psychology,* v. 76, p. 709-725, 2006b.

SCHEUER, N. et al. Como conciben los ninos su desarrollo como dibujantes? Una investigación mediante el dibujo de la figura humana. *Cultura y Educacion,* v. 22, n. 2, p. 169-182, 2010.

SCHEUER, N. et al. Does drawing contribute to learning to write? Children think it does. In: ANDERSEN, C. et al. (Ed.). *Representational systems and practices as learning tools*. Roterdam: Sense, 2009. p. 149-166.

SCHEUER, N. et al. The mind is not a black box: children's ideas about the writing process. *Learning and Instruction,* v. 16, n. 1, p. 72-85, 2006a.

SCHEUER, N.; DE LA CRUZ, M.; IPARRAGUIRRE, M. S. El aprendizaje de distintos dominios notacionales segun ninos de preescolar y primer grado. *Revista Latinoamericana de Ciencias Sociales Ninez y Juventud,* v. 1, n. 2, p. 47-73, 2010.

SCHEUER, N.; DE LA CRUZ, M.; POZO, J. I. *Aprender a dibujar y a escribir*: las perspectivas de los ninos, sus familias y maestros. Buenos Aires: Noveduc, 2010.

SEARLE, J. R. *Intencionalidad*: un ensayo en la filosofia de la mente. Madrid: Tecnos, 1992. Edição original: *Intentionality*: an essay on the philosophy of mind. Cambridge: Cambridge University Press, 1983.

SIEGLER, R. S. *Emerging minds*: the process of change in children's thinking. New York: Oxford University, 1996.

SIEGLER, R. S. U-shaped interest in U-shaped development and what it means. *Journal of Cognition and Development,* v. 5, p. 1-10, 2004.

STERN, D. N. *El mundo interpersonal del infante*: una perspectiva desde el psicoanálisis y la psicología del desarrollo. Buenos Aires: Paidós, 1991. Edição original: *The interpersonal world of the child*: a view from psychoanalysis and developmental psychology. New York: Basic Books, 1985.

TOMASELLO, M. *Los origenes culturales de la cognicion humana*. Buenos Aires: Amorrortu, 2007. Edição original: *The cultural origins of human cognition*. Cambridge: Harvard University, 1999.

VYGOTSKY, L. S. *El desarrollo de los procesos psicológicos superiores*. Barcelona: Critica, 1988. Originalmente publicado em 1931.

VOSNIADOU, S. (Ed.). *International handbook of research on conceptual change*. New York: Routledge, 2008.

WELLMAN, H. M. *Desarrollo de la teoria del pensamiento en los ninos*. Bilbao: Desclee de Brouwer, 1995. Edição original: *The child's theory of mind*. Cambridge: MIT, 1990.

5

O desenvolvimento da capacidade para transferir conhecimento por meio do pensamento analógico e indutivo

Ricardo A. Minervino, Máximo Trench e Juan Fernando Adrover

O USO DE CASOS CONHECIDOS PARA FAZER INFERÊNCIAS SOBRE NOVOS CASOS

A categorização de objetos e situações em termos de conceitos e esquemas nos permite antever suas características e conceitos e agir de modo apropriado. Quando não contamos com estes conceitos e esquemas ou eles são insuficientes, costumamos apelar à comparação dos casos novos com os quais nos deparamos com outros casos anteriores que forem similares. Duas formas destacadas de pensamento que nos permitem passar de conhecidos particulares a desconhecidos particulares são o *pensamento analógico* e o *pensamento indutivo*. O primeiro nos ajuda a compreender situações relativamente complexas a partir de outras que já conhecemos. Por exemplo: alguém pode prever como será a crise econômica na Grécia comparando-a com a crise pela qual a Argentina passou no ano de 2001. O segundo nos ajuda a determinar quais características um objeto terá com base em outro que já conhecemos e que pertence à mesma categoria. Por exemplo, uma pessoa pode estimar se a groselha será doce a partir de seu conhecimento do morango, outro tipo de fruto silvestre.[1]

Os meninos e as meninas continuamente se deparam, dentro e fora do meio escolar, com a tarefa de fazer inferências analógicas (por exemplo: Será que minha mãe brigará comigo por ter quebrado este prato, como aconteceu quando queimei a frigideira? Será que este problema sobre as torneiras que enchem uma piscina é resolvido da mesma forma com a qual ontem solucionamos a questão dos pintores que estão pintando uma parede?) e indutivas (Os borrachudos picam da mesma maneira que os mosquitos comuns? O ferro transmite calor na mesma intensidade que o bronze?). Neste capítulo apresentamos as contribuições da psicologia cognitiva ao estudo do desenvolvimento destas duas formas de pensamento, bem como suas implicações na instrução e na educação.

O DESENVOLVIMENTO DO PENSAMENTO ANALÓGICO

Características e funções do pensamento analógico

Quando duas entidades se assemelham no que concernem suas propriedades (p. ex., "Sua namorada e sua filha são *lindas*"), dizemos que estamos perante uma *semelhança de atributos*. Naqueles casos em que duas relações são comparáveis ("Assim como Jorge *se vangloriava* de sua namorada, Armando *se gabava* de sua filha"), afirma-se que se trata de uma *semelhança de relações*. Por outro lado, caso equiparemos um *sistema de relações* (p. ex., duas relações vinculadas por uma relação de ordem superior) a outro, fala-se de uma semelhança entre sistemas de relações (esta classificação corresponde a Holyoak; Thagard, 1995). Suponha-se que Jorge estivesse namorando uma bela jovem e que a apresentasse em sua empresa para se vangloriar, permitindo que seus empregados tentassem seduzi-la. Esse fato poderia ser considerado análogo a outro episódio, no qual o professor Armando, pai de uma bela jovem, levou-a a universidade para se exibir, provocando que seus alunos a convidassem a sair. Essas situações têm em comum um sistema de relações (por exemplo, *semelhanças estruturais*): alguém se sente orgulhoso da beleza de uma mulher íntima e a apresenta, para se exibir, com a consequência que os outros a convidem a sair. Uma vez que essa comparação com as entidades (com seus atributos) e as relações de uma analogia são similares a suas contrapartes no outro, as situações comparadas mantêm, além das semelhanças estruturais, *semelhanças superficiais*. Já a seguinte situação apresenta apenas semelhanças estruturais com a primeira: "Bruno havia comprado uma nova bola de futebol e a levou de tarde ao clube, para jogar com seus amigos, mas alguns deles tentaram roubá-la". De fato, ainda que o primeiro análogo e este terceiro compartilhem um sistema de relações (uma pessoa se sente orgulhosa de algo e a apresenta, com algum propósito, o que provoca que outras pessoas tentem se apropriar daquilo), as entidades (com seus atributos) e as relações do primeiro se parecem menos com suas contrapartes, neste terceiro caso, do que as do segundo exemplo. O conceito de *analogia* se aplica, *stricto sensu*, às comparações entre sistemas de relações, ainda que em certas ocasiões se estenda para fazer referência a comparações mais simples entre duas relações (isto é, às semelhanças de relações na classificação de HOLYOAK; THAGARD, 1995). Neste capítulo, usaremos o conceito em seu sentido mais amplo.

O uso de uma analogia supõe um conjunto de subprocessos (DE LA FUENTE; MINERVINO, 2008). O primeiro deles consiste no resgate de um *análogo-base*, mais conhecido, guardado na memória de longo prazo (p. ex., a situação de Jorge e sua namorada), a partir de um *análogo--meta*, ativo na memória de trabalho (p. ex., a situação de Armando e sua namorada), cuja compreensão se busca incrementar. Uma vez resgatado o análogo-base, deve ser feito um estabelecimento de correspondências entre os elementos das analogias (p. ex., Jorge se assemelha a Armando, e sua *namorada*, à *filha*). Feitas essas correspondências, é possível que ocorra uma *formulação de inferências*: "Assim como os empregados de Jorge quiseram seduzir sua namorada, os alunos de Armando farão algo parecido com sua filha". As inferências analógicas são então submetidas aos subprocessos de avaliação, destinados a determinar sua validade para o análogo-meta. Como resultado do processo analógico, talvez as pessoas desenvolvam um esquema que inclui aquilo que é compartilhado pelos análogos.

O pensamento analógico faz parte de uma importante variedade de atividades cognitivas, como a aprendizagem de conceitos (GENTNER, 2010), a solução de problemas (LOEWENSTEIN, 2010), a compreensão e a explicação de fenômenos e situações da vida cotidiana (JOHNSON-LAIRD, 1989) ou a instrução escolar (AUBUSSON; HARRISON; RITCHIE, 2006). Apresentaremos os estudos existentes sobre o desenvolvimento do pensamento analógico em duas seções, uma dedicada às analogias entre relações, a outra, às analogias entre os sistemas de relações. Em ambos os casos serão incluídas análises relativas a como os diversos momentos do desenvolvimento vão abrindo possibilidades para novas aprendizagens, assim como para a execução de novas tarefas cognitivas.

Analogias entre relações

As tarefas analógicas empregadas por Piaget, Montangero e Billeter (1980) consistiam em apresentar dois itens ("A" e "B") que apresentassem determinada relação, para então introduzir um terceiro ("C"). A tarefa consistia em gerar um quarto item, cuja relação com "C" devia ser idêntica à de "B" com "A" (p. ex., *"Bicicleta está para guidon assim como barco está para..."*). As crianças menores de ambos os sexos, no estudo de Piaget e seus colaboradores, tendiam a dar respostas "associativas" (como *pássaro* – em vez de leme – para *barco*, considerando que os barcos e pássaros aparecem juntos no porto). Piaget, Montangero e Billeter (1980) sustentaram que a capacidade para resolver este tipo de tarefa surge após os 12 anos de idade, com a entrada no estádio das operações formais (veja também STERNBERG; NIGRO, 1980).

É claro que tais tarefas não podem ser resolvidas se o indivíduo não conhece de antemão as relações que os dois pares de itens mantêm entre si (ou seja, "A" com "B" e "C" com "D"). Goswami e Brown (1989) descobriram que, se as tarefas incluem relações que as crianças conhecem (algo não considerado por Piaget, Montangero e Billeter (1980), elas apresentam formas de pensamento analógico já com 3 anos de idade. Assim, Goswami (1996) propôs a tese de que a capacidade de raciocínio analógico se encontra disponível já em uma idade muito precoce e é expressa tão logo se disponha do conhecimento relacional apropriado.

Gentner e Ratterman (1991) reconhecem como condição para a resolução de tarefas analógicas que se possua o conhecimento relacional necessário, mas, ao contrário de Goswami (1996), postularam que há um progresso infantil que inicia com o estabelecimento de semelhanças centradas em atributos de objeto até o estabelecimento de analogias entre relações, culminando em analogias entre sistemas de relações, sendo que a atenção à semelhança de atributos é uma tendência epistemológica prévia e necessária para que haja o foco posterior na semelhança de relações (RATTERMAN; GENTNER, 1998).

Halford e seus colaboradores (HALFORD, 1993; HALFORD; WILSON; PHILIPS, 1999) propuseram que o desenvolvimento do pensamento analógico é afetado pelas restrições de processamento que a memória de trabalho impõe a diferentes idades. De acordo com tais autores, após os 2 anos de idade, a memória de trabalho consegue manter, de maneira simultânea (e somente então, portanto, comparar), duas relações com dois argumentos. A capacidade de processamento necessária para que dois pares de relações sejam mantidos de forma conjunta e possam ser comparados estaria disponível entre os 4 e os 5 anos de idade. Em um trabalho relativamente recente, Richland, Morrison e Holyoak (2006) mostraram que a única disposição do conhecimento relacional apropriado não é suficiente para a resolução de tais tarefas analógicas, mas que a complexidade relacional (HALFORD, 1993) e a presença de objetos distratores (semelhanças superficiais de objeto) (RATTERMAN; GENTNER, 1998) constituem fatores que dificultam a realização de tais tarefas por parte das crianças, desaparecendo seu impacto a partir de aproximadamente os 9 anos de idade. Os autores atribuem a incidência desses fatores, respectivamente, a limites na capacidade e a insuficiências no controle inibitório da memória de trabalho, próprias do desenvolvimento (para evidências neste sentido, veja THIBAUT; FRENCH; VEZNEVA, 2010).

A atividade de fazer comparações entre relações é relevante para diversas formas de aprendizagem na vida cotidiana, como é o caso da aprendizagem de conceitos relacionais (GENTNER, 2010). O significado das categorias de esquema (um subtipo de categoria relacional) (GENTNER; KURTZ, 2005) é definido pelas relações que uma série de entidades mantêm no contexto de uma estrutura predicativa (p. ex., *roubo*, cuja estrutura é ROUBAR [ladrão, bem, vítima]). Duas características das categorias de esquemas – que ocorrem em menor medida nas categorias de entidades (por exemplo, vaca) – parecem apresentar dificuldades para sua aprendizagem. Seus exemplares não são tão facilmente individualizáveis por meio da experiência perceptiva (uma vaca é "extraída" naturalmente do mundo, mas o mesmo não é verdadeiro para um roubo). Isso determina que a associação entre a palavra que designa a categoria e um exemplar desta não seja direta. Por outro lado, seus exemplares não se parecem entre si perceptivamente (em geral, os diferentes exemplares de vacas se parecem mais entre si do que os diversos casos de roubo). Como consequência, a comparação *espontânea* entre novos e velhos exemplares (útil para a aprendizagem da categoria) é improvável, dado que a recordação de casos similares é fortemente orientada por semelhanças superficiais (TRENCH; OLGUÍN; MINERVINO, 2011). Essas duas verdades, somadas ao fato de que a aprendizagem dessas categorias exige a "mudança relacional", talvez expliquem, segundo Gentner (2005), que as categorias de entidades sejam aprendidas mais tarde.

Há evidências (CHILDERS, 2011; CHRISTIE; GENTNER, 2010; GENTNER; NAMY, 2004) de que um modo possível de aceleração da aprendizagem de conceitos relacionais em crianças em idade pré-escolar consiste em apresentar dois exemplares de uma categoria e estimular sua comparação (*codificação analógica*). O trabalho comparativo parece levar os aprendizes a encontrar um padrão de relações compartilhado que não é observado quando são considerados os exemplares separadamente (GENTNER, 2010). Se a codificação analógica não é suficiente, uma conexão simbólica (ou seja, a atribuição de apenas um nome aos exemplares, o que gera expectativas de que se aprenderá uma categoria) costuma reforçar o processo de aprendizagem (CHRISTIE; GENTNER, 2010; GENTNER; NAMY, 2004). O mecanismo de codificação analógica tem se mostrado particularmente eficaz em termos de transferências se a instrução começa com a comparação de análogos com semelhanças superficiais, depois passando para análogos sem essas semelhanças (KOTOVSKY; GENTNER, 1996; LOEWENSTEIN; GENTNER, 2001).

As analogias parecem constituir um meio adequado para acelerar também a aquisição de conceitos lógicos e matemáticos. Por exemplo, Goswami e Pauen (2005) mostraram que a estrutura de uma família (um conceito simples para as crianças) serve como análogo-base para a promoção do desenvolvimento do conceito de inclusão de classes. Imaginemos um conjunto de 10 flores, seis vermelhas e quatro amarelas. Os participantes do estudo de Goswami e Pauen com 4 e 5 anos de idade haviam sido reprovados em um pré-teste que incluía as perguntas típicas de Piaget: "Aqui há mais flores vermelhas ou mais amarelas?". Os participantes foram então divididos em dois grupos: aqueles com a condição *com analogia* e aqueles com a condição *sem analogia*. Os do primeiro grupo receberam famílias formadas (Experimento 1) ou precisaram formar famílias (Experimento 2), por meio do uso de brinquedos. Seu rendimento nas tarefas-meta de inclusão foi superior ao dos grupos sem analogia, e se conseguiu uma transferência espontânea do trabalhado com as famílias às tarefas-meta já na idade de 4 anos, naqueles casos nos quais a elaboração dos análogos-base era mais profunda (Experimento 2).

Analogias entre sistemas de relações

De acordo com Gentner (1983, 1989), quando o adulto se depara com a tarefa de comparar duas situações relativamente complexas, tende a buscar um sistema de relações compartilhado em detrimento de um conjunto de fatos isolados (*princípio da sistematicidade*), com base na presunção de que uma analogia no nível de sistemas terá maior poder de inferência (GENTNER, 1989, 2010). Tomemos como exemplo a analogia entre o fluxo de água e o fluxo de calor (veja a Figura 5.1). Ainda que o análogo-base inclua duas relações que poderiam ser colocadas em correspondência com a diferença de temperaturas do análogo-meta (a diferença de pressões e a diferença de diâmetros), o sistema cognitivo preferirá associar a diferença de pressões à diferença de temperaturas, devido ao fato de que, por estar inserida em uma relação causal, permite inferir que a diferença de temperaturas provoca o fluxo de calor no análogo-meta.

Figura 5.1 Analogia entre o fluxo de água e o fluxo de calor.
Fonte: Gentner (1983).

A fim de investigar o desenvolvimento da capacidade para associar sistemas de relações, Gentner e Toupin (1986) ensinaram crianças de ambos os sexos de 4 a 6 anos e 8 a 10 anos a representar histórias como a seguinte por meio de bonecos: "Uma foca, que era muito amiga de um cachorro, foi jogar com um pinguim. O cachorro começou a agir de maneira imprudente, correndo sérios perigos, mas o pinguim conseguiu salvá-lo". Os pesquisadores pediam então às crianças que representassem a mesma história com um novo conjunto de personagens. Em duas situações, cada um dos personagens era substituído por um personagem similar (p. ex., cachorro por gato, foca por morsa e pinguim por gaivota) ou totalmente diferente (p. ex., cachorro por camelo, foca por leão e pinguim por girafa). Por fim, na situação mais desafiadora, personagens similares aos personagens-base desempenhavam papéis diferentes (p. ex., a foca desempenhava o papel da gaivota, o pinguim, o do gato, e o cachorro, o da morsa). Os autores também variaram o fato de a história-base ter ou não um sistema de relações a ser projetado. Enquanto nas versões sem sistema (p. ex., a história descrita anteriormente) os eventos apareciam desconexos, nas versões com sistema apareciam organizados por relações causais (p. ex., o cachorro ficou com ciúmes *porque* a foca estava brincando com o pinguim *e por essa razão* adotou um comportamento imprudente, etc.). Gentner e Toupin (1986) descobriram que, frente às versões sem sistema ambos os grupos etários acharam mais fácil reproduzir a história quando os personagens-meta eram similares aos personagens-base, tornando o rendimento inferior na condição de semelhanças cruzadas. No entanto, perante as versões com sistema, os grupos mostraram um rendimento diferente. Enquanto as crianças de 4 a 6 anos de idade apenas se beneficiaram do conjunto de relações de ordem superior, as crianças mais velhas conseguiram se valer dessas relações para resolver inclusive as associações de semelhanças cruzadas, o que demonstraria uma crescente sensibilidade ao princípio da sistematicidade.

O princípio da sistematicidade se mostra necessário para compreender analogias complexas que nos são apresentadas, por exemplo, com fins instrutivos, ou para comparar um problema-base de solução conhecida com um problema-meta que se queira resolver. Devemos ter em conta que, uma vez desenvolvida a tendência à sistematicidade, a realização de analogias ainda pode apresentar dificuldades devido à carência dos conhecimentos que são relevantes ou a fatores de sobrecarga cognitiva.

Um princípio básico que deve ser seguido na hora de fazer analogias com fins instrutivos consiste que os análogos-base sejam familiares para os estudantes (Aubusson; Harrison; Ritchie, 2006). Imagine, por exemplo, que um docente utilizasse o fluxo de água em uma tubulação para explicar a circulação da corrente elétrica em um circuito. Somente para alguém que está familiarizado com o fato de que a pressão exercida por uma coluna impulsiona a água ao longo da tubulação, será compreensível a equiparação desse fato com o de que a carga de uma bateria impulsiona os elétrons ao longo do circuito.

Levando em conta que o estabelecimento de correspondências é mais fácil quando existem semelhanças superficiais (Ross, 1987, 1989), o emprego de análogos-base com essas semelhanças se mostra recomendável, sobretudo quando os sistemas de relações a equiparar não são perfeitamente claros para o aprendiz. Retomando o análogo-meta do fluxo da corrente em um circuito, certas semelhanças superficiais que ele mantém com o fluxo da água (p. ex., a semelhança entre os cabos e os tubos) certamente favorecerão um estabelecimento de correspondências correto, em comparação com análogos-base de menor semelhança superficial (p. ex., um análogo-base no qual as pessoas correm ao longo de uma pista).

Um perigo que ameaça o uso de análogos com diferenças superficiais reside no fato de que eles podem levar os aprendizes a não crer em sua adequação. Por exemplo, a força de reação que uma mesa exerce sobre um livro (veja a Figura 5.2) às vezes é comparada pelos professores à força igual e contrária que uma ferramenta exerce sobre a mão que a comprime. Apesar de as correspondências livro-mão e mesa-ferramenta serem óbvias para os alunos, as diferenças superficiais entre as entidades associadas parecem levar muitos a refutar a analogia. O caso de uma caixa de papelão sobre a qual se apoia um livro pesado constitui um exemplo de *análogo-ponte* (CLEMENT, 1993), isto é, um análogo que ilustra o princípio do análogo-base original, enquanto mantém semelhanças superficiais com o análogo-meta.

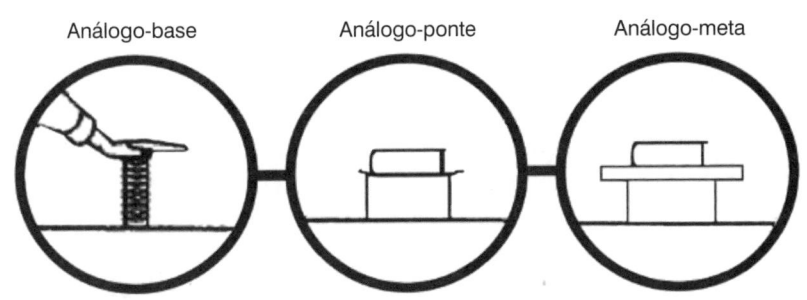

Figura 5.2 Exemplo do emprego de um "análogo-ponte".
Fonte: Clement (1993).

Quaisquer que sejam as circunstâncias, é arriscado considerar como certo que os estudantes encontrarão sem problemas as correspondências de uma analogia, motivo pelo qual sempre é recomendável lhes pedir que sejam explicitadas (JEE et al., 2010) – algo que também permite que os estudantes se concentrem nos aspectos relevantes dos análogos (KURTZ; MIAO; GENTNER, 2001) – ou apresentadas diretamente (HARRISON; COLL, 2008). A utilização de representações externas dos análogos (p. ex., em um formato visual) pode, por sua vez, evitar a sobrecarga cognitiva produzida por aquelas analogias que envolvem inúmeras associações (MATLEN et al., 2011).

As inferências derivadas de uma analogia nem sempre são válidas para o análogo-meta e os estudantes costumam gerá-las automaticamente (MINERVINO; OBERHOLZER, 2007). Retomando a analogia entre o fluxo de água e o fluxo de calor, o fato de que a água seja uma substância física pode gerar a inferência errônea de que o calor também constitui uma substância do mesmo tipo. Uma estratégia destinada a evitar que sejam tomadas como válidas inferências que não o são somente consiste em informar em quais aspectos os análogos não podem ser comparados, considerando a seguir as inferências errôneas que a analogia pode acarretar (GLYNN, 2007). Em certas ocasiões, é recomendável pedir aos estudantes que explicitem suas inferências (HARRISON; COLL, 2008). Deve-se tomar cuidado especial com a escolha de um análogo-base apropriado, quando o objetivo não consiste em explicar conceitos completamente novos, mas em produzir mudanças em conceitos errôneos prévios (VOSNIADOU; SKOPELITI; GERAKAKIS, 2007).

Grande parte dos esforços educativos tem como propósito que os alunos transfiram por conta própria os conhecimentos adquiridos a domínios temáticos diferentes, tanto dentro como fora do contexto escolar (BARNETT; CECI, 2002), atividade que exige, ao contrário de quando um aluno recebe uma analogia desenvolvida por outra pessoa, resgatar espontaneamente um análogo-base em sua memória de longo prazo. As poucas evidências disponíveis sobre o desenvolvimento desta capacidade provêm de estudos sobre a solução de problemas e nos quais os análogos mantinham importantes semelhanças superficiais. Holyoak, Junn e Billman (1984) avaliaram a transferência espontânea de soluções aprendidas em contos infantis. A história-base contava que um gênio devia se mudar de lâmpada, transferindo suas joias sem derrubá-las. A solução do gênio consistiu em formar um tubo com seu tapete mágico, deslizando suas joias de uma lâmpada à outra. As crianças de 5 e 11 anos receberam então um problema no qual deviam transferir as bolinhas de um recipiente que estava a seu alcance a outro, que não podiam alcançar, e sobre a mesa havia uma folha de cartolina e outros objetos para distraí-las. Somente 30% de cada um dos grupos transferiu espontaneamente a solução-base ao problema-meta. Utilizando como análogos-base contos populares que incluíam soluções a problemas, Chen, Mo e Honomichl (2004) apresentaram análogos-meta a sujeitos de 13 e 16 anos de idade. Conseguiram uma recuperação de 50% entre os participantes de 13 anos e de 70% entre os de 16 anos, obtendo alguma evidência de que a capacidade de resgatar análogos-base na memória de longo prazo é desenvolvida durante o ensino médio.

Inúmeros estudos (para uma revisão, veja DE LA FUENTE; MINERVINO, 2008) demonstram que, na ausência de semelhanças superficiais, o resgate de análogos-base é difícil inclusive em adultos. Entre as estratégias que se mostraram eficazes na hora de compensar essa dificuldade, cabe mencionar: a) apresentar um análogo-base junto a um esquema abstrato e solicitar aos participantes que os relacionem (GOLDSTONE; WILENSKY, 2008); b) apresentar dois ou mais análogos-base e pedir aos alunos que obtenham um esquema abstrato (GENTNER et al., 2009); e c) deixar de lado detalhes irrelevantes no análogo-base (GOLDSTONE; SON, 2005). Levando em conta que nem sempre os análogos-base nos são apresentados na forma mais apropriada para futuras transferências, Loewenstein (2010) considerou a possibilidade de realizar trabalhos com o análogo-meta – em vez de com o análogo-base – e demonstrou que a comparação de dois análogos-meta consegue aumentar o resgate de análogos-base.

Em suma, as pesquisas têm demonstrado que, sempre em que se dispõe do conhecimento relacional relevante, a capacidade para estabelecer analogias relativamente simples (p. ex., entre duas relações com dois argumentos) aparece entre os 3 e os 4 anos de idade. Entretanto, à medida que estas se tornam mais complexas em termos do número de relações que devem ser feitas, ou devido à presença de semelhanças de objeto que concorrem com as respostas corretas, as crianças não encontram dificuldades para resolvê-las, já que envolvem demandas sobre a memória de trabalho para as quais elas não estão preparadas antes de por volta dos 9 anos de idade.

A habilidade para estabelecer analogias entre relações permite diversas aprendizagens, como o de conceitos, relações e distinções lógicas como a inclusão de classes. Uma forma particularmente eficaz de aproveitar a capacidade de pensamento analógico para a aprendizagem e a transferência consiste em estimular comparações entre análogos superficialmente similares, para então passar a análogos sem tais semelhanças.

A capacidade para fazer sistemas de relações, necessária para o processo de comparações mais complexas, surge por volta dos 8 anos de idade. Não obstante, o sistema cognitivo poderá ainda encontrar dificuldades para compreender e fazer analogias. Algumas delas parecem ser devidas a limites estruturais, tais como a pouca capacidade da memória de trabalho para processar analogias que impliquem múltiplas relações ou a tendência a apoiar o resgate analógico em chaves superficiais. Enquanto a primeira pode ser compensada, por exemplo, mediante o emprego de representações externas, as falhas no resgate de analogias-base sem semelhanças superficiais podem ser prevenidas por meio da promoção de codificações mais abstratas dos análogos-base e meta. As pessoas ainda podem encontrar dificuldades para fazer analogias, devido à falta de conhecimentos sobre o análogo-base ou os sistemas relacionais que devem ser aceitos. Naquelas analogias em que as semelhanças superficiais vêm paralelas com as estruturais, as primeiras podem servir de apoio para um correto estabelecimento de correspondências. Naquelas outras nas quais isso não ocorre, as semelhanças superficiais podem orientar erroneamente o processo de comparação, dando lugar a comparações e inferências equivocadas, algo que um tutor deve considerar como possibilidade para intervenção preventiva.

DESENVOLVIMENTO DA CAPACIDADE PARA INFERIR

O uso de categorias e conhecimentos causais durante a indução de propriedades

Suponhamos que uma criança receba de presente um cachorro da raça West Highland Terrier. Caso ela já tenha tido um cachorro, poderá estimar se ele a morderá ou não quando forem brincar. Mesmo que jamais tenha tido um exemplar da mesma raça, poderá prever o comportamento de seu novo mascote com base em sua experiência prévia como dona de um Glen of Imaal Terrier. No primeiro caso, ela estará raciocinando por meio da transferência de um exemplar de uma categoria a outra, enquanto, no segundo, por meio da transferência de uma subcategoria a outra. Trata-se, não obstante, de duas formas de *inferência baseadas em categorias*. Se elas são tratadas como processos indutivos é por que a verdade das premissas não lhes garante a verdade da conclusão. De qualquer maneira, se temos presente que as categorias agrupam entidades similares (MURPHY, 2002), parece razoável usar o conhecimento de que algumas entidades pertencem a uma mesma categoria, para estimar a probabilidade de que compartilhem propriedades.

Se a criança de nosso exemplo encontrasse em outra oportunidade um cachorro West Highland Terrier que tivesse passado toda sua vida nas ruas, ela provavelmente tenderia a prever que seu comportamento seria mais similar ao de outros cães vira-latas que ela conheceu (p. ex., será arredio) que ao de um típico terrier. Neste caso, a criança estaria dando preferência a seus conhecimentos causais do mundo, em relação a seus conhecimentos taxonômicos. Nesta segunda parte do capítulo, apresentaremos um conjunto de estudos sobre o desenvolvimento da capacidade de realizar inferências baseadas em categorias (na primeira seção) e no conhecimento causal (na segunda seção).

Raciocínio indutivo baseado em categorias

O estudo da indução ou inferência baseada em categorias começou com uma série de pesquisas feitas por Rips (1975). Este autor informava aos participantes que determinada subcategoria (a *premissa*, na estrutura do argumento) possuía certa propriedade, e lhes perguntava então se eles acreditavam que tal característica podia também ser predicativa de outra subcategoria (a *conclusão*, na estrutura do argumento) correspondente à mesma categoria. Por exemplo, após informar aos participantes que as pombas têm *ossos sesamoides*, também lhes perguntava se eles eram encontrados nas gaivotas, galinhas, etc. As propriedades utilizadas eram *propriedades vazias* (*blank properties*), isto é, propriedades desconhecidas, de tal modo que os participantes não podiam usar seus conhecimentos prévios para determinar sua existência na conclusão. Rips (1975) descobriu que a tendência à projeção de propriedades vazias dependia de dois fatores. O primeiro deles se refere à *semelhança* entre a premissa e a conclusão. Quando sabiam que as pombas têm ossos sesamoides, as pessoas consideravam mais provável que essa propriedade existisse nas gaivotas do que nas galinhas. O critério tem uma base racional, já que faz sentido considerar que, quanto maior o número de propriedades compartilhadas pelas duas categorias, mais provável será que elas também tenham uma propriedade comum desconhecida. O segundo fator se refere à *tipicidade* das premissas, isto é, até que ponto é um bom exemplo a subcategoria premissa da categoria superordenada em questão (p. ex., enquanto a maçã constitui um bom exemplo da categoria fruta, o tomate não é). Para as categorias de entidades, a tipicidade de uma subcategoria depende do grau no qual suas propriedades são compartilhadas pelas outras subcategorias do mesmo nível taxonômico (para uma revisão, veja Murphy, 2002). É então razoável considerar que, quanto mais típica for a subcategoria premissa, maiores serão as probabilidades de que a propriedade que lhe é atribuída seja compartilhada por qualquer outra subcategoria da mesma categoria. Rips (1975) descobriu efetivamente que as pessoas transferem com mais segurança uma propriedade, por exemplo, das pombas (um exemplo típico de ave) a galinhas (um exemplo atípico) do que das galinhas às pombas.

A inferência baseada em categorias pode incluir mais de uma subcategoria premissa (p. ex., colibris, pardais, etc.), bem como uma categoria conclusão de ordem superior (p. ex., aves), em vez de outra subcategoria do mesmo nível. No caso de um raciocínio baseado em mais de uma premissa, o trabalho de inferência deverá combinar as diferentes informações que elas trazem. Neste sentido, dois princípios normativos que têm recebido atenção especial são o princípio da *diversidade* e o da *homogeneidade*.

De acordo com o primeiro, quanto mais diferentes forem entre si as subcategorias premissa, mais força conferirão à conclusão, seja esta de tipo particular (isto é, outra subcategoria) ou de tipo geral (isto é, a categoria superordenada). Por exemplo, a conclusão de que os seres humanos possuem a propriedade X deveria ser postulada com mais segurança com base no conhecimento de que ela também existe em cavalos e coelhos do que com base no conhecimento de que existem em cavalos e zebras, já que os dois primeiros constituem uma amostra mais heterogênea da categoria mamíferos. Já o princípio da homogeneidade se refere ao fato de que o conjunto de premissas (sempre que sejam de um mesmo nível taxonômico) confere mais força a um argumento. Se agregássemos ao par cavalos e coelhos a premissa de que também os macacos têm a propriedade X, as pessoas deveriam atribuir mais força à conclusão de que os humanos a têm. Uma série de estudos mostra que os adultos são sensíveis a esses dois princípios normativos (Heit, Hahn; Feeney, 2005; López et al., 1992).

Osherson et al., (1990) propuseram um modelo matemático, baseado na semelhança existente entre as categorias de um argumento, para explicar dados como os obtidos por Rips (1975), bem como o modo de funcionamento dos princípios da diversidade e homogeneidade. De acordo com esse modelo, a força que as pessoas atribuem a uma conclusão se baseia no efeito aditivo de dois componentes: *semelhança* e *cobertura*. Quando as subcategorias premissa são do mesmo nível que a conclusão (p. ex., ao transferir uma propriedade de cavalos e cachorros a burros), computa-se a semelhança entre as duas premissas e a conclusão, tomando como resultado a semelhança que tenha se mostrado maior (neste caso, de cavalos com burros). Naqueles casos em que se transfere uma propriedade a uma conclusão de nível superordenado (por exemplo, de cavalos e cachorros a mamíferos), se calcula a semelhança entre as subcategorias premissa e cada uma das subcategorias da categoria conclusão (p. ex., entre o par cachorros-cavalos e as subcategorias zebra, esquilo, ser humano, etc.), mantendo-se de cada comparação os resultados máximos. A semelhança entre as premissas e a conclusão surge do encontro de uma média entre esses resultados máximos. O componente de cobertura se refere ao grau no qual as premissas "englobam" a categoria superordenada imediata que inclui todas as subcategorias de um argumento, e se computa de modo similar àquele pelo qual se estima a semelhança entre duas ou mais premissas e uma categoria superordenada. Já a sensibilidade ao princípio da homogeneidade pode ser originada tanto do componente de semelhança (ou seja, a soma de novas premissas tornará mais provável que alguma das propriedades adicionadas seja mais similar à conclusão do que as iniciais), como do componente de cobertura. O efeito da tipicidade consiste, como já foi dito, em quanto mais típicas forem as premissas, mais forte é a conclusão. Esse fato é acompanhado pelo fator semelhança do modelo, já que uma subcategoria típica é, em geral, mais parecida com outras subcategorias do que uma subcategoria menos típica.

No entanto, em que momento do desenvolvimento as crianças de ambos os sexos começam a empregar seus conhecimentos de pertencimento categorial para realizar induções e com que idade passam a aplicar os princípios descritos anteriormente? As teorias clássicas do desenvolvimento têm enfatizado o papel da semelhança perceptual na categorização e na inferência desde cedo (p. ex., INHELDER; PIAGET, 1985; VYGOTSKY, 2007), tese que mais tarde recebeu certo apoio empírico. Por exemplo, Baldwin, Markman e Melartin (1993) apresentaram a crianças de 9 a 16 meses de idade um objeto que produzia um apito quando era movido. Quase todas as crianças tentaram reproduzir o apito com novos objetos perceptualmente similares ao original, e pouquíssimas delas tentaram fazer o mesmo com objetos diferentes. Todavia, bem antes do que supunham as categorias clássicas do desenvolvimento, as crianças começaram a empregar critérios de categorização na hora de inferir as propriedades. Welder e Graham (2001) pesquisaram a relação entre a semelhança perceptual e o uso de nomes compartilhados em infantes de 16 a 21 meses de idade. Em duas das quatro condições experimentais, os bebês receberam primeiramente um brinquedo com uma propriedade (p. ex., gemiam ao serem chacoalhados), e depois outros brinquedos com ou sem semelhanças perceptuais. Nas outras duas condições, tanto o brinquedo apresentado no início como os brinquedos (similares ou diferentes) mostrados a seguir eram acompanhados de etiquetas verbais (p. ex., "veja este *blint*" ou "agora veja este outro *blint*"). Os autores descobriram que a propensão a transferir propriedades dependia não somente das semelhanças, mas também de os objetos terem recebido denominações comuns, o que parece sugerir que a crença de pertencerem a uma mesma categoria desempenha um papel na deci-são de projetar propriedades.

Vários autores (CAREY, 1985; LÓPEZ et al., 1992) demonstraram que, assim como os adultos, as crianças do jardim de infância se mostram mais propensas a generalizar propriedades biológicas a partir de exemplares típicos (comportamento que pode ser explicado em termos do componente de semelhança de Osherson et al., 1990). No entanto, nessa idade as crianças ainda não parecem sensíveis aos princípios da homogeneidade e diversidade que regem o uso de múltiplas premissas na população adulta (comportamento que exige um uso do componente de cobertura do modelo de OSHERSON et al, 1990).

    López et al. (1992) obtiveram resultados que pareciam indicar que a sensibilidade ao princípio da homogeneidade surge em torno dos 8 anos de idade, embora isso se dê em argumentos com conclusões do tipo geral (p. ex., passar de gatos e cachorros a animais), mas não em argumentos com conclusões de um mesmo nível taxonômico do que o das premissas (p. ex., passar de gatos e cachorros a cangurus). Mais recentemente, Hayes e Kahn (2005) questionaram a exatidão dessas descobertas. Após apresentar a crianças de 5 e de 9 anos de idade duas tartarugas verdes que "comiam caracóis" e seis tartarugas marrom que "comiam minhocas" e tinham sido obtidas no mesmo zoológico, os autores lhes perguntaram qual de tais características seria mais provável de encontrar em um exemplar de tartaruga de cor desconhecida (uma opção do mesmo nível hierárquico) ou na maioria dos animais do mesmo tipo dentro do zoológico (uma categoria mais abrangente). Os autores descobriram uma progressão similar à observada por López et al., (1992), embora em idades menores: as crianças de 9 anos seguem o princípio da homogeneidade em argumentos com ambos os tipos de conclusões, mas as de 5 anos somente o usam em conclusões de nível geral. Sob nosso ponto de vista, não fica claro se esses dados provam uma sensibilidade à homogeneidade, já que as respostas poderiam estar determinadas simplesmente por um cálculo de probabilidades prévias: "visto que há mais tartarugas marrom, é mais provável que a nova tartaruga seja marrom, motivo pelo qual ela provavelmente comerá minhocas".

    López et al. (1992) descobriram que a sensibilidade ao princípio da diversidade segue uma pauta temporal similar à encontrada no caso da homogeneidade: por volta dos 8 anos de idade as crianças entendem a diversidade de premissas, ao generalizar propriedades para uma categoria superordenada, mas não para tirar conclusões do mesmo nível taxonômico que as premissas. Assim como na pauta de aquisição do princípio de homogeneidade, o lento surgimento da sensibilidade à diversidade das premissas foi interpretado por esses autores em termos do modelo de cobertura: enquanto o componente de semelhança se desenvolveria cedo (possibilitando, p. ex., a sensibilidade ao princípio da tipicidade), o componente de cobertura, necessário para computar a homogeneidade e a diversidade, apenas se consolidaria em torno dos 8 anos. Segundo López et al. (1992), o fracasso das crianças desta idade para tirar conclusões particulares é explicável em termos do uso das organizações taxonômicas: elas podem calcular a abrangência das premissas quando lhes é fornecida a categoria superordenada imediata, mas não conseguem fazê-lo quando devem evocá-la por seus próprios meios.

Shipley e Shepperson (2006) acreditaram ter encontrado evidências de uma sensibilidade precoce ao princípio da diversidade. Após mostrar a crianças pré-escolares um conjunto de 20 apitos, 10 azuis e 10 vermelhos, os autores lhes pediram que escolhessem dois deles, a fim de averiguar se funcionavam adequadamente. A maioria escolheu um de cada cor, o que foi interpretado como uma preferência por amostras com maior diversidade. Entretanto, uma limitação deste estudo está no fato de ele não ter pedido às crianças que fizessem inferências sobre um conjunto de apitos que incluísse, por exemplo, exemplares de outras cores. Desse modo, as crianças talvez tenham simplesmente selecionado um apito azul e outro vermelho para saber se ambos os tipos de apito funcionavam bem, sem qualquer pretensão de estar generalizando essa propriedade para uma categoria mais ampla de apitos. Uma evidência que sustenta esta última interpretação é o fato de que, frente a uma tarefa similar à recém-descrita (escolher dois cachorros para fazer uma generalização para todos os cães), crianças de 6 anos de idade de ambos os sexos escolheram com a mesma probabilidade dois cachorros iguais ou dois cachorros diferentes (RHODES; GELMAN; BRICKMAN, 2008).

Rhodes e Brickman (2010) sugeriram que um possível obstáculo que as crianças dessa idade enfrentam, ao aplicar o princípio da diversidade, reside em suas ideias de que os membros de uma categoria (p. ex., diferentes tipos de cachorros) sejam mais parecidos entre si do que são na realidade. De acordo com essa hipótese, os autores testaram uma simples intervenção, que consistia em ressaltar as diferenças entre os diferentes exemplares de uma categoria, antes de solicitar a crianças de 7 anos de idade que escolhessem duas amostras (uma homogênea e outra heterogênea) nas quais baseariam a indução de uma propriedade desconhecida. A condição que ressaltava as diferenças não somente teve um efeito positivo sobre a indução de propriedades desconhecidas da categoria em jogo (p. ex., cachorros), mas se mostrou positiva inclusive na transferência de propriedades a outros animais. Esse resultado sugere que a sensibilidade à diversidade amostral depende de uma orientação geral do sistema cognitivo, e não de conhecimentos de domínio específico. Uma implicação instrutiva que pode ser derivada dessa descoberta consiste na recomendação de contrabalançar a possível tendência infantil a subestimar a variabilidade dentro de uma categoria, com o propósito de promover raciocínios indutivos mais apropriados.

Em síntese, o modelo de semelhança-cobertura de Osherson et al. (1990) parece poder explicar como operam os critérios que os adultos seguem durante a indução baseada em categorias, bem como sua pauta de desenvolvimento. Enquanto a capacidade para computar semelhança parece surgir relativamente cedo (o que também explica o surgimento também precoce de efeitos como o da tipicidade), somente o incremento da capacidade de processamento e um maior conhecimento das relações taxonômicas (algo que talvez se desenvolva no ensino fundamental) permitem realizar cálculos de cobertura, o que possibilita finalmente que a indução se torne sensível a princípios gerais, como a homogeneidade ou a diversidade das premissas.

Raciocínio indutivo baseado no conhecimento causal

A semelhança geral parece constituir um heurístico útil na hora de transferir propriedades. Parece razoável que, se duas coisas são similares em um conjunto de aspectos, provavelmente também o sejam em outros aspectos. No entanto, também fica claro que se uma pessoa sabe por que (ou seja, quais são as causas ou razões) um objeto determinado apresenta certa propriedade, então a semelhança geral já não deveria ser o critério de maior relevância para avaliar se outro objeto possui tal característica. Há relativamente pouco tempo, um grupo de pesquisadores naturalistas encontrou evidências de que essa subordinação do critério de semelhança e dos critérios derivados dele a critérios baseados no conhecimento causal.

Um dos mecanismos que podem se submeter ao princípio de diversidade é o *reforço de propriedades* (MEDIN et al., 2003). Por exemplo, as pessoas têm menor propensão a estender ao resto dos animais uma propriedade compartilhada por ursos polares e pinguins (alta diversidade) do que outra propriedade compartilhada por ursos polares e antílopes (baixa diversidade), presumivelmente devido ao fato de que a comparação dos primeiros evoca um conjunto específico de propriedades comuns (p. ex., viver em lugares frios) do que não parecem ser aplicáveis aos animais em seu conjunto (veja MEDIN et al., 2003, para violações similares ao princípio da homogeneidade).

Outra evidência de como o conhecimento causal pode às vezes se impor sobre o princípio de diversidade provém do estudo de especialistas. López et al. (1997) mostraram que especialistas em árvores da comunidade indígena Itzaj (Guatemala), apesar de mostrarem sensibilidade ao valor da diversidade em outras tarefas, às vezes preferem projetar a vulnerabilidade a certa enfermidade a partir de um conjunto homogêneo de plantas (p. ex., um tipo de palmeira alta e um tipo de palmeira baixa), usando o argumento de que as palmeiras altas facilmente contagiariam as espécies de menor altura. Já Shafto e Coley (2003) demostraram que os especialistas em peixes tendem a utilizar relações causais quando generalizam propriedades que conhecem, mas se apoiam em semelhanças globais ao estender propriedades que conhecem relativamente pouco. Por outro lado, Shafto, Coley e Baldwin (2007) demonstraram que os especialistas tendem a basear suas inferências indutivas em conhecimentos causais quando dispõem de tempo, mas recorrem a estratégias baseadas em semelhanças de ordem categorial quando pressionados pelo pouco tempo.

Então com que idade e de que maneira as crianças começam a priorizar seus conhecimentos causais quando precisam transferir propriedades? Embora seja certo que as propriedades vazias se caracterizem por serem desconhecidas aos participantes de um estudo, estes sabem ao menos a qual classe geral de propriedades elas pertencem, motivo pelo qual tiram partido deste conhecimento ao estimar se elas são projetáveis ou não. Se nos informam, por exemplo, que as moscas utilizam o neurotransmissor *diedro*, sabemos que se trata de uma propriedade biológica e que, como tal, tem de ser uma propriedade estável e comum com origem em processos evolutivos. Isso nos permite estimar que é relativamente provável que outros insetos similares (os mosquitos, por exemplo) também a possuam.

Ainda na idade pré-escolar, as crianças começam a prestar atenção ao tipo de propriedade que deverão projetar a membros da mesma categoria ou a uma categoria diferente. Gelman (1988) mostrou que na idade pré-escolar o *tipo de propriedade* começa a interagir com o *tipo de categoria* sobre a qual tal propriedade se anuncia. A autora apresentou a crianças com 4 e 8 anos de idade, de ambos os sexos, exemplares de dois tipos de categoria, classes naturais e artefatos, nos quais se previam dois tipos de propriedades: propriedades naturais (p. ex., "precisa de CO_2 para crescer") e propriedades funcionais (p. ex., "é flexível"). As crianças mais velhas, ao contrário das mais jovens, se mostraram sensíveis à relação entre as categorias e suas propriedades, transferindo propriedades naturais a membros de classes naturais, e propriedades funcionais a exemplares de artefatos.

A fim de investigar com qual idade e sob quais condições as crianças começam a priorizar o conhecimento causal em relação aos princípios indutivos baseados no critério de semelhança, Hayes e Thompson (2007) realizaram um estudo no qual crianças de 5 e 8 anos de idade de ambos os sexos deviam escolher entre inferências baseadas em relações causais e inferências baseadas em semelhanças gerais. Os participantes recebiam descrições de dois animais fictícios, com suas respectivas características. Um deles (o animal A na Figura 5.3) possuía três atributos que não estavam vinculados entre si por relações de causalidade. O outro (o animal B na Figura 5.3) possuía duas características que estavam vinculadas entre si por uma relação causal.

Descrição baseada em atributos	Descrição apoiada em relações causais
O animal A tem estas características: • Tem pelos longos • Tem patas em forma de garras • Come folhas de árvore	O animal B tem estas características: • Tem uma grande capa protetora • Pode permanecer sob o sol sem se queimar • Sua capa protetora lhe permite permanecer sob o sol sem se queimar
O animal C:	• Tem pelos longos • Tem patas em forma de garras • Tem uma grande capa protetora
Tarefa indutiva: O animal C tem uma propriedade adicional. Você acredita que ele: • Come folhas de árvores? (Ou) • Pode permanecer sob o sol sem se queimar?	

Figura 5.3 Exemplo esquemático dos estímulos empregados por Hayes e Thompson (2007).
Fonte: Hayes e Thompson (2007).

Após receber informações sobre esses dois tipos de animais, era apresentada a descrição de um terceiro tipo de animal (o animal C na Figura 5.3), que apresentava duas características em comum com o animal A, mas apenas uma em comum com o animal B (o antecedente da relação causal). A tarefa consistia em prever que outra propriedade o animal C teria, optando entre duas alternativas: a característica restante do animal A ou a consequência causal do animal B. Ainda que descrição do animal C o tornasse mais parecido com animal A em termos de compartilhamento de propriedades, o animal A era parecido com o B em termos de estrutura causal. As escolhas das crianças de 5 anos de idade não diferiam do padrão atribuível ao acaso. Em contraste, as crianças de 8 anos – e mais ainda os adultos – escolheram a opção baseada na relação causal.

Em suma, já na idade pré-escolar a disponibilidade de conhecimentos sobre a relação entre propriedades e categorias começa a condicionar a inferência de propriedades. Por volta dos 8 anos de idade, a disponibilidade de conhecimentos causais sobre o modo no qual as propriedades de categorias se encontram relacionadas se impõe sobre o critério de semelhança. Há evidências provenientes de estudos com adultos que mostram que, em algumas circunstâncias, essa preferência pode fazer que sejam deixados de lado princípios gerais, como a diversidade e homogeneidade das premissas. Não obstante, os mecanismos indutivos baseados no fato de pertencer a uma categoria continuam disponíveis inclusive na idade adulta e entram em ação quando úteis.

Basta abrir, por exemplo, qualquer manual de ciências naturais para observar a importância que o ensino outorga à aprendizagem de categorias e taxonomias. Um dos objetivos de transmitir estes conteúdos deveria ser permitir que os alunos aprendessem a estimar a probabilidade de que novas categorias compartilhem propriedades com as já aprendidas, dentro e fora do contexto escolar. Além de estimular que esses julgamentos se apoiem em princípios como a semelhança, a diversidade ou a homogeneidade, deveria ser considerada, a partir de certa idade, a possibilidade de explicar em termos causais por que certas categorias apresentam determinadas propriedades, de tal forma que os estudantes possam exercer o devido controle sobre os princípios baseados na semelhança e na categorização, quando dispõem de conhecimento apropriado para isso.

CAPACIDADE PARA TRANSFERIR CONHECIMENTO: SUGESTÕES PARA O DESENVOLVIMENTO DAS TEORIAS SOBRE SEU DESENVOLVIMENTO

Por meio do pensamento analógico e indutivo, somos capazes de estimar que características terão novas situações ou entidades a partir de outras que conhecemos. No âmbito do pensamento analógico, tem havido uma importante preocupação com as implicações desses estudos para a aprendizagem, a instrução e a educação em geral, algo que tem faltado no campo do raciocínio indutivo. Por outro lado, ainda que essas áreas tenham se desenvolvido de forma independente, suas claras conexões temáticas e os resultados comparáveis que têm sido obtidos no que diz respeito ao desenvolvimento (p. ex., em ambos os tipos de raciocínio se progride de cálculos de semelhança geral entre as situações ou entidades a processos comparativos baseados no conhecimento causal, com maior base racional) deveria ser estimulada uma consideração conjunta de problemas e resultados (Holyoak; Lee; Lu, 2010). Além disso, deveria ser buscada uma compreensão destes no conjunto de teorias mais gerais sobre o desenvolvimento do conhecimento, tentando superar a dicotomia típica da abordagem cognitiva entre explicações baseadas na provisão de conhecimentos e explicações baseados em competências arquitetônicas do sistema cognitivo (p. ex., a amplitude da memória de trabalho). Consideramos que essas limitações têm consequências significativas para o tipo de implicações instrutivas e educativas que são derivadas dos estudos desenvolvidos.

NOTA

1 Para uma exposição de outras funções cumpridas pela indução e que não serão tratadas neste capítulo, veja Sloman e Lagnado (2005).

REFERÊNCIAS

AUBUSSON, P. J.; HARRISON A. G.; RITCHIE S. M. (Ed.). *Metaphor and analogy in science education*. Dordrecht: Springer, 2006.

BALDWIN, D. A.; MARKMAN, E. M.; MELARTIN, R. L. Infants' ability to draw inferences about non obvious object properties: evidence from exploratory play. *Child Development*, v. 64, p. 711-728, 1993.

BARNETT, S. M.; CECI, S. J. When and where do we apply what we learn? a taxonomy for far transfer. *Journal of Experimental Psychology: General*, v. 128, p. 612-637, 2002.

CAREY, S. *Conceptual change in childhood*. Cambridge: MIT, 1985.

CHEN, Z.; MO, L.; HONOMICHL, R. Having the memory of an elephant: longterm retrieval and use of analogues in problem solving. *Journal of Experimental Psychology*: General, v. 133, p. 415-433, 2004.

CHILDERS, J. B. Attention to multiple events helps two-and-a-half-years-olds extend new verbs. *First Language*, v. 31, n. 1, p. 3-22, 2011.

CHRISTIE, S.; GENTNER, D. Where hypotheses come from: learning new relations by structural alignment. *Journal of Cognition and Development*, v. 11, p. 356-373, 2010.

CLEMENT, J. Using bridging analogies and anchoring intuitions to deal with students' preconceptions in physics. *Journal of Research in Science Teaching*, v. 30, p. 1241-1257, 1993.

DE LA FUENTE, J.; MINERVINO, R. A. Pensamiento analógico. In: CARRETERO, M.; ASENSIO, M. (Coord.). *Psicología del pensamiento*. Madrid: Alianza, 2008. p. 193-214.
GELMAN, S. A. The development of induction within natural kind and artifact categories. *Cognitive Psychology*, v. 20, p. 65-95, 1988.
GENTNER, D. Bootstrapping children's learning: analogical processes and symbol systems. *Cognitive Science*, v. 34, p. 752-775, 2010.
GENTNER, D. et al. Reviving inert knowledge: analogical abstraction supports relational retrieval of past events. *Cognitive Science*, v. 3, p. 1343-1382, 2009.
GENTNER, D. Structure-mapping: a theoretical framework for analogy. *Cognitive science: a multidisciplinary journal*, v. 7, p. 155-170, 1983.
GENTNER, D. The development of relational category knowledge. In: GERSHKOFF-STOWE, L.; RAKISON, D. H. (Ed.). *Building object categories in developmental time*. Hillsdale: Erlbaum, 2005. p. 245-275.
GENTNER, D. The mechanisms of analogical learning. In: VOSNIADOU, S.; ORTONY, A. (Ed.). *Similarity and analogical reasoning*. Cambridge: Cambridge University, 1989. p. 199-241.
GENTNER, D.; KURTZ, K. Relational categories. In: AHN, W. K. et al. (Ed.). *Categorization inside and outside the lab*. Washington: APA, 2005. p. 151-175.
GENTNER, D.; NAMY, L. L. The role of comparison in children's early word learning. In: HALL, D. G.; WAXMAN, S. R. (Ed.). *Weaving a lexicon*. Cambridge: MIT, 2004. p. 533-568.
GENTNER, D.; RATTERMANN, M. J. Language and the career of similarity. In: GELMAN, S. A.; BYRNES, J. P. (Ed.). *Perspectives on thought and language*: Interrelations in development. London: Cambridge University, 1991. p. 225-277.
GENTNER, D.; TOUPIN, C. Systematicity and surface similarity in the development of analogy. *Cognitive Science*, v. 10, p. 277-300, 1986.
GLYNN, S. M. Methods and strategies: the teaching-with-analogies model. *Science and children*, v. 44, p. 52-55, 2007.
GOLDSTONE, R. L.; SON, J. Y. The transfer of scientific principles using concrete and idealized simulations. *The Journal of the Learning Sciences*, v. 14, p. 69-110, 2005.
GOLDSTONE, R. L.; WILENSKY U. Promoting transfer by grounding complex systems principles. *Journal of the Learning Sciences*, v. 17, p. 465- 516, 2008.
GOSWAMI U.; PAUEN S. The effects of a family analogy on class inclusion reasoning by young children. *Swiss Journal of Psychology*, v. 64, p. 11-124, 2005.
GOSWAMI, U. Analogical reasoning and cognitive development. *Advances in Child Development and Behavior*, v. 26, p. 91-138, 1996.
GOSWAMI, U.; BROWN, A. L. Melting chocolate and melting snowmen: analogical reasoning and causal relations. *Cognition*, v. 35, p. 69-95, 1989.
HALFORD, G. S. *Children's understanding*: the development of mental models. Hillsdale: Erlbaum, 1993.
HALFORD, G. S.; WILSON, W. H.; PHILLIPS, W. Processing capacity defined by relational complexity: implications for comparative, developmental and cognitive psychology. *Behavioral and Brain Sciences*, v. 21, p. 803-831, 1999.
HARRISON, A. G.; COLL, R. K. *Using analogies in middle and secondary science classrooms*. Thousand Oaks: Corwin, 2008.

HAYES, B.; KAHN, T. *Children's sensitivity to sample size in inductive reasoning*. In: BIENNIAL CONFERENCE OF THE AUSTRALASIAN HUMAN DEVELOPMENT ASSOCIATION, 14., 2005, Perth. Anais... Perth: [s.n.], 2005.
HAYES, B.; THOMPSON, S. P. Causal relations and feature similarity in children's inductive reasoning. *Journal of Experimental Psychology: General*, v. 136, n. 3, p. 470-484, 2007.
HEIT, E.; HAHN, U.; FEENEY, A. Defending diversity. In: AHN, W. et al. (Ed.). *Categorization inside and outside the lab*: festschrift in honor of Douglas L. Medin. Washington: American Psychological Association, 2005. p. 87-99.
HOLYOAK K. J.; THAGARD P. *Mental leaps*: analogy in creative thought. Cambridge: Bradford Book; MIT, 1995.
HOLYOAK, K. J.; JUNN, E. N.; BILLMAN, D. O. Development of analogical problem-solving skill. *Child Development*, v. 55, p. 2042-2055, 1984.
HOLYOAK, K. J.; LEE, H. S.; LU, H. Analogical and category-based inference: a theoretical integration with Bayesian causal models. *Journal of Experimental Psychology: General*, v. 139, p. 702-727, 2010.
INHELDER, B.; PIAGET, J. *De la lógica del nino a la lógica del adolescente*. Barcelona: Paidós, 1985. Edição original: *De la logique de l'enfant a la logique de l'adolescent*. Paris: Universitaires de France, 1955.
JEE, B. D. et al. Analogical thinking in geoscience education. *Journal of Geoscience Education*, v. 58, p. 2-13, 2010.
JOHNSON-LAIRD, P. Analogy and the exercise of creativity. In: VOSNIADOU, S.; ORTONY, A. (Ed.). *Similarity and analogical reasoning*. Cambridge: Cambridge University, 1989. p. 313-331.
KOTOVSKY, L.; GENTNER, D. Comparison and categorization in the development of relational similarity. *Child Development*, v. 67, p. 2797-2822, 1996.
KURTZ, K. J.; MIAO, C.; GENTNER, D. Learning by analogical bootstrapping. *Journal of the Learning Sciences*, v. 10, p. 417-446, 2001.
LOEWENSTEIN, J. How one's hook is baited matters for catching an analogy. In: ROSS, B. H. (Ed.). *The psychology of learning and motivation*: advances in research and theory. San Diego: Elsevier Academic, 2010. v. 53, p. 149-182.
LOEWENSTEIN, J.; GENTNER, D. Spatial mapping in preschoolers: close comparisons facilitate far mappings. *Journal of Cognition and Development*, v. 2, p. 189-219, 2001.
LÓPEZ, A. et al. The development of category-based induction. *Child Development*, v. 63, p. 1070-1090, 1992.
LÓPEZ, A. et al. The tree of life: universal and cultural features of folk biological taxonomies and inductions. *Cognitive Psychology*, v. 32, p. 251-295, 1997.
MATLEN, B. et al. Enhancing the comprehension of science text through visual analogies. In: ANNUAL CONFERENCE OF THE COGNITIVE SCIENCE SOCIETY, 33., 2011, Austin. Proceedings... Austin: Cognitive Science Society, 2011. p. 2910- 2915.
MEDIN, D. L. et al. A relevance theory of induction. *Psychonomic Bulletin and Review*, v. 10, p. 517-532, 2003.
MINERVINO, R. A.; OBERHOLZER, N. Falsa memoria de inferencias analógicas y cambio representacional. *Anuario de Psicología*, v. 38, p. 129-146, 2007.

MURPHY, G. L. *The big book of concepts*. Cambridge: MIT, 2002.
OSHERSON, D. N. et al. Category-based induction. *Psychological Review*, v. 97, p. 185-200, 1990.
PIAGET, J.; MONTANGERO, J.; BILLETER, J. La formacion de los correlatos. In: PIAGET, J. *Investigaciones sobre la abstraccion reflexionante*. Buenos Aires: Huemul, 1980. v. 1, p. 93-104. Edição original: La formation des correlats. In: PIAGET, J. *Recherches sur l'abstraction reflechissante* I. Paris: Universitaires de France, 1977. p. 115-129.
RATTERMANN, M. J.; GENTNER, D. More evidence for a relational shift in the development of analogy: children's performance on a causal-mapping task. *Cognitive Development*, v. 13, p. 453-478, 1998.
RHODES, M.; BRICKMAN, D. The role of within-category variability in category-based induction: a developmental study. *Cognitive Science*, v. 34, n. 8, p. 1561-1573, 2010.
RHODES, M.; GELMAN, S. A.; BRICKMAN, D. Developmental changes in the consideration of sample diversity in inductive reasoning. *Journal of Cognition and Development*, v. 9, p. 112-143, 2008.
RICHLAND, L. E.; MORRISON, R. G.; HOLYOAK, K. J. Children's development of analogical reasoning: insights from scene analogy problems. *Journal of Experimental Child Psychology*, v. 94, p. 249-273, 2006.
RIPS, L. J. Inductive judgments about natural categories. *Journal of Verbal Learning and Verbal Behavior*, v. 14, p. 665-681, 1975.
ROSS, B. H. Distinguishing types of superficial similarities: different effects on the access and use of earlier problems. *Journal of Experimental Psychology: Learning, Memory and Cognition*, v. 15, p. 456-468, 1989.
ROSS, B. H. This is like that: the use of earlier problems and the separation of similarity effects. *Journal of Experimental Psychology: learning, memory, and cognition*, 13, p. 629-639, 1987.
SHAFTO, P.; COLEY, J. D. Development of categorization and reasoning in the natural world: novices to experts, naive similarity to ecological knowledge. *Journal of Experimental Psychology: Learning, Memory, and Cognition*, v. 29, p. 641-649, 2003.
SHAFTO, P.; COLEY, J. D.; BALDWIN, D. Effects of time pressure on context-sensitive property induction. *Psychonomic Bulletin and Review*, v. 14, p. 890-894, 2007.
SHIPLEY, E. F.; SHEPPERSON, B. Test sample selection by preschool children: Honoring diversity. *Memory and Cognition*, v. 34, p. 1444-1451, 2006.
SLOMAN, S. A.; LAGNADO, D. A. The problem of induction. In: HOLYOAK, K.; MORRISON, R. (Ed.). *Cambridge handbook of thinking and reasoning*. New York: Cambridge University Press, 2005. p. 95-116.
STERNBERG, R. J.; NIGRO, G. Developmental patterns in the solution of verbal analogies. *Child Development*, v. 51, n. 1, p. 27-38, 1980.
THIBAUT, J. P.; FRENCH, R.; VEZNEVA, M. The development of analogy making in children: cognitive load and executive functions. *Journal of Experimental Child Psychology*, v. 106, p. 1-19, 2010.
TRENCH, M.; OLGUÍN, V.; MINERVINO, R. A. Mammoth cloning reminds us of Jurassic Park but storm replication does not: naturalistic settings do not aid the re-

trieval of distant Analogs. In: ANNUAL CONFERENCE OF THE COGNITIVE SCIENCE SOCIETY, 33., 2011, Austin. *Proceedings...* Austin: Cognitive Science Society, 2011. p. 2649-2654.

VYGOTSKY, L. S. *Pensamiento y habla*. Buenos Aires: Colihue, 2007. Orginalmente publicado em 1934.

VOSNIADOU, S.; SKOPELITI, I.; GERARKAKIS, S. L. Understanding the role of analogies in restructuring processes. In: SCHWERING, A. et al. (Ed.). *Analogies:* integrating multiple cognitive abilities. Osnabruck: Institute of Cognitive Science, 2007. p. 9-43.

WELDER, A. N.; GRAHAM, S. A. The influence of shape similarity and shared labels on infant's inductive inferences about nonobvious object properties. *Child Development,* v. 72, p. 1653-1673, 2001.

6
O desenvolvimento psicológico do jogo e a educação

Lino de Macedo

AS PERSPECTIVAS DO JOGO E DO JOGADOR

O que é jogo? Como o praticamos em nossas oficinas, aulas e pesquisas? Por que na psicologia e na educação o jogo assume um papel tão importante, hoje? O objetivo deste capítulo é responder a estas perguntas. Mas as respostas não serão dadas como é esperável academicamente. Não faremos um estado da arte sobre o jogo na pesquisa psicológica ou educacional, nem recorreremos às teorias mais conhecidas e valorizadas sobre esse tema (CAILLOIS, 1990; HUIZINGA, 1990). Não se trata de desdenhar o valor desses procedimentos, mas desfrutar, aqui, da liberdade própria aos jogos e encontrar, quem sabe, uma disciplina ali, onde aparentemente reinam o caos e a anarquia, ao menos na perspectiva do jogador (IHÔTE, 1976). Não é assim no jogo? Na perspectiva do jogador, esse sistema simbólico é pura busca de ordem (procedimental e intencional em relação a um objetivo), desfeita a cada nova partida, a cada nova oportunidade, independentemente do resultado. Na perspectiva do jogo, encontra-se o eternamente estruturável, ou estruturado, por regras sociais e lógicas, mediadas pelo prazer funcional e magia simbólica de sua realização ou participação.

Esse misto de liberdade, disciplina e anarquia talvez sejam permitidos a um professor, cujo propósito de vida profissional foi embalado por dois sonhos: aprender e ensinar uma teoria e fazê-lo, como experiência, por meio de jogos, buscando, quem sabe, resgatar o que justificava a função da escola: lugar de ócio, onde pessoas livres se encontravam para aprender e exercitar o pensar, a exercitar e compartilhar argumentos (científicos, estéticos, filosóficos, sociais). As crianças e os jovens "sabem disso" porque, ao seu modo, praticam essas licenças. Mas a escola fundamental esqueceu que sua missão é mais do que preparar para a escola seguinte, é mais do que preparar para um futuro mercado de trabalho (DEMO, 2010; ZABALA; ARNAU, 2010). Sua missão é ensinar a pensar e a gerir oportunidades com valor de vida pessoal e coletiva. Agora que ela se tornou obrigatória para todos, é tempo de recuperar sua eterna função. Praticar jogos em seu contexto talvez seja uma das possibilidades de promover esse resgate.

Consultando o verbete "jogo" em seis dicionários (ALLEAU, 1973; BRUNER; ZELTNER, 1994; COMTE-SPONVILLE, 2003; DORTIER, 2010; LALANDE, 1993; SILVA, 2004) pudemos destacar 10 significações. Por meio delas comentaremos "o que é jogo", em seu sentido geral, simbólico e prático.

O QUE É JOGO?

Atividade física ou mental

Jogar implica atividade física ou mental, traduzida na prática por escolhas e suas consequências (SCHWARTZ, 2007), em relação ao objetivo ou tarefa buscados (ganhar ou resolver um desafio, por exemplo). Trata-se, portanto, de ações sustentadas pelo prazer do ganho ou sucesso, pela dor do fracasso ou perda, ou pela fantasia ou ilusão de que a próxima partida será diferente. São ações igualmente alimentadas pela fantasia ou magia do sucesso, ao preço de que sejam orientadas ou favoráveis a ele. Tem-se, assim, um sujeito ativo e interessado (PIAGET, 1998) em resolver ou enfrentar certo problema, com a condição de agir bem ou ter sorte, nos limites de suas possibilidades ou probabilidades de ganho.

Interação

Qualquer jogo só se realiza em um contexto interativo entre duas ou mais pessoas, ou de uma pessoa ou mais pessoas em relação a um programa, que, muitas vezes, combina duas funções: é o próprio jogo e o oponente contra quem se joga. Essas interações têm dupla característica.

Do ponto de vista do processo de jogar, dos objetivos e das regras, são interações cooperativas, interdependentes, isto é, irredutíveis (ninguém pode assumir o papel do outro), complementares (alternância entre jogadas) e indissociáveis (consentimento mútuo em relação às regras e aos objetivos) (PIAGET et al., 1982). Do ponto de vista do resultado, são interações competitivas, pois a disputa é por uma mesma coisa – ganhar, completar em menos tempo a tarefa, concluir uma construção sem derrubar peças. Neste último caso, o modelo a construir ou a referência buscada ou imaginada compete com o processo de montar.

Convenção e sistemas de regras sociais, morais e lógicas

Do ponto de vista do jogo, trata-se de um sistema simbólico, sociocultural, cuja condição para acontecer é o consentimento entre os jogadores ou entre o jogador e o jogo, sobre objetivos e regras que delimitam ou convencionam um modo de jogar, dentre outros possíveis. Do ponto de vista dos jogadores, as regras se expressam pela lógica das relações que presidem uma boa jogada. Ou seja, para jogar bem é preciso aperfeiçoar procedimentos de observar melhor, coordenar variáveis, aperfeiçoar-se (PIAGET, 1977), tanto na perspectiva dos desafios propostos pelo jogo e seus níveis de dificuldade crescente como na perspectiva dos oponentes que buscam a mesma coisa (ganhar, ser bem-sucedido).

Desempenho de papéis

Em uma situação de jogo, o jogador está em lugar de outro, não é ele mesmo no sentido literal do termo; apesar disso, só pode representar agindo nos limites de seus recursos e interesses. Seu papel no jogo é de protagonista, de aceitar uma situação em que faz de conta, imagina, cria, simula. Mas sua ação de jogador expressa ele mesmo, o que sabe e o que pode fazer no aqui e agora do jogo. Como diferenciar e integrar essas duas posições: representar, sim, ao preço de proceder bem? A primeira supõe desenvolvimento simbólico, a segunda aprender a pensar e gerir oportunidades, em direção ao objetivo a alcançar. A primeira condição possibilita construir a vida e as coisas da vida como linguagem ou representação, em suas infinitas possibilidades de criação ou recriação. A segunda, uma linguagem que só existe quando transcrita em ações e esta depende daquele que transcreve.

Objetivo inútil e indefinido

O objetivo do jogo está encerrado em si mesmo. É imanente. Não é um meio para outro fim. Tem, portanto, um caráter desinteressado, autocentrado, autodeterminado. Quando está jogando, o jogador não pensa nem considera as consequências ou finalidades de sua ação. É que ele está muito ocupado e interessado nas consequências de sua ação internas ao próprio jogo.

Destreza

Aptidão, inteligência, experiência, exercício, penetração, habilidade, domínio, capacidades intelectuais, habilidades específicas, superação da ignorância são importantes no contexto de um jogo "levado a sério". Todos esses aspectos correspondem à dimensão procedimental do jogo. Qualquer jogo supõe alguma habilidade lógica ou simbólica dos jogadores. Este é um dos maiores desafios: como agir bem, errar menos, antecipar, ser beneficiado pela sorte, criar circunstâncias, pensar bem, criar e gerir oportunidades?

Fantasia

Por sua função simbólica, os jogos operam no campo da fantasia, nas brincadeiras de faz de conta, nos exercícios de simulação, no gostar de agir "como se", de encenar, de completar ou construir coisas, mesmo se insignificantes na perspectiva da realidade ou do cotidiano do jogador.

Resultados

O jogo encanta pela construção das narrativas durante seu desenrolar, mas sobretudo pelo desfecho, sempre imprevisível, não controlável. Não basta dominar procedimentos, é preciso não perder a atenção e a concentração. Não basta proceder bem e estar atento, é preciso considerar a perspectiva do oponente ou adversário. Não basta jogar certo (segundo objetivos e regras definidos), é necessário jogar bem. Não jogar bem, é preciso ganhar, ser bem-sucedido. Mas o fracasso, a falta de atenção, o cansaço, a insuficiência de recursos são apenas bons motivos para uma próxima partida, para se dar nova oportunidade de vencer ou jogar melhor, ou então perder e recomeçar.

Prazer funcional e repetição

O que motiva o jogar e continuar jogando? O que caracteriza seu aspecto "aditivo", viciante? É que o jogar se justifica pelo prazer da função. Trata-se, recorrendo a Piaget (1990), de uma licença pessoal e sociocultural para fazer uma assimilação "deformante" do mundo e de todas as suas coisas. No jogo o interesse é ir até o fim, para conhecer o desfecho ou esgotar os limites de uma relação que se sustenta pela prazer de sua função, desinteressada dos objetivos externos ou alheios. Daí o aspecto da repetição. Repetir é literalmente pedir de novo. Pedir o quê? Não, por impossível, a repetição do resultado ou do conteúdo da partida que terminou. Mas a repetição de sua forma, daquilo que a estrutura como um jogo – por exemplo, tabuleiro, peças, jogadores, objetivos, regras. No jogo, como na vida, as partidas são únicas, pois o tempo que as possibilita não volta em seu eterno fluir, como sucessão e duração. Se uma partida ou uma brincadeira são singulares, a magia da possibilidade de sua volta, de seu eterno retorno, está no jogar novamente, seguindo as mesmas regras e objetivos, mas ignorante de um desfecho, que só se sabe ao jogar. Transmissão e construção, na perspectiva do jogo, são termos interdependentes, isto é, irredutíveis, complementares e indissociáveis. Para construir boas jogadas é preciso aprender a observar e coordenar os fatores em jogo, desenvolvendo procedimentos e esquemas simbólicos. Jogando se transmite respostas, expressam-se conhecimentos, hipóteses ou suposições cuja validade só se define na trama de uma narrativa onde o jogador é apenas um dos elementos em jogo.

Universalidade ou generalização

Joga-se em todas as culturas, épocas ou situações sociais (inclusive na guerra). Joga-se em todos os momentos de vida (mesmo na doença ou na morte), em todas as idades (crianças, adolescentes, adultos e velhos). E, quando o jogo é proibido, e se punem as pessoas que desobedecem, ele há de estar em algum lugar, implícita ou tacitamente regulando interesses ou relações que não podem dizer seu nome, nem praticar o sonho que as sustentam. Mesmo quando não há jogo, em sua forma direta de ser, as características que o constituem estão lá como indicadores de uma vida que ainda tem esperança, apesar de tudo. Em qual espaço ou tempo de nossa realidade os ingredientes do jogo – alegria, faz de conta, desafio, destrezas a serem aperfeiçoadas, competição – estão sempre ausentes?

Comparemos esses indicadores com a definição de "jogos pedagógicos" proposta pelo Dicionário da Associação Americana de Psicologia (VANDENBOS, 2010, p. 539).

> Ensino de sala de aula na forma de jogos destinados a atrair o interesse ativo dos estudantes enquanto trabalham habilidades específicas (p. ex., vocabulário ou matemática). Os jogos didáticos podem fornecer uma oportunidade única de dar incentivos aos alunos, como recompensas específicas ou o prazer de vencer.

Segundo este dicionário, jogos pedagógicos têm função motivacional, para treinar habilidades relacionadas às disciplinas escolares. Felizmente, a relação jogador-jogo não pode ser delimitada por aqueles que pretendem controlar seu uso. Do contrário, os jogos pedagógicos, de fato, seriam puro "antijogo". Como usar o jogo na sala de aula, respeitando suas características e se beneficiando com aquilo que podemos aprender com ele? Responder a isto é o que faremos a seguir.

COMO PRATICAMOS OS JOGOS?

Sou professor e orientador no Programa de Pós-Graduação em Psicologia Escolar e do Desenvolvimento Humano, do Instituto de Psicologia, da Universidade de São Paulo, desde 1976. Neste programa, como mencionado, nossa principal linha de pesquisa é estudar usos e valores dos jogos para a psicologia e a educação (MACEDO, 2009a). Em nosso laboratório, propomos oficinas de jogos para observar e promover processos de desenvolvimento e aprendizagem escolar. Na sala de aula, por meio delas, igualmente, discutimos pesquisas e ensinamos, aí de nós, conceitos e elaborações teóricas de Piaget. Como exemplo, vamos comentar atividades e analisar teoricamente um jogo, que estudamos atualmente, com alguns de nossos orientados e colegas.

Uma das condições para jogar é conhecer o objetivo e as regras que organizam a prática de certo jogo. De modo geral, principalmente no contexto da escola, objetivos e regras são apresentados de forma transmissiva, isto é, expostos de modo discursivo, expositivo. Um professor, aluno, ou texto informam ou dão instruções sobre o jogo e o como jogar. No âmbito da cultura, fora da escola, os jogos são aprendidos pela experiência de observar pessoas jogando e desfrutando o prazer e a dor de jogar. Imitação, observação, experimentação ou exploração livres, não importa em que nível de atuação, são formas de iniciação de um jogador. Mas, na escola, muitas vezes, começa-se pelo aspecto jurídico da exposição dos objetivos e regras; pior, mal os alunos jogam e já ensinamos estratégias, fazemos "análises científicas e metodológicas" de uma partida, dos erros cometidos e que poderiam ser evitados. Ou seja, trocamos a dialética do jogar por um discurso sobre o jogo. Ou, então, no outro extremo, propomos jogos e apenas consideramos sua função recreativa, divertida, sem entrar nos segredos analógicos e lógicos de sua realização.

Como negar o pressuposto de que alunos e conteúdos disciplinares não combinam com jogo? Como assumir que jogo combina com criança ou jovem? Daí que em nosso trabalho evitamos, apesar de reconhecer seu valor, em tratar como alunos as crianças e jovens que jogam. Para nós, por exemplo, eles não jogam para aprender matemática, mas aprendem matemática para jogar. Por isto, não consideramos a problemática institucional da escola, seus jogos de poder e conflitos em assumir a complexidade dos aspectos que asseguram seu valor. Não nos importam as queixas dos professores, o que os alunos fazem fora das oficinas, suas dificuldades de aprendizagem, o sem sentido, quem sabe, de sua vida na escola. Apenas nos interessam o que fazem, o que pensam, o que dizem na situação de jogo.

É que pensamos o jogo como forma de educação, e como todas as crianças e jovens estão na escola, e nela que os buscamos, não como alunos, mas como pessoas que precisam se educar. O que eles nos ensinam na situação de jogo? Como compreender seus processos de desenvolvimento e aprendizagem? Como abstrair seu interesse pela vida e pelo conhecimento por meio dos jogos? Não se trata, igualmente, de fazer ludoterapia, ao modo da clínica psicológica, mas de propor atividades lúdicas que funcionem como exercícios "majorantes" (INHELDER; CÉLLERIER, 1996). Pouco nos importa o que estas crianças e jovens farão com isto. A vida e o conhecimento lhes pertencem. Em síntese, não utilizamos o jogo como processo de intervenção, *stricto sensu*, mas como processo de desenvolvimento da autonomia, em seu duplo sentido. Tornar-se livre, independente, e parte de um sistema, responsável e pessoalmente implicado. Não é assim no jogo? Ninguém joga por nós, mas sem os outros não há jogo. Independência e pertencimento. Liberdade e responsabilidade. Desenvolvimento como autonomia.

Como transmitir regras e objetivos de um jogo? Uma das possibilidades é construir materiais, explorar possibilidades, imaginar regras, propor situações de faz de conta, inventar; em resumo, tratar o jogar como um brincar. Assim, a transmissão – direta, discursiva, expositora – dos objetivos e regras é substituída ou precedida pelo jogo lúdico e dialético de construir ou inventar relações, criando assim um contexto para a necessidade e o interesse de se criar uma disciplina social e intelectual, traduzidas por definição ou informação sobre objetivos e regras, e construção de procedimentos para jogar bem. Esse problema é maior quando se trata de jogos lógicos, como os que estudamos. Neles, saber objetivos e regras do jogo são indissociáveis, irredutíveis e complementares a um modo de jogar suficientemente bem do ponto de vista procedimental.

Cedo ou tarde, porém, há de se conhecer objetivos e regras do jogo "oficial", "verdadeiro". Reconstruir, naqueles que não conhecem, objetivos e regras de um jogo é um problema importante. No exemplo a seguir, propomos uma possibilidade de reconstrução dos objetivos e regras de um jogo, escolhido como objeto de análise neste capítulo. Obviamente, esta atividade só interessa a quem não conhece o jogo. Vamos a ela. Na Figura 6.1 estão apresentados na esquerda três exemplos do jogo em sua formulação inicial e na direita, as três únicas respostas para cada um deles. Problema ou tarefa: Adivinhe (reconstrua) objetivos e regras do jogo, a partir dos exemplos apresentados na Figura 6.1.

Se houver necessidade ou interesse, podemos fazer perguntas que favoreçam a observação de aspectos relevantes. Que números estão escritos nas linhas e colunas dos problemas resolvidos? O que se pode concluir? Compare o número e a operação escritos no canto superior esquerdo dos blocos com os números propostos como resposta. O que se pode abstrair da relação entre os números escritos nas casas de cada bloco e o valor e operação dados? Você observa semelhanças entre este jogo e outro, bem conhecido? O que se repete? O que é diferente? Formule objetivos e regras deste jogo, a partir das informações da Figura 6.1.

Como esta, são propostas muitas outras atividades ou problemas. Copiamos, por exemplo, um jogo na lousa e propomos uma solução coletiva pela classe ou grupo de alunos. Para isto, temos de criar um modo de identificar linhas, colunas e blocos. As respostas são justificadas, ou seja, pedi-

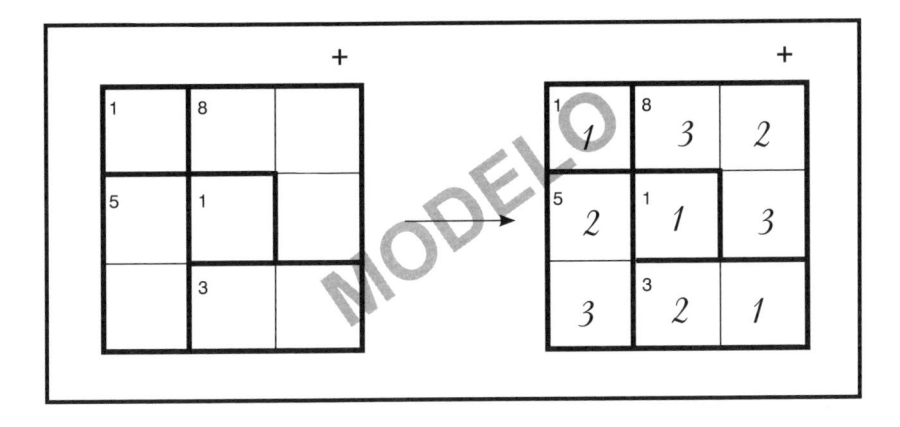

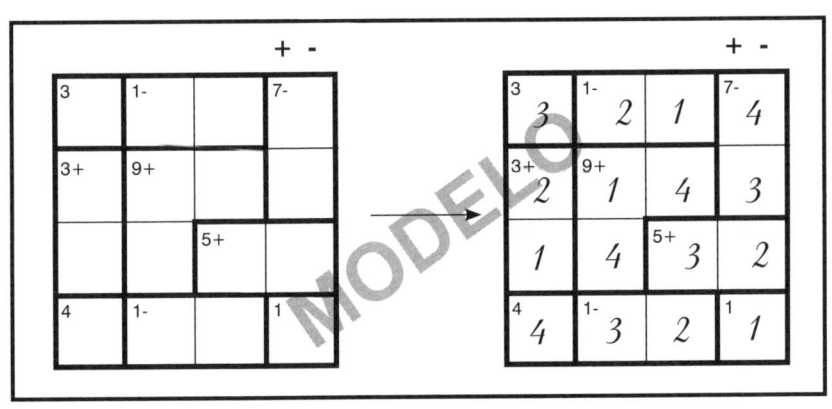

Desenvolvimento cognitivo e educação: processos do conhecimento e conteúdos específicos 143

Figura 6.1 Descubra objetivos e regras do jogo, observando e comparando as colunas da direita (proposição) e da esquerda (solução).
Fonte: O autor.

mos o argumento ou raciocínio que sustenta a proposição do número a ser escrito. Os alunos resolvem problemas em duplas, trios e sozinhos. Inventamos ou criamos jogos. Fazemos análise de partida, ao "vivo", ou depois pelo vídeo. Valorizamos a conferência dos resultados, a coerência das respostas dadas e os problemas propostos. Fazemos torneios ou provas nas quais os alunos resolvem os problemas sozinhos. Jogamos no computador. Conhecemos o criador do jogo, o método que propõe e o valor que atribui à prática do jogo. Fazemos jogos como lição de casa. Tem horas que só jogamos, em outras só discutimos. Sistematizamos procedimentos de resolução de problemas. Assumimos nosso nível no jogo conforme o tamanho das grades (3x3, 4x4, 5x5, ou até 9x9). Comparamos o como começamos e o como estamos agora. Aceitamos e convivemos com as dificuldades. Nós nos desafiamos para encontrar a solução, desenvolvendo procedimentos, aprendendo com os argumentos, compartilhando sucesso ou fracasso, convivemos com a situação de jogo como ela se apresenta agora, mas determinados para superar este nível atual.

Um pouco de história, antes de passarmos a uma análise mais teórica. O jogo KenKen foi criado, no Japão, em 2004, por Tetsuya Miyamoto, professor de matemática. Ele propõe um método para jogar – o Método Miyamoto – sintetizado em sua frase "A arte de ensinar sem ensinar" ("The art of teaching without teaching"). Base de seu método: "Não aceitamos perguntas, nem damos soluções. Myamoto apenas comunica se a resposta está correta"![1] As regras oficiais, apresentadas através de um jogo 4x4, são as seguintes:

1. Cada bloco contém um número de 1 a 4.
2. Cada linha e coluna podem ter os números de 1 a 4 apenas uma vez.
3. Os números em cada bloco devem se combinar (não importa a ordem) para produzir o valor numérico escrito no alto do canto superior de cada bloco, utilizando a operação matemática indicada.

Além do *site*, para jogar o KenKen é possível consultar os livros de Shortz (2008a, 2008b, 2009) e o jornal *New York Times*.

No KenKen, o problema é de reconstrução (PIAGET, 1983). Os números das casas já "estão lá", mas invisíveis. Para descobri-los há de se recorrer a duas regras, uma simbólica e sociocultural – a do jogo –, e outra, lógica e aritmética – a da localização dos números. Lógica porque se trata de coordenar três aspectos: linhas, colunas e bloco, de forma coerente e dedutiva. Regra simbólica e sociocultural porque na busca da solução há de se acreditar que só há uma única solução, e que é possível chegar a ela pelas informações disponíveis tidas como necessárias e suficientes. Essa crença corresponde à certeza lógica de que se pode alcançar o resultado pela trama interna das relações entre os números e as coordenadas que presidem suas relações. Trata-se, portanto, de reconstruir a solução, percorrendo um caminho para ela. Mas o impossível, o que não pode ser no sistema, também informa. Daí que neste jogo, como no Sudoku, o raciocínio por exclusão – "aqui não pode ser", "só pode ser aqui" – é valioso. O interessante é que, apesar de haver uma única solução, no processo de sua produção, o jogador deve enfrentar e se beneficiar da lógica dos possíveis. Por exemplo, em uma matriz 3x3, onde só cabem números 1, 2 e 3, portanto, em um bloco "5+" de duas casas, são necessários os números 2 e 3. Se há certeza das parcelas, não há certeza de seu lugar, porque esses números têm duas possibilidades de combinação (horizontal ou verticalmente) nas casas: 2 e 3 ou 3 e 2. Mas é certo que na terceira casa só pode ser o número 1! O KenKen é, pois, um jogo no qual se exercitam as modalidades do real – impossível, necessário e possível. É um jogo que exercita, mesmo que o jogador não saiba disto, nem precise saber para ganhar, esquemas operatórios, procedimentais e presentativos, ou simbólicos (Piaget, 1987).

Jogo KenKen e seus problemas	Esquemas operatórios
Esquemas procedimentais	Esquemas conceituais ou simbólicos (representativos)

Fonte: O autor.

Esquemas operatórios para a compreensão da estutura do jogo, e do sistema das relações que o presidem. Independentemente do jogo em particular, independentemente do tamanho das matrizes (3x3, 4x4, ou ...) e independentemente da configuração, valor e operação atribuídos a cada bloco, a estrutura é sempre a mesma. Segundo Piaget (1977), as coordenações de um objeto (Coord. O), sua estrutura lógica e a trama teórica ou empírica de suas significações, suas leis implicativas ou causais "são" ou "estão" no objeto. Mas, em um contexto interativo – um sujeito jogando o KenKen –, as Coord. O dependem funcionalmente das coordenações do sujeito (Coord. S), e, portanto, do nível de seu desenvolvimento. Nesse sentido, a estrutura de um objeto em um contexto relacional, dialético, reduz-se àquilo que o sujeito pôde abstrair de seus aspectos estruturantes ou significantes.

Contudo, problemas pedem enfrentamento e tomada de decisão práticos. Ao jogar o KenKen, temos de escrever números, apagar, corrigir, escrever novamente e enfrentar a realidade de um desfecho, prazeroso ou triste. Ao fazermos a conferência, o mesmo número não pode se repetir nas linhas e colunas, a relação entre as parcelas de cada bloco devem corresponder ao resultado e operação propostos. Se tiver acontecido assim, ganhamos o jogo! Fechamos os cálculos! Do contrário, temos de conviver com a contradição, os erros, a incoerência entre os números escritos e as regras e os objetivos do jogo. Em um jogo de regras, como o KenKen, há de se desenvolver esquemas procedimentais, ou seja, dominar pouco um modo de como fazer os cálculos, antecipar, excluir, fazer inferências e julgamentos, decidir pelo lugar onde as informações são suficientes para escrever um número.

Esquemas procedimentais, para Piaget (1978), implicam a construção de observáveis do sujeito (Obs. S), ou seja, tomada de consciência, ainda que de pouco em pouco, daquilo que ele faz ou pensa e suas consequências. Mas os Obs. S interdependem dos observáveis do objeto (Obs. O) e das Coord. S. No caso do KenKen, Obs. O é o jogo jogado e os aspectos particulares que o caracterizam em relação a qualquer outro jogo KenKen. As Coord. S são as operações (identificar, antecipar, inferir, ordenar, classificar, excluir, deduzir) que o sujeito utiliza, ou não, em favor de seu objetivo. Daí que o nível de complexidade de um jogo, por exemplo, fácil, médio ou difícil, depende, para sua resolução do nível de desenvolvimento, suficiente ou insuficiente, do sujeito que joga. É que para jogar o KenKen, isto é, realizar a escrita e o cálculo dos números, há de se compreender as relações que o presidem, materializadas no jogo em particular que se está jogando.

No caso da "aprendizagem" dos procedimentos, revive-se a situação já enfrentada no caso da transmissão dos objetivos e regras. É possível ensinar os procedimentos diretamente, ou seja, pela formulação verbal de boas estratégias para a solução do problema? Tem-se, novamente e de forma mais complexa ou difícil, um problema de reconstrução. Reconstrução que implica observar, criar ou usar procedimentos, descobrir o que está lá nas casas vazias do jogo e que precisam ser preenchidas. Trata-se da dialética entre duas reconstruções, uma social ou cultural, que define as regras do jogo a serem obedecidas, e outra lógica e aritmética, a serem construídas e aplicadas caso a caso.

Uma das características dos jogos de regras é implicar o uso ou a construção de esquemas procedimentais. Para ganhar, não basta jogar certo, seguindo objetivos e regras definidos, mas é preciso jogar bem, ou, então, melhor do que o adversário, no contexto de uma partida. Em qualquer jogo, trata-se, com efeito, de enfrentar os sucessivos problemas que ele apresenta no percurso de uma partida ou torneio, procedendo bem ou o suficientemente bem para superar o adversário.

Em geral, damos mais importância (positiva ou negativa) ao aspecto competitivo dos jogos de regras do que ao seu aspecto procedimental. De fato, o objetivo de quem joga é ganhar. O problema é que competir significa "seguir juntos na mesma direção", isto é, jogador e oponente querem ganhar, sabendo que só um deles alcançará este objetivo em dada partida. A competição, o querer ganhar, sustenta do ponto de vista afetivo as vicissitudes da jornada, das ações orientadas em direção a este fim almejado. A competição pelo resultado expressa, assim, o aspecto motivacional, energético, do jogo. Mas para chegar lá – vencer – é necessário proceder bem, ou seja, decidir pelo melhor possível ao longo do caminho.

Desenvolver procedimentos que otimizem o fim buscado em uma situação de jogo implica aprender a raciocinar no contexto da partida. Raciocinar, hoje, é uma das competências e habilidades mais importantes. Competência porque implica um modo de compreensão, ou leitura, aplicada a uma situação particular, ou seja, supõe o uso de estratégias – em contexto regrado – favoráveis à solução do problema ou ao alcance do objetivo que se tem em vista. Habilidade porque supõe domínio de procedimentos, supõe ações orientadas em relação a um objetivo, supõe progredir em direção a uma meta ou projeto.

Do ponto de vista do objetivo do jogador, jogar é competir. Do ponto de vista dos procedimentos que possibilitam a vitória, jogar é saber pensar, criar oportunidades, tomar a melhor decisão, fazer a melhor leitura, enfim, proceder bem. Para isto, do ponto de vista cognitivo o jogador deve desenvolver esquemas procedimentais ou habilidades. Procedimentos para jogar com o outro, procedimentos para jogar contra o outro.

No caso do aluno, reconstruir é aceitar refazer uma jornada de conhecimento que ninguém pode fazer por ele, ocupar seu lugar, substituir. Nesta jornada há de se enfrentar dificuldades, perturbações, insuficiências. Do ponto de vista afetivo significa querer fazer e aceitar ir até o fim, aceitar concluir, como ato de vontade ou intenção. O aspecto cognitivo abre possibilidades de se encontrar as respostas. No KenKen, por exemplo, o sujeito sabe quais os resultados e as operações de cada bloco, mas não sabe o lugar dos números ou parcelas. Encontrar este lugar, respeitando as regras, é o problema do jogo. Resolver por ensaio e erro não é suficiente, sobretudo para os jogos mais difíceis. Há de se aprender a fazer hipóteses, eliminar possibilidades, pensar por exclusão.

Independentemente de quem escreve a resposta, importa o está escrito e a razão, ou método para se propor as soluções no contexto de cada jogo. No KenKen, aprende-se ou exercita-se esta arte tão difícil e tão fundamental, hoje. Como aprender a "convencer sem vencer"? Quem convence não venceu, venceu foi a lógica, a coerência, a responsabilidade, a consequência, a inferência, a razão, a estética da solução, a magia do descobrir pelas coordenadas ou mapas de um caminho a percorrer.

Ao jogar o KenKen exercitamos a "autoridade do argumento" e não o "argumento da autoridade". Não importa quem está propondo os números das casas de certo bloco, linha ou coluna, nem importa, igualmente, a importância de seu lugar ou função social. O que importa é a justificativa interna, que dá validade na medida em que o jogo prossegue à trama interdependente das variáveis que compõem o jogo. Daí que é comum ouvir "espontaneamente" frases do tipo "só pode ser aqui", "se o 1 e o 3 já estão colocados, então nesta casa só pode ser o 2" (em uma grade 3x3). O interessante é que, sendo um jogo individual, o desafio é sempre pensar ou agir na perspectiva descentrada, assumindo posições e deslocamentos de pontos de vista, para orientar, localizar o número, que só pode ser abstraído por relações "entre" números, linhas, colunas, blocos, operações e resultados propostos. Essa descentração do "argumento da autoridade" para a "autoridade do argumento" é muito importante na escola. O professor ensina conhecimentos científicos pautado na hipótese de que a "verdade" de seus conteúdos está sustentada por teorias e métodos de conhecimentos nos quais predomina a "autoridade do argumento" (empírico ou dedutivo). Como diferenciar e integrar a autoridade do professor para dizer e a autoridade do que é dito? Daí que talvez a melhor função de um professor em um contexto de jogo, seja, de fato, a da sabedoria de um bom mediador.

Consideremos alguns aspectos dos números naturais e o valor matemático dos problemas propostos no jogo KenKen. Do ponto de vista aritmético, este jogo desafia a descobrir as parcelas equivalentes ao resultado e operação propostos em cada bloco, segundo as regras a serem obedecidas. Trata-se, portanto, do ponto de vista psicológico de exercitar a dialética das relações entre partes e todo (PIAGET; SZEMINSKA, 1975; PIAGET, 1976). Cada bloco (todo) é composto pelas casas (partes) que engloba. Dá-se o valor do todo (resultado e operação), sendo o problema definir o valor das partes. Há erro, neste caso, quando o cálculo aritmético dos números escritos nas casas de cada bloco não equivaler ao resultado e operação indicados.

Do ponto de vista geométrico, exercita-se a dialética entre posições e deslocamentos (PIAGET, 1980) de números, que são fixos, mas não podem se repetir nas colunas ou linhas. Fixos, porque para um jogo 3x3 só podem ser utilizados os números 1, 2 e 3, o mesmo valendo para os jogos 4x4 (números 1, 2, 3 e 4), e assim por diante. Fixos, mas em diferentes lugares, porque o mesmo número, como no jogo Sudoku, não pode ser utilizado mais de uma vez na mesma linha ou coluna. Como posicionar e deslocar o mesmo número pelas linhas e colunas, considerando a interdependência da regra que define, aritmeticamente, seu lugar nos blocos? Além disso, do ponto de vista geométrico, há de se "esquecer" a situação "bloco", pois na perspectiva das linhas e colunas os números colocados nas casas não dependem dos blocos, mas da regra de não repetição do mesmo número.

Do ponto de vista algébrico, o problema no jogo KenKen é abstrair regularidades, conhecer procedimentos que se repetem em qualquer jogo, independentemente de seu conteúdo. Quanto à noção de número, jogar o KenKen é produzir ou observar equivalências, correspondências que se conservam em diferentes contextos (PIAGET et al., 1982). No critério convencional e tradicional dava-se as parcelas e perguntava-se o resultado. No jogo KenKen dá-se o resultado e a operação, sendo o desafio descobrir as parcelas, em um sistema em que vários cálculos e relações de correspondência são solicitados ao mesmo tempo. Uma das vantagens que atribuímos aos jogos de construção como o KenKen e que explicam, talvez, seu prazer funcional é sua função catártica, conforme as significações que Piaget (1983, p. 52-53) lhe atribui:

> *Catarse* é simultaneamente uma tomada de consciência dos conflitos afetivos e uma reorganização que permite vencê-los. Ela é muito diferente de uma simples iluminação, do contrário não se compreenderia sua ação terapêutica. É reintegração e levantamento de conflitos graças a uma nova organização.

Em jogos de construção (SARLÉ; ROSAS, 2005), como o KenKen, trata-se de preencher os números das casas vazias, dispondo-se para isso das coordenações do jogo (estrutura, objetivo, regras gerais) e das informações (observáveis do objeto) de cada jogo em particular (tamanho da grade, delineamento dos blocos, resultado da operação proposta). Mais do que isto, sabe-se que só há uma única solução. Do ponto de vista do sujeito, implica observar as informações e raciocinar definindo os números ou parcelas de cada bloco. Ou seja, o jogo é dado, a resposta é construída caso a caso. Mas, de fato, o problema é de reconstrução, pois no jogo os números já estão lá, mesmo que inobserváveis. O problema é: como descobri-los? Para isto, o sujeito há de enfrentar conflitos afetivos (impaciência, sentimentos de incapacidade, tédio, desejo de interromper), cognitivos (não saber estabelecer para cada caso e frente às informações parciais as coordenações necessárias para se definir ou descobrir a única resposta, ou seja, o número de cada casa) e sociais ("O que pensarão de mim?"). Essa superação é importante, pois expressa uma reintegração que une o começo da partida – casas vazias – com seu final – casas corretamente cheias. Daí que, mal termine um jogo, o jogador queira ser desafiado para um próximo, quem sabe mais difícil. Esse gozo de resolver e repetir talvez explique o dizer de Benjamim (1984) ao caracterizar a brincadeira não apenas como um "faz de conta", mas como um "quero mais ... do mesmo". Pois, neste caso, trata-se da repetição de uma forma (a estrutura do jogo e o desafio de um jogo em particular), e não de conteúdos.

De um jogo feito, ou abandonado, pode-se transmitir ou observar os resultados, desfrutando as delícias do sucesso ou as decepções do fracasso. Antes, porém, tem-se de enfrentar os desafios da construção de suas respostas e dos sentimentos nela gerados. O que é construção para o jogador é reconstrução para "o outro que sabe ou compartilha da resposta" (professor, inventor do jogo). Mas, dado que o sujeito há de se tornar um "outro de si mesmo", o que é construção em suas ações ou pensamentos, é reconstrução no escrever as respostas e validar, pela leitura e resultados, a coerência de suas proposições, ou não. Um jogador convicto só se acalma com um jogo (bem ou mal) feito, mesmo sabendo que um jogo realizado é uma boa demanda para o seguinte, de preferência mais difícil, desafiador, e, quem sabe, bem-sucedido. Tem-se aqui um exemplo do círculo virtuoso (ou vicioso), da dupla condição para o conhecimento na perspectiva construtivista de Piaget (1977). Interações qualificadas por relações interdependentes e busca de aperfeiçoamento sobre algo que faz sentido (social, afetivo e cognitivo) para quem conhece. Mas interagir, não raro, implica enfrentar perturbações, insuficiências e conflitos. Aperfeiçoar é superar, reencontrar-se por meio de uma interação mais bem qualificada, mesmo sabendo o fugidio e provisório desses "progressos" nas demandas crescentes e insuspeitas da vida e do conhecimento, como também do jogo.

Para concluir esta segunda parte sobre o modo como praticamos o jogo, cabe talvez um comentário sobre suas relações com a primeira. Em uma visão simbólica, os jogos que praticamos se classificam, segundo Ihôte (1976), na categoria "Do caos ao cosmos". De fato, o cosmos do jogo KenKen contrasta com o caos de um jogador, que pouco sabe, que é aflito ou apressado, intransigente com suas dificuldades e limitações, exigente com o ganhar e pouco dedicado ou disciplinado com as coisas que o favorecem. Mas, ao construir seu cosmos, mesmo que provisório e sempre necessitado de aperfeiçoamentos, o jogador há de haver com o caos do jogo, ou seja, com a complexidade de um sistema aparentemente simples e redutível a um lápis e papel, a objetivos e regras fáceis de compreender! Explicar (jogo) e compreender (jogador); transmitir (jogo) e construir (jogador). Ensinar e aprender, para se desenvolver! Desenvolver-se, para aprender e ensinar! Eu e o outro. Nós. Nó. Esta é a trama da vida e do conhecimento. Tal como no jogo (Macedo; Machado, 2006).

O VALOR DO JOGO NA EDUCAÇÃO, HOJE

Na pedagogia do século passado, jogos e outras formas de ócio só eram permitidos nas escolas de crianças pobres ou deficientes, incapazes de frequentar a escola "forte", tradicional, que ensinava os conteúdos disciplinares, por intermédio de um professor, igualmente, "forte" (bem preparado), que exigia disciplina moral e intelectual dos alunos, ao preço da exclusão e castigos físicos nos desadaptados e insolentes. Essa escola, responsável pela formação da futura elite intelectual, política e religiosa do país ou comunidade, só permitia esses tipos de folguedos em horários fora da aula. Por extensão, seus compromissos mais importantes eram com a formação de alunos capazes de prosseguir nos estudos, tornando-se os médicos, engenheiros, juízes, advogados e todas as demais profissões, cuja complexidade exige sólida formação. A outra escola, que abrigava os que tinham dificuldades na vida e nos estudos, os deserdados do sistema (político, social, econômico), podia usar jogos como recurso metodológico para educar, exemplificar ou ocupar um tempo. O fato de terem lhe designado de "Escola Nova" ou "Inovadora" não tira, pensamos, sua marca de escola de segunda classe, comparativamente à velha e saudosa "escola tradicional", que todos criticamos, mas que os desta geração gostariam de ter frequentado e obtido o maior reconhecimento. Em Zabala e Arnau (2009) podemos encontrar um melhor tratamento desse tema. Igualmente, comentamos este assunto em outro estudo (Macedo, 2009).

Neste século, estas escolas se tornaram uma só (Zabala; Arnau, 2010; Macedo, 2010). Todas as crianças e adolescentes, ainda que tardiamente, foram reconhecidos como pessoas com direito ao estudo, universal, gratuito e obrigatório, ao menos até os 17 anos. Não se trata, é claro, de generosidade dos adultos que lideram nossa época. É que uma sociedade tecnológica, consumista, globalizada, que entende "progresso" como forma de acesso (poder de compra) ou controle (poder de uso) de todas as coisas, necessita que seus jovens e adolescentes se tornem qualificados, interessados e capazes de adquirir estes "benefícios". O lado positivo da história é que se redescobriu que valores (para fazer escolhas e gerir oportunidades) e desenvolvimento de competências e habilidades para a vida são bens sempre necessários para todos (Demo, 2010). A "escola tradicional" e a "escola nova" do século passado correspondem hoje a uma escola igualmente comprometida em ensinar conceitos (científicos, sobretudo), métodos (procedimentos ou habilidades para pensar, observar, decidir, etc.) e valores ou atitudes em relação a si mesmo, aos outros, ao mundo.

Esta escola não pode mais estar a serviço de uma elite, mas deve prover uma educação básica para todos. O problema é que "não combinaram" com as crianças e jovens que, ao ganharem direitos, assumiriam deveres. Estudar e ser bem-sucedido na escola são, hoje, a principal atividade de crianças e jovens, ao preço de ficarem sem tempo para serem eles mesmos (ELKIND, 2004).

Nossa hipótese, já sabemos, é que jogos e desafios são bons recursos metodológicos para se transmitir valores, observar e promover o desenvolvimento de habilidades para saber pensar, criar e gerir oportunidades. Foi isto o que buscamos mostrar, usando como exemplo o jogo KenKen. Mas os jogos, como quaisquer ações humanas, podem ser analisados em suas dimensões positivas ou negativas, tendo em vista certa orientação ou intenção. No caso deste capítulo, o interesse foi analisar um jogo de raciocínio, em que é preciso aprender certas noções matemáticas para jogar, para ter gosto em jogar. Nele, as tomadas de decisões acontecem em um contexto de resolução de problemas, implicando – para ser bem-sucedido – aprender continuamente a observar e pensar com atenção e sabedoria, considerando-se o nível de dificuldade do jogo e as possibilidades (afetivas e intelectuais) do jogador. Para o autor do KenKen (MYAMOTO, 2004), "ken" na língua japonesa significa sabedoria, e KenKen, sabedoria em dobro, portanto. De fato, é um jogo que requer fazer implicações, estabelecer coordenações, desenvolver concentração e discernimento. Nele, valorizamos a qualidade das ações do jogador, que é desafiado a tomar decisões e se responsabilizar por suas consequências.

A hipótese, ainda que não consideremos a complexidade do problema didático e a intrincada rede de influências positivas ou negativas do sistema escolar, é que essa qualidade de relação com problemas é valiosa para os processos de desenvolvimento e de aprendizagem escolar. Trata-se de "desconstruir" a noção de dificuldade de aprendizagem, em sua significação negativa e denuncista, relacionada a emoções que bloqueiam o comportamento, que impedem a melhor ação e que acusam o aluno de ser a principal causa de seu próprio fracasso. Trata-se de construir uma significação positiva de dificuldade. A escola é um bom lugar para se ter dificuldades, desafios, enfrentar problemas que requerem ampliar, aprofundar ou compartilhar conhecimentos que favorecem sua resolução, mesmo que provisória (MEIRIEU, 1998, 2005). O fato de que jogos de regras impliquem o desenvolvimento de esquemas procedimentais valoriza seu uso na escola. A hipótese é que os procedimentos desenvolvidos, por sua generalidade, podem ser extrapolados para situações não lúdicas. Na escola recorre-se ao jogo, pensando em sua extrapolação aos conteúdos a aprender. Não importa se para crianças e jovens aconteça o contrário: extrapolam a vida ordinária recorrendo aos jogos. Ao aprender a pensar ou argumentar em uma situação de jogo, os jogadores descobrem a elegância, a ética e a valia desta forma de se relacionar com as coisas. Descobrem, também, os riscos do exagero, observam as diferenças entre um medo que estanca a vida, e um cuidado que protege, antecipa, responsabiliza. Os observáveis e as coordenações (PIAGET, 1978) ativados em uma situação de jogo são evidentes para o jogador, ainda que desafiantes como problema. No jogo, o aluno tem uma ideia objetiva da tarefa a alcançar, sabe das coordenadas (regras e objetivos) que delimitam seu comportamento e são desafiados a construir um caminho, que só necessita ser uma boa decisão. Não importa que as dificuldades da travessia, a falta de atenção ou de sorte, a pressa, a falta de determinação, os erros estejam presentes a lembrar que uma nova partida é outra partida. E quem ganhou agora pode perder depois, se os mesmos critérios que regulam as relações interdependentes com as coisas não forem considerados sempre, ainda que caso a caso. Não é assim na vida? Não é assim no eterno jogo de reconhecer e superar a ignorância em favor de algum conhecimento pessoal e socialmente válido?

Quando se discute o problema das relações entre desenvolvimento de competências/habilidades e o ensino ou transmissão de conteúdos disciplinares, o fantasma da escola tradicional retorna com todas as suas forças. Parece que, para muitos de nós, é impossível coordenar formas (ou esquemas) de aprender com conteúdos (conhecimentos disciplinares) a aprender. Escolhemos o jogo KenKen porque nos parece que ele é um bom exemplo de que "matemático" (o jogador) e matemática (os problemas lógicos e aritméticos propostos) são contrários, mas não contraditórios. Eles podem se complementar e se tornarem indissociáveis. A lógica e a matemática são, de fato, a linguagem do pensamento, os esquemas operatórios que utilizamos se queremos pensar bem. Para jogar o KenKen temos de tomar consciência dos observáveis do objeto (considerar o jogo) e dos observáveis do sujeito (o que fazemos para jogar). Temos de abstrair procedimentos ou relações que se repetem como forma ou que estruturam nossas jogadas ou o jogo. Temos de desenvolver esquemas operatórios, para desfrutar o gozo ou tristeza de um jogo com acertos ou erros. Temos de aceitar o sonho ou a fantasia de que temos controle sobre o sistema lógico e matemático que definem as relações aritméticas (cálculos), geométricas (configuração ou mapa do jogo) e algébricas (leis ou regras que definem as relações propostas). Temos de imaginar que o "matemático" conhece a matemática, mesmo sabendo de sua impossibilidade, porque se esta contém a história social e cultural do que se pôde construir em seu nome, aquele domina apenas uma pequena parte deste saber. Não importa, porque, segundo Piaget, é com as estruturas do jogo (de exercício, simbólico, de regras ou de construção) que compreendemos o mundo, que o explicamos a partir de nossa perspectiva, a ser sempre confrontada com os outros e com as coisas. De fato, no jogo encontramos o prazer funcional de repetir uma forma, e assim, pouco a pouco, dominar seus conteúdos. No jogo, ainda pequenos descobrimos a função do sinal e do símbolo, da analogia, da alegoria, da adivinhação, dos ritos e dos mitos graças aos quais compreendemos, em nosso nível, descobrimos a força e a magia das palavras, das representações. No jogo, construímos uma lógica, criando procedimentos, argumentando, atribuindo razão. No jogo, descobrimos o valor de uma referência, e conhecemos na prática que o reconstruir (o modelo) implica construir formas de observar e coordenar as ações. No jogo reencontramos a vida e o conhecimento, ignorantes de que eles não são jogos; jogos são como o utilizamos, o que fazemos ou falamos em seus nomes. Mas, para isto, é preciso viver, conhecer e... jogar.

NOTA

1 As frases foram retiradas do *site*: www.kenken.com.

REFERÊNCIAS

ALLEAU, R. (Ed.). *Dicionário de jogos*. Porto: Inova, 1973.
BENJAMIN, W. *Reflexões*: a criança, o brinquedo, a educação. São Paulo: Summus, 1984.
BRUNER, R.; ZELTNER, W. *Dicionário de psicopedagogia e psicologia educacional*. Petrópolis: Vozes, 1994. Edição em alemão: 1980.
CAILLOIS, R. *Os jogos e os homens*: a máscara e a vertigem. Lisboa: Cotovia, 1990.
COMTE-SPONVILLE, A. *Dicionário filosófico*. São Paulo: Martins Fontes, 2003.
DEMO, P. *Habilidades e competências no século XXI*. Porto Alegre: Mediação, 2010.
DORTIER, J. F. *Dicionário de ciências humanas*. São Paulo: WMF Martins Fontes, 2010. p. 329-330.
ELKIND, D. *Sem tempo para ser criança*. Porto Alegre: Artmed, 2004.
HUIZINGA, J. *Homo Ludens*. São Paulo: Perspectiva, 1990.
IHÔTE, J. M. *Les symbolism des jeux*. Paris: Berg-Bélibaste, 1976.
INHELDER, B.; CÉLLERIER, G. *O percurso das descobertas da criança*: pesquisas sobre as microgéneses cognitivas. Lisboa: Instituto Piaget, 1996.

LALANDE, A. *Vocabulário técnico e crítico da filosofia*. São Paulo: Martins Fontes, 1993.

MACEDO, L. (Org.). *Jogos, psicologia e educação*: teoria e pesquisas. São Paulo: Casa do Psicólogo, 2009.

MACEDO, L. Desafios da escola atual. *Revista da Educação*, v. 1, p. 36-47, 2010.

MACEDO, L. Teoria da equilibração e jogo. In: MACEDO, L. (Org.). *Jogos, psicologia e educação*: teoria e pesquisas. São Paulo: Casa do Psicólogo, 2009. p. 45-66.

MACEDO, L.; MACHADO, N. J. *Jogo e projeto*. São Paulo: Casa do Psicólogo, 2006.

MEIRIEU, P. *Aprender... sim, mas como?* Porto Alegre: Artmed, 1998.

MEIRIEU, P. *O cotidiano da escola e da sala de aula*: o fazer e o compreender. Porto Alegre: Artmed, 2005.

MIYAMOTO, T. *Kenken*. Tóquio: Kenken, 2004. Disponível em: <www.kenken.com>. Acesso em: 15 jul. 2013.

PIAGET, J. *A formação do símbolo na criança*. Rio de Janeiro: LTC, 1990.

PIAGET, J. *A tomada de consciência*. São Paulo: Melhoramentos; EDUSP, 1978.

PIAGET, J. *As formas elementares da dialética*. São Paulo: Casa do Psicólogo, 1980.

PIAGET, J. et al. *Investigaciones sobre las correspondencias*. Madrid: Alianza, 1982.

PIAGET, J. *Inconsciente affectivo e inconsciente cognitivo*. In: PIAGET, J. *Problemas de epistemologia genética*. Lisboa: Dom Quixote, 1983. cap. 3.

PIAGET, J. *O desenvolvimento do pensamento*: equilibração das estruturas cognitivas. Lisboa: Dom Quixote, 1977.

PIAGET, J. O possível, o impossível e o necessário. In: LEITE, L. B. (Org.). *Piaget e a escola de Genebra*. São Paulo: Cortez, 1987. p. 51-71.

PIAGET, J. Prefácio. In: INHELDER, B.; BOVET, M.; SINCLAIR, H. *Aprendizagem e estruturas do conhecimento*. São Paulo: Saraiva, 1976. p. 7-12.

PIAGET, J. *Sobre a pedagogia*: textos inéditos. São Paulo: Casa do Psicólogo, 1998.

PIAGET, J.; SZEMINSKA, A. *A gênese do número na criança*. Rio de Janeiro: Zahar, 1975.

SARLÉ, P.; ROSAS, R. *Juegos de construcción y construcción del conocimiento*. Buenos Aires: Miño y Dávila, 2005.

SCHWARTZ, B. *O paradoxo da escola*: por que mais é menos. São Paulo: Girafa, 2007.

SHORTZ, W. *Kenken to go*. New York: Gakken, 2009.

SHORTZ, W. *Kenken*: easiest. New York: Gakken, 2008a. v. 1.

SHORTZ, W. *Kenken*: east. New York: Gakken, 2008b. v. 2.

SILVA, D. *De onde vêm as palavras*: origens e curiosidades da língua portuguesa. São Paulo: Girafa, 2004.

VANDENBOS, G. R. (Org.). *Dicionário de psicologia da APA*. Porto Alegre: Artmed, 2010. p. 538-539.

ZABALA, A.; ARNAU, L. *Como aprender e ensinar competências*. Porto Alegre: Artmed, 2010.

Parte II

Desenvolvimento de conteúdos específicos e educação

7
A compreensão de noções sociais

Juan Delval e Raquel Kohen

AS REPRESENTAÇÕES DO MUNDO SOCIAL

As pessoas constroem representações de toda a realidade que as rodeia e entre essas representações estão as da própria vida social. Ao longo de seu desenvolvimento, chegam a ter ideias bastante precisas sobre como funciona o mundo social, sobre as relações com os outros e sobre como estão organizadas as instituições sociais dentro das quais elas se desenvolvem. Para agir na sociedade necessitam adquirir ideias sobre a economia – entendida como a produção e a distribuição dos recursos que por definição são escassos –, e a gestão do poder político, assim como de muitos outros temas e também do que deve ser feito em diferentes situações.

Quando os seres humanos nascem não dispõem dessas ideias, mas os adultos as têm, razão pela qual devemos supor que eles as formam ou adquirem de alguma maneira ao longo do seu período de desenvolvimento e durante o resto de sua vida. O que temos de examinar é como as ideias sobre o mundo social, sobre as instituições e sobre as normas que as regulam são adquiridas ou como são construídas.

Enquanto todos pensamos que nossa representação da realidade natural é mais ou menos adequada, e que nos aproximamos lentamente de uma verdade que é independente de nós, no caso do conhecimento da sociedade é mais fácil perceber que esse conhecimento é orientado por nossos preconceitos, interesses, características particulares e por nosso próprio ponto de vista; em uma palavra, por nossa posição no mundo social, como Marx já havia mostrado. Ser rico ou ser pobre, poderoso ou insignificante, pertencer a um país ou a outro, pertencer a uma religião em especial ou não praticar nenhuma, ser homem ou mulher, jovem ou velho, etc., determina de uma maneira muito profunda como vemos a sociedade e os fenômenos que nela são produzidos. Sequer as ciências sociais estão à margem dessas características e esta é uma das causas da existência de pontos de vista às vezes antagônicos dos próprios cientistas sociais.

Isso agrega uma dificuldade extra à compreensão da sociedade a respeito dos fenômenos físicos, mas ao mesmo tempo torna especialmente interessante estudar sua gênese. Não se trata só de um problema de conhecimentos escolares, mas o importante é ver como um indivíduo se torna adulto dentro de uma sociedade determinada e adquire a ideologia desta sociedade.

O DOMÍNIO DE CONHECIMENTO SOCIAL

Ao longo do desenvolvimento, os sujeitos estabelecem as propriedades dos objetos e os acontecimentos com os quais entram em relação e descobrem neles propriedades semelhantes ou diferentes que lhes permitem organizá-los em grupos. Isso implica categorizar a realidade em diferentes tipos segundo suas propriedades e, ao mesmo tempo, estabelecer quais são essas propriedades fundamentais.

A divisão da realidade em parcelas às quais são atribuídas diferentes propriedades é o resultado do processo de construção de representações e é facilitada pela aquisição de conhecimentos científicos que ocorre tanto na escola quanto em outros âmbitos. O processo de desenvolvimento dá lugar a uma divisão da realidade em diferentes domínios que têm propriedades específicas, e essas propriedades específicas são precisamente as que caracterizam os *domínios*.

Propomos que os sujeitos extraem as propriedades da realidade por meio das resistências que encontram quando interagem com objetos e de como as conceituam. Porém, essas resistências são de outra natureza. Os *objetos físicos* apresentam um tipo particular de resistência às ações do sujeito, mas não parecem ter capacidade de agir por si próprios, de serem capazes de ação autônoma e autoprovocada. Seus movimentos e transformações são independentes da ação humana e têm suas próprias leis, que podemos conhecer, mas não podemos modificar, razão pela qual consideramos que se trata de um mundo independente da nossa vontade. O *mundo biológico* tem também outras características, como manter-se em equilíbrio com o ambiente e interagir com ele, além da capacidade de perpetuar-se ou reproduzir-se. O mundo que denominaremos dos *fenômenos humanos* em geral não inclui só essas características, mas também que os objetos que são próprios deste mundo estão dotados de capacidades mentais que lhes permitem entender nossas ações e as deles próprios: são organismos *psicológicos*, "objetos com mente". Além disso, esses organismos vivem em *sociedades*, dentro de instituições sociais, e o comportamento então é determinado não só pelas características psicológicas, mas também pelo desempenho das funções socialmente estabelecidas.

Quando se fala desses temas é frequente que se faça uma confusão entre a origem do conhecimento e o seu conteúdo. Em nossa opinião, todo conhecimento tem uma origem social, visto que o conhecimento só é possível vivendo em sociedade e sempre é compartilhado, tanto o que tem como objeto o mundo inanimado quanto o que se relaciona aos seres vivos em geral ou aos seres humanos. Portanto, tem de ficar claro que todo conhecimento é social em sua origem. Mas o conhecimento pode versar sobre a realidade inanimada, sobre os seres vivos ou sobre os humanos e suas relações. Isto é, mesmo que sejam sociais em sua origem, os conteúdos sobre os quais se trata podem se referir a qualquer parcela da realidade.

TIPIFICAÇÃO E INSTITUCIONALIZAÇÃO

O que caracteriza o funcionamento dos indivíduos dentro da sociedade é seu caráter institucional. A institucionalização aparece cada vez que ocorre uma *tipificação* de ações habituais por tipos de atores e tal tipificação se converte em uma instituição (BERGER; LUCKMANN, 1968). A *institucionalização* é algo que tende a surgir em toda situação social que continue no tempo, mesmo que nem sempre se consolide. Portanto, o elemento característico das ações sociais é que consistem em ações entre tipos de atores (vendedor e comprador, professor e aluno, chefe e empregado, etc.) que têm uma forma estabelecida socialmente.

Conforme Berger e Luckmann (1968), podemos dizer que o característico das relações sociais é que se trata de relações institucionalizadas nas quais os indivíduos desempenham papéis e que, portanto, essas relações se dão não somente entre atores individuais, mas entre tipos de atores que não agem unicamente como organismos psicológicos, mas como sujeitos que executam um papel que se desenvolve como se estivesse escrito em um manual (mesmo que lhes permita certa capacidade de improvisação). O indivíduo que entra em uma loja para comprar está executando um papel, o de comprador, e espera que o vendedor desempenhe o seu, tal e como o comprador conhece.

Isso não exclui que nas relações institucionalizadas haja também uma relação psicológica. Mas se vou realizar uma operação, a princípio é irrelevante que a pessoa que me atenda no guichê seja um conhecido ou um desconhecido. Ambos estamos realizando uma atividade institucionalizada.

OS FATOS INSTITUCIONAIS

Por outro lado, os fatos sociais são fatos objetivos, na medida em que nos são dados na maioria dos casos e não interferimos neles: há governos, dinheiro, escolas, guerras, etc., mas esses fatos têm uma natureza diferente de que haja montanhas, rios ou pedras. Há tipos de objetos intermediários que são os objetos criados pelos homens, como casas, martelos, computadores, CDs. Esses objetos foram criados para desempenhar uma função. Este é o problema com o qual nos deparamos, a natureza dos fenômenos sociais (Delval, 2000).

O filósofo norte-americano Searle (1995, 2005) realizou uma interessante análise da natureza do social. Ele começa estabelecendo uma diferença entre os *fatos brutos* – que assim são chamados segundo a terminologia introduzida por Anscombe (1958) – e os *fatos institucionais*. Os fatos brutos são objetivos e independentes do sujeito que os observa ou anuncia. Para Searle, os fatos institucionais existem somente porque acreditamos que existem, e são feitos por acordos dos seres humanos. O dinheiro, o matrimônio ou o governo são exemplos de fatos institucionais, cuja natureza depende de serem aceitos e usados pelos seres humanos.

O autor observa que os fatos institucionais se apoiam sempre em fatos brutos (que seriam referentes a objetos físicos), mas que se agrega um caráter específico a esses fatos. O dinheiro é um objeto físico, seja um pedaço de papel (uma cédula), uma moeda ou um extrato bancário. O matrimônio ou o governo são relações entre pessoas (que entre suas características também incluem a de serem objetos físicos), mas que em virtude da instituição mantêm relações que são específicas. O matrimônio dá lugar a certos direitos e deveres por parte do casal.

Para estabelecer sua explicação, Searle (1995, 2005) utiliza o conceito de *intencionalidade* em seu sentido filosófico. Além disso, introduz três elementos: a *atribuição de funções*, a *intencionalidade coletiva* e as *regras constitutivas*.

O autor ressalta que os indivíduos impõem funções aos objetos que são sempre relativas ao observador, ou seja, é o observador quem as introduz. Dizemos que as cadeiras são para nos sentarmos e os talheres para comer, mas essas não são propriedades intrínsecas desses objetos. Provavelmente é preciso levar em conta que os objetos fabricados pelos homens, os artefatos, são desenhados para cumprir uma função. Porém, podemos atribuir funções a objetos já existentes, objetos naturais, e dizer que uma pedra nos serve como martelo, ou um tronco de árvore nos serve como cadeira e, neste caso, estaríamos impondo a essa pedra ou a esse tronco uma função.

Em todo caso, a *atribuição de funções* é sempre algo intencional que o sujeito realiza com uma finalidade. Inclusive quando falamos de uma função que é produzida na natureza, como no exemplo do coração que bombeia sangue, lhe estamos atribuindo uma finalidade que na realidade não existe. O coração está aí e move o sangue, isso é um caso natural que carece de finalidade ou de intenções, enquanto a função nós a impomos como explicação do que sucede.

O segundo elemento que Searle (1995, 2005) propõe para explicar a natureza dos fatos institucionais é o que denomina *intencionalidade coletiva*. Ele afirma que a intencionalidade coletiva implica compartilhar estados intencionais como crenças, desejos e intenções, e que não é redutível à intencionalidade individual, não é uma soma de intencionalidades. A intencionalidade coletiva existe em cada uma das mentes individuais, mas não levam em conta as outras mentes e se coordenam com elas.

Searle (1995, 2005) denomina *fatos sociais* aqueles que implicam intencionalidade coletiva. Um fato social é quando duas pessoas saem para passear juntas, mas isso não é um fato institucional, como ocorre quando um pedaço de papel é uma cédula de 50 euros.

O terceiro elemento que Searle (1995, 2005) propõe é a distinção entre *regras constitutivas* e *regras reguladoras*. As regras reguladoras servem para organizar uma atividade que já existe, como, por exemplo, dirigir pela direita na estrada. No entanto, as regras constitutivas não só regulam, mas criam a possibilidade de realizar certas atividades. O exemplo mais claro são as regras dos jogos que permitem realizar essa atividade. Searle afirma que os fatos institucionais só existem dentro das instituições e fazem parte de sistemas de regras constitutivas. Que Obama seja o presidente dos Estados Unidos é um fato institucional que depende da existência de regras constitutivas, que estabelecem o que é um governo, como é eleito e como funciona.

ABORDAGENS AO ESTUDO DO CONHECIMENTO SOBRE A SOCIEDADE

As pesquisas sobre como é adquirido o conhecimento sobre a sociedade têm sido realizadas de diferentes perspectivas, que podemos classificar em dois grandes grupos: empiristas e construtivistas. As características empiristas defendem, com diferentes matizes, que os sujeitos adquirem esse conhecimento pela pressão do meio social em que vivem, enquanto as perspectivas construtivas destacam o papel ativo que o sujeito tem na formação desses conhecimentos.

Essas duas perspectivas amplas têm sido empregadas em uma diversidade de propostas, algumas das quais comentaremos a seguir.

Uma das primeiras abordagens, que foi particularmente importante no âmbito do conhecimento político, pode ser denominada perspectiva da *socialização*. O sujeito vai convertendo-se em membro de uma sociedade determinada adotando as formas de conduta e a cultura dessa sociedade. Trata-se de um processo de moldagem e tem relação com explicações do tipo sociológico.

A abordagem da *aprendizagem social*, que dominou durante uma época, concebe um sujeito essencialmente passivo, que está submetido aos acontecimentos ambientais, mas não os busca nem os elabora. A pesquisa realizada sob essa perspectiva focava a influência de diferentes fatores, mas não a própria conceitualização da criança, e chegou a defender, como no caso de Bandura (BANDURA; WALTERS, 1974), que as ideias do sujeito podem ser modificadas com procedimentos adequados, mas sem abordar diretamente quais são essas ideias.

Moscovici (1979; FARR; MOSCOVICI, 1984) desenvolveu estudos sobre o que denomina representações sociais, que são opiniões sociais compartilhadas por membros de classes, culturas ou grupos. Mesmo que, segundo Moscovici, a realidade das representações sociais seja muito clara, o conceito não é, e isso possibilita que, quando se trate de diferenciar com precisão o que é uma representação social e o que não é, fiquemos em sérios apuros (JAHODA, 1988; MOSCOVICI, 1988). Também não fica muito claro qual é o papel do indivíduo na elaboração das representações sociais, mas Moscovici (1979) afirma que por meio de enquetes ou conversações se escuta o "coro" coletivo do qual cada um faz parte, querendo ou não. Portanto, o sujeito é um mero receptor e intérprete das representações sociais.

A posição de Vygotsky, muito em voga na psicologia atual, deu lugar a poucos trabalhos sobre o campo do qual nos ocupamos. Como se sabe, Vygotsky afirma que indivíduo e sociedade, ou desenvolvimento individual e processos sociais, estão intimamente ligados, e que a estrutura do funcionamento individual deriva e reflete a estrutura do funcionamento social. Isso é o que o leva a formular sua *lei geral do desenvolvimento das funções mentais superiores:*

> Um processo interpessoal é transformado em outro intrapessoal. No desenvolvimento cultural da criança toda função aparece duas vezes: primeiro no nível social e, mais tarde, no nível individual; primeiro *entre* pessoas (interpsicológica) e depois no *interior* da própria criança (intrapsicológica). Isto pode ser aplicado igualmente à atenção voluntária, à memória lógica e à formação de conceitos. Todas as funções superiores são originadas como relações entre seres humanos. (Vygotsky, 1988, p. 94).[1]

Por meio de sua participação em práticas sociais, o indivíduo adquire as características da sociedade.

Diversos autores defendem há alguns anos a necessidade de adotar uma perspectiva diferente para o estudo do desenvolvimento cognitivo frente à posição piagetiana, dominante durante muitos anos. Essa abordagem se caracterizaria por deixar de lado a estrutura do pensamento infantil e focar o conteúdo (BERTI, 2005). Estes autores põem em dúvida a existência de estágios e de características gerais no desenvolvimento infantil que possam ser aplicados a diferentes conteúdos. Eles costumam dizer que os sujeitos elaboram teorias ingênuas (*naive*). Essa abordagem, à qual denominaram *especificidade de domínio*, teve uma maior influência aplicada ao estudo dos conhecimentos no âmbito das ciências naturais do que nas ciências sociais. No entanto, alguns autores, como a já citada Berti (2005), propunham que essa abordagem supõe uma mudança importante no estudo do conhecimento sobre a sociedade, embora reconheçam que são realizadas ainda poucas pesquisas sob essa perspectiva.

No entanto, não parece muito clara qual é a diferença com as pesquisas realizadas a partir do que chamariam abordagens de domínio geral, porque a maior parte dos autores que trabalharam sob essa perspectiva, a partir de Connell (1971), não tratou de recorrer às estruturas lógico-matemáticas das quais Piaget falava para descrever os progressos que os sujeitos realizam em seu conhecimento.

Alguns dos autores que defendem essa orientação consideram que as deficiências que encontramos no conhecimento político podem ser devidas a uma falta de instrução neste domínio específico, que poderia ser compensada com uma formação específica (BERTI, 1994; BERTI; BENESSO, 1998; EMLER; FRAZER, 1999). Efetivamente os sujeitos dão respostas melhores depois de receber a instrução correspondente, mas o que não está claro é se são capazes de dar melhores explicações sobre como funciona o sistema político ou se simplesmente o que acumularam é informação. Alguns autores questionaram se efetivamente ocorre uma melhora na compreensão (PRING, 1999).

Frente às orientações anteriores, a posição *construtivista* defende que os progressos no conhecimento são o resultado de uma interação entre o indivíduo e a sociedade na qual ele se encontra. A socialização não é o resultado da ação em um só sentido, mas em duas direções. O indivíduo não recebe passivamente a influência social e é moldado por ela, mas age dentro de uma realidade social e encontra uma série de resistências que o levam a descobrir propriedades dessa realidade que ele passa a considerar independentes de sua ação e que, portanto, chegam a ser vistas como objetivas. Existiriam, então, certas características próprias do indivíduo que estão determinando e limitando o alcance da pressão social. O indivíduo não está submetido passivamente às influências exteriores, mas atua diretamente sobre a realidade social, experimenta com ela e filtra suas influências.

De acordo com essa perspectiva, a compreensão que as pessoas têm da realidade social e do mundo em geral depende do seu nível de desenvolvimento intelectual, que por sua vez é produto de sua ação transformadora sobre o mundo. Ao contrário, se considera que o meio tem um papel menor, afetando, sobretudo, a velocidade em que são alcançadas as diferentes etapas, e sua influência é determinada pelo desenvolvimento intelectual e pela atividade do sujeito. Deste modo, pode-se explicar alguns resultados de diversas pesquisas, entre eles, que se encontrem explicações muito semelhantes entre sujeitos que pertencem a meios sociais diversos e que as diferenças entre pessoas de diferentes sociedades sejam, principalmente, diferenças de idade. Inclusive a própria prática social tem uma influência limitada sobre suas explicações.

A NATUREZA DOS MEIOS SOCIAIS

Para entender a diferença entre as abordagens que acabamos de apresentar, convém levar em conta a diferente natureza dos elementos que formam as representações sobre o mundo social. Seria necessário então distinguir, pelo menos, os seguintes conceitos: regras ou normas, valores, informações e explicações.

Uma das primeiras coisas que os sujeitos adquirem são as *normas* ou *regras* sobre *o que deve ser feito* e sobre *o que não deve ser feito*, visto que, ao contrário das regras da natureza, as regras sociais podem ser respeitadas ou não (Delval; Enesco, 1994).

Os adultos cuidam muito para que a conduta das crianças siga essas normas e se empenham muito nisso, pois é isto o que vai garantir que no futuro sua conduta possa ser considerada social e que o sujeito possa interagir com os outros. Essas normas estão estreitamente ligadas a *valores* sociais que indicam *o que é desejável* e *o que não é* do ponto de vista dos outros. Esses elementos *prescrevem* o que deve ser feito e se referem a como devem ser as ações, e não como elas são. Normas e valores são aspectos essenciais do conhecimento e da conduta social.

Entretanto, a criança recebe também *informações* sobre muitos fatos sociais, aspectos concretos da realidade social e também ela mesma as obtém atuando dentro de um mundo social, reconhecendo suas regularidades e refletindo sobre elas, por exemplo: *Brasília é a capital do Brasil, Benito Juárez foi presidente do México, A medicina é um profissão de prestígio, A bandeira colombiana é branca, azul e vermelha*.

Junto com tudo o que já foi dito e apoiando-se nisso, a criança elabora *explicações* sobre como e porque as coisas acontecem de uma determinada maneira, enfim, sobre o funcionamento dos sistemas sociais.

Portanto, os modelos que a criança constrói da realidade são formados por diferentes tipos de elementos de diferentes naturezas. *Normas, valores, informações* e *explicações* são alguns desses elementos que compõem os modelos ou representações que a criança elabora sobre o mundo social e que diferem em como são transmitidos. Por isso, mesmo que essa distinção possa parecer trivial, não tê-la presente dá lugar a muitos equívocos nas pesquisas e, sobretudo, no que se refere a como é produzido o conhecimento social.

As normas e os valores começam a ser adquiridos desde muito cedo e os adultos se empenham muito para que as crianças os adquiram. Portanto, são transmitidos explicitamente e é estimulada sua imitação.

Quadro 7.1 Elementos das representações sociais

Os modelos que o sujeito constrói da realidade são formados por diferentes tipos de elementos de diferentes naturezas, que diferem no modo como são transmitidos.		
Regras ou normas	Indicam como a pessoa deve se comportar nas diferentes situações sociais.	São adquiridas desde cedo pela influência exterior. A criança as conhece antes de saber para que servem ou porque devem ser cumpridas. Assumem um sentido diferente quando são dadas as explicações da sociedade.
Valores	Expressam o que a sociedade considera positivo ou negativo, o que deve ser feito ou não. Estão ligados às normas.	São adquiridos desde cedo mediante transmissão de adultos ou colegas. O sujeito trata de adaptar seus valores aos de seus colegas e os compartilha com eles.
Informações	Conhecimentos sobre aspectos concretos da realidade social.	O sujeito as recebe do ambiente, pela transmissão dos adultos, dos meios de comunicação e da escola.
Noções ou explicações	Permitem a compreensão de um aspecto da realidade social.	São adquiridas mais tarde do que as regras e os valores e supõem um longo trabalho construtivo de elaboração pessoal por parte do sujeito. Uma vez construídas, servem para explicar e justificar normas e valores estabelecidos anteriormente.

Fonte: Os autores.

Já as explicações sobre como funcionam os sistemas sociais e os conceitos em que se apoiam, apenas são ensinadas e, quando isso acontece, as crianças já têm explicações para elas há muito tempo. A criança as constrói com os instrumentos intelectuais dos quais dispõe e chega a explicações que não coincidem com as dos adultos e que, curiosamente, são muito semelhantes entre crianças de diferentes meios sociais e de diferentes países, mesmo que se pudesse imaginar o contrário.

Consideramos que é útil ter presentes as distinções anteriores porque, quando estudamos os modelos do mundo social que as pessoas elaboram, ajudam a diferenciar o que é dado e o que é construído pelo próprio sujeito. Assim, se nos interessamos especialmente por seu conhecimento das regras, valores e informações, não podemos apreciar plenamente o trabalho construtivo do sujeito, que em grande parte está reproduzindo o que lhe é transmitido. Por isso, o que nos diz depende muito do meio social e da cultura na qual ele vive, das ideias dominantes, mesmo as assimilando com seus instrumentos intelectuais. Por outro lado, nas explicações sobre o funcionamento dos sistemas sociais e dos conceitos que fazem parte delas, as variações são menores e encontramos processos construtivos que são muito mais universais. É fácil de entender que os conteúdos do pensamento têm de variar de acordo com o entorno, mas a maneira de explicar os fenômenos, que está muito mais ligada às capacidades mentais do sujeito, é mais semelhante. Quando analisamos detalhadamente os estudos sobre a construção de representações da sociedade, que foram realizados sob perspectivas empiristas, fica evidente que eles têm focado os elementos normativo-valorativos e as informações, e não tanto as explicações que é onde se pode descobrir a atividade construtiva do sujeito.

OS ÂMBITOS DA REPRESENTAÇÃO DO MUNDO SOCIAL

O mundo social é algo incrivelmente amplo e com limites difusos, onde podem ser distinguidos aspectos centrais e periféricos. Possivelmente os dois problemas principais da representação do mundo são a compreensão da ordem política e da ordem econômica, que constituem uma espécie de coluna vertebral em torno da qual são organizadas outras questões. Além desses dois temas principais, há muitos outros aspectos relativos a instituições ou simplesmente a fenômenos ligados à prática social. Entretanto, além dos problemas que podemos considerar genuinamente sociais, há muitos outros que não o são estritamente, mas têm uma vertente social clara, como a doença, a velhice ou a morte.

Outros problemas importantes quanto à compreensão da sociedade são as ideias sobre família, nação, organização social, guerra e paz, religião, escola, etc. (Delval, 2007).

Por último, um problema central que aparece ligado a todos os anteriores é a compreensão da mudança social, como as sociedades evoluem ao longo da história. Esse tema está relacionado com o do tempo histórico, algo que é incompreensível para a criança durante muitos anos. As crianças tendem a ver a sociedade de forma estática e o tempo só aparece mais tarde, como um elemento relacionado aos fenômenos sociais. Uma compreensão completa da sociedade implica entender a evolução histórica das sociedades.

Como não podemos examinar detalhadamente como as ideias das crianças progridem nos campos que mencionamos anteriormente (veja Berti; Bombi, 1988; Delval, 1989, 2007; Delval; Enesco; Navarro, 1994; Furnham; Stacey, 1991; Furth, 1980), vamos nos limitar a tratar brevemente como exemplos as ideias sobre um conceito econômico (o lucro) e sobre a política. Uma compilação recente de artigos de revisão sobre este assunto pode ser encontrada em Barrett e Buchanan-Barrow (2005).

O DESENVOLVIMENTO DE UMA NOÇÃO ECONÔMICA: A IDEIA DE LUCRO

A ideia de lucro nas trocas econômicas que são produzidas no comércio parece ser um problema muito simples. Não obstante, até os 10 ou 11 anos de idade, as crianças não conseguem compreender que o lucro do comerciante é só a diferença entre o preço pelo qual conseguiu as mercadorias e o preço pelo qual as vende, de modo que o segundo preço deva ser maior do que o primeiro para que o lucro seja obtido (Delval; Echeíta, 1991; Jahoda, 1979).

A criança aprende desde pequena que no comércio são obtidas coisas, e que isso ocorre pela troca de dinheiro. Porém, aos 5 anos de idade, a criança ainda não entende como é produzida a troca. Para a criança o dinheiro é um elemento ritual que deve ser levado para comprar, mas ela pensa muitas vezes que o comerciante devolve mais do que foi dado, ao ponto de chegar a imaginar que ir às lojas fazer compras é uma das fontes para conseguir dinheiro.

Por volta dos 6 ou 7 anos de idade, as crianças estão convencidas de que o comerciante guarda o dinheiro que recebe em uma caixa e o utiliza para o troco, mesmo que de vez em quando também possa pegar o dinheiro para comprar algo. No entanto, logo se dão conta de que as mercadorias acabam e o comerciante tem de repô-las. Apesar de algumas crianças acreditarem que as mercadorias são dadas ao comerciante sem que ele precise pagar por nada, visto que ele só se encarrega de vendê-las, a maioria pensa que ele tem de pagar por elas: quando os lápis acabam vai a outra loja e compra outro lápis para vendê-lo, ou liga pelo telefone para que alguém o traga.

Surge assim um problema de grande importância para a compreensão dos fenômenos econômicos: *a ideia do lucro*. Até os 10 ou 11 anos, as crianças têm grandes dificuldades para entender que há uma diferença entre o preço de compra e o preço de venda, e que o comerciante vende mais caro a mercadoria do que ela realmente custa. Surpreendentemente, elas pensam que o comerciante compra as mercadorias em uma fábrica (ou em outra loja) e paga por elas um preço; depois as vende por um preço igual ou menor e, com o dinheiro que obtém dessa venda, paga seus empregados, repõem as mercadorias e vive com sua família.

Do ponto de vista do adulto, essa explicação é impossível, pois implica uma multiplicação do dinheiro, mas para as crianças não é, pois de uma maneira mais ou menos completa e detalhada, enfeitada com uns e outros detalhes, todos explicam assim. Isso nos obriga a supor que é a explicação mais coerente que conseguem construir com os elementos intelectuais de que dispõem e que é assim que veem a realidade econômica que as rodeia. Até os 10 anos, a maioria dos sujeitos considera que o vendedor compra as mercadorias pelo mesmo preço ou por um preço maior do que as vende.

Observe que o fenômeno não deixa de ser curioso porque, apesar de as crianças estarem imersas em uma sociedade focada no lucro, não conseguem entendê-lo e, inclusive, rejeitam o lucro. Este é um problema que nos obriga a pensar e serve para que refutemos posições ambientalistas simplistas. Se a criança aprendesse a compreender a realidade social simplesmente pela pressão do ambiente, se suas ideias não tivessem um forte componente de construção própria, entenderia conceitos como o do lucro muito antes. Os resultados das pesquisas realizadas na Inglaterra, Holanda, Itália e no México, inclusive entre crianças vendedoras ambulantes (Zimbábue, México, Brasil), mostram resultados semelhantes, somente com algumas diferenças nas idades. As respostas dessas crianças vendedoras de rua são interessantes porque, ainda que tenham um melhor conhecimento do processo de compra e venda em alguns aspectos relacionados com sua prática, ainda assim não compreendem melhor o problema do lucro em seus aspectos gerais (Delval et al., 2006), o que nos ensina bastante sobre o papel da experiência própria na formação do conhecimento social.

Muitos meninos e meninas com menos de 11 anos afirmam que o comerciante pode cobrar o quanto quiser pelo que vende, mas que, no fundo, o preço está bastante determinado porque há um preço justo pelo qual se pode vender e que somente pode ser mudado até certo ponto. As coisas não podem mudar de preço "porque já estão com o preço pensado", como nos diz uma menina de 7 anos. Mas ao mesmo tempo é conveniente vender barato, porque dessa forma se vende mais. Esta é uma das razões pela qual o comerciante vende por um preço menor em relação ao qual pagou: assim vende mais. E como a criança não é capaz de ver o processo em seu conjunto, não se preocupa com o que acontece.

Quadro 7.2 Exemplos de respostas ao problema do lucro

CARLOS (7;4,[2] Madri, Espanha)

– O que ele faz quando terminam [os lápis]?
Ele ganhou dinheiro, com o dinheiro que tem compra mais em outras papelarias e também nas fábricas [observe que este sujeito afirma, como outros que vimos, que o comerciante compra em outra loja como a sua].
– Ele tem de pagar à fábrica?
Sim.
– Igual, mais ou menos?
Mais, porque custou mais para a fábrica fazer o lápis.
– De onde sai o dinheiro para pagar?
Do dinheiro que eu lhe dei.
– E com que dinheiro compra as coisas?
Com o dinheiro que as pessoas lhe dão.
– Então, os comerciantes vendem por mais, menos ou igual ao que lhes custaram na fábrica?
Vendem por menos, porque os lápis da fábrica custaram muito para serem feitos e para vender não lhes custa nada.

BÁRBARA (11, Culiacán, México)

– Quanto custa um lápis?
500 ou 600 pesos.
– Onde o senhor da papelaria consegue os lápis?
Nas fábricas.
– Ele tem de pagar pelos lápis?
Acho que sim.
– Mais ou menos quanto ele tem de pagar?
Mais ou menos mil pesos.
– Por que mais ou menos mil pesos?
Porque os fabricantes não dão de presente para as pessoas o que fabricam, porque custou dinheiro para eles.
– O senhor da loja tem de comprar da fábrica e a fábrica vende por mil pesos. Para você, vendem por quanto?
Por 600 pesos.
– Ele ganha ou não ganha?
Ganha pouco, 400 pesos ou um pouco menos.
– O senhor da loja poderia vender o lápis por 300 pesos?
Não, porque senão não ganharia nada.
– E poderia vender o lápis por mil pesos?
Ganharia mais do que 600 pesos.
– Quanto ganharia?
600 ou 500 ou 700 pesos.
– Seria melhor ao senhor da loja vender o lápis por mais, menos ou pelo mesmo preço que lhe é vendido?
Seria melhor se ele vendesse por mais.
– Mas por menos do que lhe custou?
Por 600 ou mil pesos.
– De todas as maneiras ele ganha?
Não ganha muito, mas ganha uns 600 pesos.
– Custa dinheiro aos donos da fábrica fazer os lápis?
Claro, com toda a maquinaria.
– Mais ou menos quanto você acha que lhes custa um lápis?
Mais ou menos 800 ou mil pesos.

Fonte: Os autores.

Diversos obstáculos dificultam a compreensão da criança: podemos assinalar que ela tem dificuldades com os cálculos e para realizar operações aritméticas, pois não consegue distinguir o preço por unidade do preço no atacado. Porém, além disso, há obstáculos do tipo moral para entender a ideia de lucro: seria injusto cobrar mais do que custa, seria como tirar proveito ou, inclusive, roubar. Somente mais tarde a criança será capaz de diferenciar o âmbito das relações pessoais, de amizade, que são regidas diretamente por normas do tipo moral, e o âmbito da economia e entender que este é regido por outras normas (Delval; Echeíta, 1991).

Mesmo quando a criança entendeu a ideia do lucro aplicada ao comércio, ainda tem dificuldade em outros âmbitos mais complexos, como o banco, segundo mostram as pesquisas de Jahoda (1981). Há muitos outros aspectos da compreensão do mundo econômico sobre os quais os sujeitos têm muitas dificuldades semelhantes, como, por exemplo, a fabricação e a circulação do dinheiro (Delval; Denegri, 2002; Denegri; Delval, 2002), a determinação dos preços das coisas, a produção de mercadorias ou os salários (Berti; Bombi, 1988).

A FORMAÇÃO DE IDEIAS POLÍTICAS

Os resultados das pesquisas sobre noções políticas concordam ao mostrar que, como ocorre em relação a outros aspectos da sociedade, as concepções políticas parecem avançar ao longo do desenvolvimento de uma compreensão psicológica dos fenômenos a outra cada vez mais institucionalizada; enquanto no começo é explicada a atuação das autoridades por seus desejos, suas crenças, sua racionalidade e seu sentido de dever moral, pouco a pouco são entendidas suas ações em virtude das atribuições institucionalizadas do cargo que desempenham (Kohen, 2003).

Também, quanto às diferentes noções políticas, é possível estabelecer níveis progressivos em sua compreensão. Ainda que incluam algumas hipóteses específicas sobre cada um dos temas (Castorina; Aisenberg, 1989), compartilham características gerais com os sistemas que são elaborados para explicar e prever os acontecimentos sociais em seu conjunto. A progressão das ideias parece depender mais das competências intelectuais dos sujeitos do que das influências do meio, que parece incidir mais na velocidade das conceitualizações e nos preconceitos relativos a seu conteúdo do que no tipo de explicações que são elaboradas.

Ao comparar as ideias defendidas pelas crianças e adolescentes que foram entrevistados durante a transição política espanhola – sobre as autoridades políticas, suas funções e o modo pelo qual chegam a seus cargos –, com as quais expõem crianças e adolescentes espanhóis na atualidade, descobrimos que apresentam ideias muito semelhantes com as mesmas idades, apesar das notáveis diferenças dos contextos políticos em que tais ideias são formuladas (Delval, 1986; Kohen; Delval; Rodríguez, no prelo).

Além disso, algumas das explicações que nossos entrevistados propõem já haviam sido detectadas por outros pesquisadores que realizaram seus estudos em países e momentos diferentes. Por exemplo, Connell (1971) descreveu uma concepção das funções das autoridades políticas que denominou *task pool*, entendendo como tal uma espécie de grupo de tarefas muito diversas e muitas vezes extremamente concretas que, de modo indiferenciado, as crianças de até 10 ou 11 anos atribuem a todo tipo de autoridade política. As crianças espanholas oferecem explicações semelhantes quando são questionadas sobre as funções desempenhadas pelas autoridades políticas (Delval, 1986) e, também, participantes argentinos (Lenzi, 2001).

Em seu conjunto, os sujeitos, até aproximadamente os 11 anos, concebem as relações políticas como se fossem pessoais, acreditam que todos aqueles que exercem atividades políticas compartilham os mesmos interesses e orientam suas ações para um bem comum. Além disso, acreditam que eles realizam tarefas de natureza bastante concreta mesmo que, paradoxalmente, tenham dificuldade em descrevê-las, e que a racionalidade e a moral são suficientes para evitar os abusos de poder.

Os adolescentes, a partir dos 13 ou 14 anos, inferem progressivamente que o mundo das instituições políticas tem critérios institucionalizados de funcionamento e os que desempenham papéis políticos o fazem de acordo com o que está estipulado em seus cargos. Não obstante, demoram bastante para descobrir a necessidade de limitar normativamente o exercício de tais cargos, assim como para compreender que existem mecanismos que evitam a concentração do poder político em uma só pessoa ou em um grupo muito reduzido, e, ainda mais, para entender os mecanismos vigentes para isso.

Não obstante, e ainda que as concepções que os adolescentes de hoje defendem sejam muito semelhantes às daqueles que tinham as mesmas idades há quase 30 anos, descobrimos que os adolescentes da transição política espanhola pareciam compreender mais cedo alguns aspectos importantes, mesmo que mais pontuais, da organização política.

Em particular, o aspecto que mostra mais diferenças, segundo os resultados das análises de grupos feitos, se refere à compreensão do caráter indireto que a eleição presidencial tem na Espanha; a obtenção da maioria dos votos dos cidadãos não se traduz na eleição direta de um candidato, mas que com tais votos são eleitos os deputados que, por sua vez, elegem o presidente.

Essa diferença na velocidade da compreensão nos mostra um aspecto que queremos destacar: a influência do contexto na oferta de significados que circulam socialmente e a necessidade dos sujeitos de assimilar a informação colocada à sua disposição. Assim, o contexto pode forçar as discrepâncias entre as próprias explicações e previsões e o que de fato ocorre – promover o surgimento de conflitos cognitivos –, levando os sujeitos a reconhecer antes a insuficiência de suas explicações e contribuindo para que as transformações em suas conceitualizações apareçam mais cedo. No caso que nos interessa, ao contrário dos que foram entrevistados recentemente, quando se tornou presidente o candidato que havia recebido mais votos nas eleições, os adolescentes do estudo de 1982 se viam obrigados a explicar a presença no governo de um presidente que não havia ganhado as eleições: foram entrevistados durante o mandato de Calvo Sotelo, nomeado pelo Congresso após a renúncia de Suárez.

OS NÍVEIS DO CONHECIMENTO SOCIAL

As explicações das crianças sobre diferentes aspectos da sociedade seguem uma progressão muito ligada às ferramentas intelectuais das quais dispõem, de tal maneira que nos diferentes problemas aparece uma pauta evolutiva que torna semelhantes as explicações de crianças de idades parecidas, enquanto o entorno parece mostrar uma menor influência. Assim, ainda possam diferir as informações ou as avaliações de acordo com a cultura ou a classe social à qual os sujeitos pertencem, quando se trata de raciocinar sobre os problemas, suas explicações parecem depender mais de suas competências intelectuais.

Em diversas pesquisas sobre as representações de crianças e adolescentes sobre a sociedade, constatamos que, quando lhes pedimos que nos explicassem o funcionamento de uma parcela ampla da realidade social e examinamos sujeitos de diferentes idades até a adolescência, os tipos de explicações que nos são oferecidas seguem algumas pautas constantes. As ideias sobre a origem e a circulação do dinheiro, sobre o prestígio das profissões, sobre os chefes e suas funções, sobre os direitos das crianças, sobre a função do professor na escola ou, inclusive, sobre a ideia de Deus, podem ser descritas seguindo uma progressão em três níveis, que podem ser subdivididos e detalhados em alguns casos e que têm as seguintes características (Delval, 2001).

No primeiro nível, que se estende até os 10 ou 11 anos (leve em conta que as idades são apenas aproximadas), os sujeitos baseiam suas explicações nos aspectos mais visíveis da situação, os quais podem ser acessados por meio da percepção e não levam em conta processos ocultos que devam ser inferidos. Os pobres são reconhecidos pelo seu aspecto físico e os ricos têm dinheiro em sua carteira ou em um cofre; pode-se passar de pobre a rico encontrando dinheiro na rua. As melhores profissões são aquelas com as quais é possível ajudar os outros. Não existem propriamente direitos da criança, porque os adultos cuidam convenientemente deles e fazem todo o necessário para seu bem-estar: se os pais ou outras pessoas impedem as crianças de fazer algo que querem, a única coisa que pode ser feita é falar com eles ou tratar de convencê-los, ou então simplesmente aceitar.

Nesse nível, as crianças são pouco sensíveis à existência de conflitos, pois tendem a focar um só aspecto da situação em cada momento. Ainda que reconheçam a existência de um conflito, não veem soluções possíveis que não seja dar, alternadamente, a razão a uns ou a outros envolvidos. Elas não reconhecem a existência de relações propriamente sociais – mas as relações são pessoais e, por exemplo, o professor ajuda as crianças porque gosta delas e quer que elas fiquem bem e aprendam. Dessa forma, os conflitos só podem ser resolvidos mediante a boa vontade das partes.

No segundo nível, que se estende em média entre os 10 ou 11 e os 13 ou 14 anos, os sujeitos começar a levar em conta aspectos não visíveis das situações, ou seja, processos que devem ser inferidos a partir da informação da qual se dispõe. Os processos incluem uma duração temporal, ou seja, se desenvolvem em um período mais ou menos longo. Aparece a distinção entre as relações pessoais e as sociais ou institucionalizadas: o vendedor não é um amigo que nos proporciona as coisas de que necessitamos, mas alguém que desempenha uma função e vive disso; o professor se ocupa da aprendizagem das crianças e de ajudá-las, porque essa é sua função. Na mesma linha, a assistência da criança no colégio não é um desejo dos pais, mas está prescrita por uma norma.

Percebem-se mais claramente os conflitos, mesmo que o mais frequente seja ainda não encontrar ainda soluções satisfatórias pela dificuldade de considerar aceitáveis diferentes pontos de vista. Os sujeitos começam a avaliar as normas com seus próprios critérios e, inclusive, a criticá-las.

No terceiro nível, que começa por volta dos 13 ou 14 anos, os processos ocultos, e, portanto, necessariamente inferidos, ocupam um papel central nas explicações. As diferentes possibilidades que são apresentadas em uma situação são sistematicamente examinadas, e o sujeito é capaz de coordenar pontos de vista e de refletir sobre o que é possível. As mudanças sociais são lentas, às vezes muito lentas. Os sujeitos apresentam mais informações sobre o funcionamento social, mas, sobretudo, sabem como integrá-las ou tratam de fazê-lo. Uma das características mais claras é que tentam encontrar uma coerência nas coisas e abordam diretamente os conflitos. A solução dessas situações problemáticas é encontrada em relação com concessões feitas por parte dos atores sociais, de acordos entre uma posição e outra, que permite chegar a acordos nos quais cada parte cede em parte seus direitos. As regras são aplicadas de uma maneira muito mais flexível e podem ser feitos acordos entre elas. Os sujeitos se tornam críticos com a ordem social existente, emitem juízos sobre o que está bem e o que não está e propõem soluções alternativas.

Com certeza em cada aspecto da realidade social que consideramos aparecem características e hipóteses explicativas específicas para cada problema, mas existem também muitas semelhanças entre diferentes aspectos, e parece que em cada um dos níveis há uma concepção global da sociedade e das relações entre os atores sociais que funciona como um "marco epistêmico" – ou seja, como sistema assimilador global –, e serve de base para dar as explicações sobre as diferentes facetas da sociedade. Somente a pesquisa nos permitirá averiguar se esses níveis ocorrem em todos os terrenos, mas, pelo que temos visto, parece que podemos falar de visões de mundo diferentes que são construídas ao longo do desenvolvimento.

A ESCOLA E O CONHECIMENTO DO MUNDO SOCIAL

Defendemos que os sujeitos realizam um importante trabalho construtivo para elaborar suas representações do mundo e que em nenhum caso se limitam a reproduzir o conhecimento que lhes foi transmitido verbalmente. Neste caso seria um conhecimento que lhes seria de pouca utilidade na vida.

Muitas das coisas que aprendem estão relacionadas com sua própria experiência e com sua relação com as instituições das quais participam. Por exemplo, parece bastante claro que a participação em instituições econômicas (mesmo que só seja como comprador) começa antes da participação em instituições políticas. Acreditamos que neste sentido seja importante a observação de Karl Marx de que não é a consciência que determina o ser social, mas é o ser social quem determina a consciência. Para compreender, então, como são formadas as representações sobre a sociedade é importante levar em conta tanto o desenvolvimento intelectual dos sujeitos, quanto sua relação com as instituições sociais.

Se focarmos o que é ensinado nas escolas sobre o conhecimento da sociedade, podemos nos dar conta de que se trata de um ensino mais inadequado, digamos, do que é proporcionado sobre as ciências naturais. Se examinarmos o que é proposto nos programas escolares em todos os países, encontraremos ótimos objetivos que dificilmente são alcançados.

Na Argentina, por exemplo, se incluíam entre os núcleos de aprendizagem prioritários para o 9º ano assuntos como:

> A análise da crise da economia mista e do estado de bem-estar keynesiano e da implantação progressiva de políticas neoliberais nas últimas três décadas do século XX, enfatizando suas consequências sobre os diferentes setores sociais.

Ou o seguinte núcleo para o 7º ano:

> O reconhecimento das principais instituições e formas de ação política, caracterizando diferentes sistemas políticos e as formas de exercício do poder e da autoridade.

São objetivos louváveis, mas que dificilmente os alunos alcançarão por meio de simples explicações ou da leitura de um livro-texto.

Os programas do ensino fundamental buscam sobretudo transmitir algumas informações sobre a organização do sistema político, sobre a população e sobre as profissões. Mais do que favorecer a interpretação, trata-se de proporcionar informações e dados. Mesmo que os conteúdos escolares variem de um país a outro, nos parece que em geral não é favorecida a interpretação da organização social, e o ensino se apoia muito pouco nas experiências dos sujeitos, que a têm, como pudemos examinar nas pesquisas que descrevemos acima.

Portanto, não se ensina a participação e a ação nas instituições sociais, mas simplesmente a se conhecer alguns dados sobre ela.

Por exemplo, do ponto de vista econômico se enfatizam principalmente os fenômenos que podemos considerar macroeconômicos e se presta especial atenção aos setores produtivos e à classificação das profissões dentro deles. Em alguns países, dedica-se bastante atenção à classificação das atividades econômicas em setores produtivos, algo que para os alunos do ensino fundamental é difícil de compreender, como pudemos comprovar com várias provas. Trata-se de um tipo de classificação muito abstrata, que é de pouca utilidade e é esquecida logo, pois quando colocamos perguntas sobre esses assuntos aos alunos do ensino médio descobrimos que cometem muitos erros. Para os alunos é muito difícil entender que seu professor, o motorista do ônibus e o encanador que conserta a calefação do seu colégio pertencem todos ao mesmo setor de atividade. Trata-se de uma classificação muito abstrata, realizada com critérios pouco visíveis, que se torna difícil de utilizar.

Ao contrário, presta-se pouca atenção à descrição das diferentes profissões e a como são realizadas as tarefas. Tampouco se trabalha com as noções de troca econômica e essa noção de benefício que é tão difícil de entender antes dos 10 anos de idade. Também mal se fala dos fenômenos relacionados com a fabricação e circulação do dinheiro, e não são trabalhadas as noções de oferta e demanda que, pelo que sabemos, são difíceis de entender.

No entanto, isso nem sempre foi assim, e há muitos anos se falava mais das atividades de compra-venda e de questões como as faturas ou, inclusive, as letras de câmbio ou os juros, temas que frequentemente apareciam nas velhas enciclopédias que os estudantes usavam.

Quanto ao conhecimento da organização política da sociedade, o que se costuma transmitir são informações sobre a divisão de poderes e as diferentes instituições políticas. Isso se torna bastante difícil de compreender em abstrato sem referências à experiência própria e se torna pouco significativo para os alunos do ensino fundamental e dos primeiros anos do ensino médio.

O problema não está, então, na seleção dos conteúdos, mas no modo de tratá-los. O que deveria ser mudado completamente é a orientação do ensino. Acreditamos que é preciso começar apoiando os conhecimentos sobre o funcionamento social na experiência própria dos alunos.

Seria mais interessante começar a analisar o funcionamento de uma instituição social, e a mais próxima dos estudantes é a própria escola. Para isso, seria preciso que os alunos tivessem mais participação na organização de sua atividade dentro da sala de aula e também no funcionamento da escola. Se eles participarem dessa organização, vão ter de se envolver com os problemas sobre a divisão de poderes, porque terão de estabelecer normas de funcionamento (poder legislativo) e resolver os conflitos que são produzidos neste funcionamento, sobretudo por parte daqueles que não respeitam as normas (poder judicial). A análise e a solução dos conflitos que são produzidos na instituição escolar, entre os alunos e com outros adultos, é um assunto da maior importância a ser tratado com o professor como mediador, para buscar maneiras de solução que sejam realmente democráticas, ou seja, impliquem a participação e que suponham uma negociação, algo característico das soluções políticas.

A partir dessa experiência será muito mais fácil compreender o sentido das leis, da Constituição e da divisão de poderes, do que aprender de memória alguns artigos da Constituição cujo significado não conseguem compreender, por não poderem relacioná-los com nada que tenha a ver com sua própria experiência.

Portanto, trata-se de fomentar a participação nas instituições e promover a reflexão sobre elas, sobre seus componentes, sua organização, seu funcionamento e sua necessidade.

É importante também ter como ponto de partida da reflexão a análise de problemas que preocupam a comunidade e com os quais os adultos estão envolvidos, como a construção de uma nova estrada, um centro comercial ou o funcionamento de serviços sociais. Por isso é importante também analisar as notícias que aparecem nos jornais e nos meio de comunicação, para aprender a se posicionar com base em argumentos racionais, e não em opiniões não justificadas da propaganda.

Descobriu-se em diversas pesquisas que os alunos que participam em organizações juvenis chegam a uma melhor compreensão dos problemas políticos do que aqueles que não participam. O mesmo poderíamos dizer das atividades econômicas que podem ser organizadas também no interior da escola. Porém, não basta somente a experiência, é preciso combiná-la com a reflexão, cada uma dessas coisas por si só é insuficiente.

Do ponto de vista cognitivo, os adolescentes já estão em condições de compreender os fenômenos econômicos, e um dos trabalhos que deveria ser feito na educação é ensinar-lhes a analisar os problemas econômicos que surgem na vida cotidiana, dos quais se falam nos meios de comunicação. O que são capazes de compreender depende também dos conhecimentos anteriores e, por isso, o processo de construção das noções é importante. A economia não é só um conjunto de conhecimentos, mas uma maneira de abordar os problemas; constitui uma forma de pensamento, e um dos objetivos da educação deveria ser ensinar a pensar sobre questões financeiras. Acreditamos que este é um aspecto que deveria ser cuidado, principalmente, no ensino dos adolescentes.

NOTAS

1 Veja nossa posição a respeito disso em Delval (2002).
2 Os anos e os meses de idade serão representados desta maneira, separados por ponto e vírgula.

REFERÊNCIAS

ANSCOMBE, G. E. M. On brute facts. *Analysis*, v. 18, p. 69-72, 1958.
BANDURA, A.; WALTERS, R. H. *Aprendizaje y desarrollo de la personalidad*, Madrid: Alianza, 1974. Edição original: *Social learning and personality development*. New York: Holt Rinehart and Winston, 1963.
BARRETT, M.; BUCHANAN-BARROW, E. (Ed.). *Children's understanding of Society*. Hove: Psychology, 2005.
BERGER, P. L.; LUCKMANN, T. *La construcción social de la realidad*. Buenos Aires: Amorrortu, 1968. Edição original: *The social construction of reality*. New York: Doubleday, 1966.
BERTI, A. E. Children's understanding of politics. In: BARRETT, M.; BUCHANAN-BARROW, E. (Ed.). *Children's understanding of society*. Hove: Psychology, 2005. p. 69-103.
BERTI, A. E. Children's understanding of the concept of the state. In: CARRETERO, M.; VOSS, J. F. (Ed.). *Cognitive and instructional processes in history and the social studies*. Hillsdale: Lawrence Erlbaum, 1994. p. 49-75.
BERTI, A. E.; BENESSO, M. The concept of nation-state in Italian elementary school children: Spontaneous concepts and effects of teaching. *Genetic, Social, and General Psychology Monographs*, v. 120, p. 121-143, 1998.
BERTI, A. E.; BOMBI, A. S. *The child's construction of economics*. Cambridge: Cambridge University, 1988.
CASTORINA, J. A.; AISENBERG, B. Psicogenesis de las ideas infantiles sobre la autoridad presidencial: un estudio exploratório. In: CASTORINA, J. A. et al. *Problemas em psicologia genética*. Buenos Aires: Mino y Davila, 1989. p. 63-155.
CONNELL, R. W. *The child's construction of politics*. Carlton: Melbourne University, 1971.
DELVAL, J. Aspectos de la construcción del conocimiento sobre la sociedade. *Revista de Investigación en Psicologia*, v. 10, n. 1, p. 9-48, 2007.
DELVAL, J. *Descubrir el pensamiento de los ninos*: introducción a la practica del metodo clinico. Barcelona: Paidós, 2001.
DELVAL, J. et al. Experiencia y comprensión: concepciones sobre el trabajo en menores que trabajan en la calle en la ciudad de Mexico. *Revista Mexicana de Investigación Educativa*, v. 11, n. 31, p. 1337-1362, 2006.

DELVAL, J. La construcción de la representación del mundo social en el nino. In: ENESCO, I.; TURIEL, E.; LINAZA, J. (Ed.). *El mundo social en la mente de los ninos*, Madrid: Alianza, 1989. p. 245-328.

DELVAL, J. Las ideas politicas de los ninos. In: DELVAL, J. *La psicologia en la escuela*. Madrid: Visor, 1986. p. 99-105. Edição original: *El Pais*, 22 jun. 1982. Suplemento Educacion, p. 1-5.

DELVAL, J. Sobre la naturaleza de los fenomenos sociales. In: KORTA, K.; GARCIA MURGA, Y. F. (Comp.). *Palabras*: Victor Sanchez de Zavala in memoriam. Leioa: Universidad del Pais Vasco, 2000. p. 95-122.

DELVAL, J. Vygotsky y Piaget sobre la formación del conocimiento. *Investigación en la Escuela*, v. 48, p. 13-38, 2002.

DELVAL, J.; DENEGRI, M. Concepciones evolutivas acerca de la fabricación del dinero I: los niveles de comprension. *Investigación en la escuela*, v. 48, p. 39-54, 2002.

DELVAL, J.; ECHEÍTA, G. La comprensión en el nino del mecanismo de intercambio economico y el problema de la ganancia. *Infancia y Aprendizaje*, v. 54, p. 71-108, 1991.

DELVAL, J.; ENESCO, I. *Moral, desarrollo y educación*. Madrid: Anaya, 1994.

DELVAL, J.; ENESCO, I.; NAVARRO, A. La construcción del conocimiento económico. In: RODRIGO, M. J. (Comp.). *Contexto y desarrollo social*. Madrid: Sintesis, 1994. p. 345-383.

DENEGRI, M.; DELVAL, J. Concepciones evolutivas acerca de la fabricación del dinero II: los tipos de respuestas. *Investigación en la escuela*, v. 48, p. 55-70, 2002.

EMLER, N.; FRAZER, E. Politics: the educational effect. *Oxford Review of Education*, v. 25, p. 251-273, 1999.

FARR, R. M.; MOSCOVICI, S. (Ed.). *Social representations*. Cambridge: Cambridge University, 1984.

FURNHAM, A.; STACEY, B. *Young people's understanding of society*. London: Routledge, 1991.

FURTH, H. G. *The world of grown-ups*: children's conceptions of society. New York: Elsevier North Holland, 1980.

JAHODA, G. Critical notes and reflections on social representations. *European Journal of Social Psychology*, v. 18, p. 195-209, 1988.

JAHODA, G. The construction of economic reality by some Glaswegian children. *European Journal of Social Psychology*, v. 9, p. 115-127, 1979.

JAHODA, G. The development of thinking about economic institutions: the bank. *Cahiers de Psychologie Cognitive*, v. 1, p. 55-73, 1981.

KOHEN, R. *La construcción infantil de la realidad jurídica*. 2003. Tese (Doutorado) – Universidad Autónoma de Madrid, Madrid, 2003.

KOHEN, R.; DELVAL, J.; RODRÍGUEZ, M. *Comprehension and political participation in Spanish adolescents from two different sociopolitical contexts*: newborn democracy and consolidated democracy. No prelo.

LENZI, A. M. Las concepciones de gobierno en ninos y adolescentes. Un problema psicoeducativo. In: JULIA, M. T.; CATALAN, J. (Ed.). *Psicologia y educación. Encuentros y desencuentros*. La Serena: Universidad de la Serena, 2001. p. 97-107.

MOSCOVICI, S. *El psicoanalisis, su imagen y su publico*. Buenos Aires: Huemul, 1979. Edição original: *La psychanalyse, son image et son public*. Paris: Universitaires de France, 1961.

MOSCOVICI, S. Notes towards a description of social representations. *European Journal of Social Psychology*, v. 18, p. 211-250, 1988.

PRING, R. Political education: the relevance of the humanities. *Oxford Review of Education*, v. 25, p. 71-87, 1999.

SEARLE, J. R. *La construcción de la realidad social*. Barcelona: Paidós, 1997. Edição original: *The construction of social reality*. New York: Free, 1995.

SEARLE, J. R. What is an institution? *Journal of Institutional Economics*, v. 1, p. 1-22, 2005.

VYGOTSKY, L. S. Internalización de las funciones psicológicas superiores, papel del juego en el desarrollo del nino. In: VYGOTSKY, L. S. *El desarrollo de los procesos psicológicos superiores*. Mexico: Critica, 1988. p. 87-94. Edição original: Internalization of higher psychological process. In: *Mind in society*: the development of higher psychological processes. Cambridge: Harvard University, 1978. p. 52-58.

8
O desenvolvimento do juízo moral

Alicia Barreiro

DA HETERONOMIA À AUTONOMIA

Sem dúvida, as pesquisas de Piaget (1971) sobre o desenvolvimento do juízo moral na criança foram pioneiras no estudo das relações entre a atividade construtiva dos indivíduos e as contribuições da sociedade em tal processo. Até a década de 1930, quando Piaget publicou suas pesquisas sobre o desenvolvimento moral da criança, os enfoques psicológicos que haviam se ocupado do tema, representados por Bovet e Baldwin, afirmavam que o respeito pelas normas se baseia em certos sentimentos inatos que compelem os indivíduos a relacionarem-se entre si, ou seja, uma norma é representada pelos sentimentos de respeito à pessoa que a formula e não por seu conteúdo. A moral individual seria, então, só uma síntese das diferentes normas recebidas ao longo da vida. Por outro lado, a proposta sociológica de Durkheim (1973) considerava a moral individual como resultado da transmissão geracional dos saberes constitutivos da consciência coletiva. Tal transmissão é fundamental para toda sociedade porque garante a sua identidade e é efetuada por meio da pressão social sobre as novas gerações. Claramente, em ambas as perspectivas, o indivíduo é pensado como obediente e passivo.

Contrariamente, Piaget inaugura um enfoque construtivista para o estudo da moral ao afirmar que seu desenvolvimento é baseado na interação do indivíduo com a sociedade. Ele observa que as crianças não participam só de relações assimétricas de respeito unilateral (criança-adulto), mas que, desde muito pequenas, também participam de relações entre pares, baseadas no respeito mútuo. Por sua vez, essas relações sociais das quais a criança participa terão diferentes consequências para o seu desenvolvimento moral: a primeira possibilita o surgimento da moral heterônoma e a segunda, da moral autônoma.

Segundo os resultados obtidos por Piaget (1971), desde os 2 até os 8 ou 9 anos de idade, se espera que os sujeitos sejam moralmente heterônomos, ou seja, que pensem nas regras como intocáveis e as respeitem pela autoridade de quem as promulga, sem considerar seu conteúdo. Essa configuração moral depende tanto das relações assimétricas, nas quais a criança se vê imersa durante os primeiros anos de sua vida, quanto de seu pensamento egocêntrico[1]. Este último se refere a uma etapa do desenvolvimento intelectual na qual as crianças se encontram focadas em seu próprio ponto de vista, ainda transitando pelo processo de diferenciação entre mundo interno e mundo externo, que começa no nascimento (CASTORINA; FAIGENBAUM; CLEMENTE, 2001; PIAGET, 1992). Desta maneira, a impossibilidade de diferenciar os produtos do pensamento, da realidade, em conjunto com as relações de pressão social, configuram o *realismo moral* próprio do pensamento infantil, por meio do qual as formas são pensadas como objetos externos e imutáveis de uma maneira análoga às regularidades físicas, tais como a localização das montanhas ou a alternância entre o dia e a noite. Ao diferenciar o mundo físico do social, as crianças não conseguem pensar nas normas como construídas socialmente, nem em alternativas possíveis a elas; e, por não poder colocar-se no lugar dos outros, julgam os atos segundo seus resultados, sem levar em conta a intenção dos agentes. Por exemplo, na clássica situação experimental utilizada por Piaget, na qual uma criança quebra 15 xícaras ao entrar na cozinha (sem saber que as xícaras estavam ali) e outra quebra uma xícara quando tenta pegar alguns potes de geleia da despensa (algo que sua mãe não lhe permitia fazer), as crianças pequenas julgam "pior" aquele que quebrou mais xícaras –, infringindo mais vezes a regra de "não quebrar as xícaras" – sem levar em conta as intenções.

Segundo Piaget, a descentração cognitiva, necessária para abandonar progressivamente o egocentrismo, será produzida na medida em que o sujeito participar de relações de cooperação entre pares que o confrontem com pontos de vista, interesses e desejos diferentes dos seus. Além disso, Piaget (1977) estabelece uma analogia entre a reciprocidade social e a reversibilidade operatória, de tal forma que o acesso à reciprocidade do pensamento permitirá que os sujeitos negociem normas, pensando nelas como convenções sociais que podem ser modificadas mediante o consenso e que deixem de aceitá-las só da autoridade que se encarrega de julgá-las por seu conteúdo (*respeito subjetivo pela norma*), características essenciais do pensamento moral autônomo.

Em síntese, o desenvolvimento moral de Piaget (1971) consiste na passagem da heteronomia à autonomia e esse processo é resultado das possibilidades cognitivas do sujeito e das relações sociais das quais participa. É importante deixar claro que a autonomia e a heteronomia não são estágios de desenvolvimento moral estrito, mas que a autonomia é um método de discussão e justificação das normas, que, uma vez alcançado, inaugura uma nova forma de pensar. Nós, os adultos, somos autônomos em todos os aspectos de nossas vidas, em muitas ocasiões aceitamos regras como as únicas alternativas possíveis, adotando-as como próprias, quando na realidade são construções culturais.

Isso não impede de afirmar que para Piaget (1971) o desenvolvimento moral seja um processo que se direciona a estados de maior racionalidade, enquanto os sujeitos produzem juízos cada vez mais autônomos e descentralizados. A ideia da racionalidade em seu trabalho se baseia na filosofia moderna, particularmente no ideal de uma personalidade autônoma que estabelece relações de respeito mútuo com o outro e avalia as ações considerando as intenções dos atores. Dessa maneira, Piaget tentou explicar os mecanismos psicológicos envolvidos na construção da validade universal dos princípios de justiça de cada sujeito. Ainda que essa exigência de universalidade não se refira à constatação de que os juízos morais das crianças sejam idênticos entre as diferentes culturas e populações, mas à diferenciação de uma esfera do *dever ser* relativa a ideias de justiça e direitos das pessoas que deveriam ser reconhecidos por todos os seres humanos (FAIGENBAUM et al., 2007).

Neste capítulo, apresentaremos as pesquisas sucessoras do enfoque piagetiano que têm estendido e revisado sua explicação do desenvolvimento moral. Seguiremos com as contribuições daqueles que pensam esse processo a partir de uma perspectiva neovygotskiana, como a internalização de vozes culturais. Depois, abordaremos as posturas naturalistas que consideram que o juízo moral é produzido de maneira intuitiva, previamente à reflexão consciente ou argumental. Finalmente, abordaremos o desenvolvimento da *agência moral* e as possibilidades de intervenção dos educadores nesse processo.

OS ESTÁGIOS DO DESENVOLVIMENTO MORAL

Em 1958, Lawrence Kohlberg apresentou sua pesquisa sobre o desenvolvimento moral evidenciando duas questões pendentes no trabalho piagetiano: a delimitação dos estágios no desenvolvimento moral e sua relação com os estágios do pensamento operatório, entre os quais estabelece um isomorfismo. Kohlberg (1963, 1981) entrevistou os mesmo sujeitos durante mais de uma década. Ao começar o estudo, suas idades eram na faixa de 10 a 16 anos e ao finalizar, de 22 a 28 anos. Foram indagados mediante entrevistas baseadas na discussão de dilemas morais[2] e a partir das respostas obtidas, Kohlberg (1981, 1998, 1997) distinguiu três níveis – *pré-convencional, convencional e pós-convencional* – no desenvolvimento moral e diferenciou dois estágios dentro de cada um deles, onde os estágios posteriores incluem e pressupõem os anteriores (veja o Quadro 8.1). Os estágios são todos estruturados, ou seja, modelos globais de pensamentos e não de atitudes particulares em relação a situações isoladas. Afirmar que as ideias de uma criança correspondem a determinado estágio quer dizer que são coerentes entre si.

Quadro 8.1 Níveis de estágios do desenvolvimento moral

Nível pré-convencional: Corresponde à maioria das crianças com menos de 9 anos de idade. Obediência aos rótulos culturais do que é certo e errado, interpretados segundo as consequências de suas ações (castigo, recompensa) ou em termos da autoridade dos adultos que os enunciam. As regras sociais são pensadas como externas ao eu. O indivíduo pré-convencional pensa em seus próprios interesses ou nos daqueles que lhe importam (perspectiva individual concreta).	
Estágio 1: Orientação segundo castigo e obediência. Indivíduo egocêntrico que só leva em conta seus interesses e as consequências das ações determinam seus valores morais.	*Estágio 2: Orientação relativista instrumental.* A ação justa é aquela que satisfaz instrumentalmente às necessidades do sujeito. O sujeito sabe que os interesses de diferentes pessoas podem entrar em conflito com os próprios e que deve chegar a um acordo.
Nível convencional: É o nível no qual se encontra a maioria dos adolescentes e adultos e implica submeter-se às regras e expectativas convencionais, defendendo-as precisamente por serem sociais. Manter a expectativa da família do indivíduo, de seu grupo ou de sua nação é considerado valioso, sem levar em conta as consequências. O indivíduo convencional subordina suas necessidades ao ponto de vista e às necessidades do grupo, sua perspectiva social é a de um membro da sociedade.	
Estágio 3: Concordância interpessoal. Ser bom significa cumprir com o que os outros esperam em função dos papéis que o indivíduo desempenha: filho, irmão, amigo, etc. É possível a equidade, ainda que se assumam os papéis das pessoas com as que se têm afinidade.	*Estágio 4: Orientação segundo a lei e a ordem.* A conduta justa consiste em cumprir com o próprio dever, mostrar respeito pela autoridade e manter a ordem social. Ao assumir a perspectiva do sistema social, é possível pensar em um conjunto de regras que englobe todos os atores sociais.

Continua

Nível pós-convencional (autônomo ou de princípios): Alcançado só por uma minoria dos adultos. A aceitação das normas sociais se baseia nos princípios morais que fundamentam estas. O sujeito retorna à perspectiva individual, mas de uma maneira universal: a de qualquer indivíduo racional. Trata-se de uma perspectiva anterior à própria sociedade, uma vez que podem ser consideradas como as normas que constituem a base da sociedade.	
Estágio 5: *Orientação legalista do contrato social*. Consciência da realidade dos valores pessoais e uma ênfase sobre as regras de procedimento para alcançar um consenso. Alguns valores não relativos, como a vida e a liberdade, devem ser defendidos em qualquer sociedade, independentemente da opinião da maioria. É importante que as leis e os deveres estejam baseados no cálculo racional da utilidade: "o bem maior para o maior número". Enfatiza-se o ponto de vista legal, mas deixando claro que é possível mudar a lei baseando-se em considerações racionais de utilidade social.	Estágio 6: *Organização segundo o princípio ético universal*. O justo é definido segundo princípios abstratos de justiça, igualdade e reciprocidade dos direitos humanos. Trata-se de uma justiça pessoal, ou seja, da livre adesão de princípios éticos universais. Neste estágio, a justiça adquire o caráter de uma solução reversível para os problemas de distribuição, a partir do reconhecimento de que todo direito implica deveres e vice-versa, e que a aceitação de um direito implica seu reconhecimento nos outros.

Fonte: Kohlberg (1981, 1998, 1997).

Para Kohlberg (1997), o processo geral do desenvolvimento do pensamento é uma condição necessária, mas insuficiente, para o desenvolvimento moral. Em suas pesquisas, pôde comprovar que muitos indivíduos haviam alcançado um desenvolvimento do pensamento mais alto do que o estágio moral correspondente, mas não encontrou nenhuma pessoa que estivesse com o estágio moral mais alto do que seu correspondente estágio cognitivo. Assim, por exemplo, o juízo moral de uma pessoa cujo pensamento corresponde às operações concretas ficará limitado aos estágios morais convencionais, porque os pós-convencionais correspondem ao pensamento formal.

Segundo Kohlberg (1998), os estágios superiores do desenvolvimento moral são alcançados pela diferenciação e integração dos estágios prévios, e a passagem de um ao outro ocorre graças à interação das tendências estruturantes da criança e do meio, que conduzem sucessivas formas de equilíbrio. Tal equilíbrio é um nível de justiça, porque todo o conflito moral implica um conflito de interesses e a solução correta é aquela que permite dar a cada um, o que é seu. A moral de princípios – ponto máximo do desenvolvimento – é a maneira mais estável de resolver um conflito desse tipo, porque integra os interesses contrapostos. Além disso, cada nível do desenvolvimento moral corresponde a uma *perspectiva social* (KOHLBERG, 1998), relativa ao ponto de vista que adota o sujeito ao definir os fatos sociais e os valores ou deveres morais: individual concreta, de membro da sociedade e além da sociedade. Desta maneira, a interação social condiciona o desenvolvimento e cria uma ponte entre estágio alcançado no pensamento geral e a moral, uma vez que implica assumir papéis e compreender os pensamentos e sentimentos dos outros para colocar-se em seu lugar.

Já as intenções sociais se enquadram em instituições (escola, família etc.) com um *ambiente moral* (KOHLBERG; POWER; HIGGINS, 1997; KOHLBERG; SCHAF; HICKEY, 1971), entendido como a estrutura de justiça de uma instituição, sociedade ou cultura; ou seja, a forma com que se distribuem os direitos e deveres fundamentais e o modo como se determina a divisão das vantagens resultantes da cooperação social. As características do ambiente moral de uma instituição determinam seu nível de desenvolvimento e a participação em instituições com um nível maior do que o alcançado pelo sujeito estimula o desenvolvimento moral, da mesma maneira que a discussão com pares de um nível maior.

Desta maneira, Kohlberg (1998) afirma que o núcleo comum dos diferentes estágios é constituído por uma estrutura de justiça que organiza modelos para assumir papéis em situações morais conflitivas, culminando no sexto estágio com a capacidade de derivar consistentemente decisões morais de princípios generalizados de justiça; ou seja, poder usá-los como guia para aceitação de papéis, independentemente das especificações arbitrárias da ordem cultural. Desta maneira, o desenvolvimento moral, assim como afirmou Piaget, é produzido pelo incremento da reciprocidade, ou seja, da possibilidade de coordenar e diferenciar o ponto de vista próprio e o dos outros (KOHLBERG, 1963).

Além disso, Kohlberg (1998) considera que os estágios são universais porque pode encontrar, em diferentes culturas, uma única forma distinta de raciocínio moral: a existência dos princípios éticos fundamentais. A respeito do conteúdo dos princípios morais de justiça, adverte que é importante poder distinguir entre o *ser* (os fatos do desenvolvimento moral) e o *dever ser* (o conteúdo ideal e *status* epistemológico das ideias morais); este último se refere àqueles princípios que poderiam ser sustentados racionalmente por todas as sociedades para mediar as condições adequadas. Também afirma que a sequência dos estágios é invariante porque é possível que algum sujeito atravesse mais rápido, ou mais lentamente, ou que seu desenvolvimento se detenha em algum deles; mas, havendo desenvolvimento, ele se dirigirá sempre ao estágio seguinte.

A pretensão de universalidade de Kohlberg foi o ponto que mais críticas recebeu, sobretudo no que diz respeito ao sexto estágio, já que alguns estudos mostram que seria exclusivamente ocidental (RUBIO CARRECEDO, 2000). Outras críticas (FLANAGAN, 1996; HAUSER, 2008) se dirigem ao modo como se define a moral, uma vez que a limitou a situações de conflitos sociais relativos à justiça que são resolvidos cognitivamente por meio de um processo de raciocínio sobre princípios universais. Afirma-se que foi dada uma definição restrita da moral, que deixa de lado grandes aspectos da experiência moral cotidiana e da concepção comum ou leiga a respeito dela; assim como os processos irreflexivos e automáticos próprios das reações morais e a importância dos desejos, das preferências e das emoções no fundamento da sensibilidade moral.

Talvez a crítica mais importante que o modelo de estágios recebeu foi a feita por Gilligan (1985), que afirmou que os estudos de Kohlberg, assim como os de Piaget, foram realizados só com homens e, portanto, seus resultados não poderiam ser generalizados às mulheres. As descobertas da autora indicam que, para que seja resolvido o dilema ético, as mulheres têm de recorrer a processos comunicativos se supondo que os personagens envolvidos se ouviram, porque não pensam neles como adversários, mas como membros de uma rede de relações de cuidado mútuo que pode se ativar mediante o diálogo e de cuja preservação dependem todos os envolvidos. Por exemplo, diante do dilema de Heinz, os homens tendem a interpretá-lo como um conflito entre a propriedade privada e a vida, que resolvem por meio de dedução lógica; por outro lado, as mulheres geralmente o interpretam como uma ruptura da relação humana que é necessário remediar. A diferença nos modos de interpretar os elementos envolvidos no conflito não se deve a um nível menor de desenvolvimento moral, mas a duas morais ou éticas diferentes que são complementares e não guardam uma ordem entre si: uma *ética do cuidado*, diferente da *ética de princípios ou de justiça* proposta por Kohlberg. Esta última contradiz as tendências ainda dominantes na psicologia do desenvolvimento que ordenam as diferenças de forma hierárquica.

Não obstante, tais éticas não são específicas de cada gênero (Gilligan; Attanucci, 1988); grande parte dos adolescentes entrevistados por esta pesquisadora deram respostas que refletiam ambas as éticas e poderiam mudar de uma para outra se a situação demandasse, ainda que uma das duas se manifestasse de maneira dominante sobre a outra. No caso das mulheres, a voz dominante geralmente era a da ética do cuidado, mas isso não significa que não tivessem desenvolvido a ética de princípios, nem que não poderiam usá-la ou recorrer a ela diante de demandas específicas. Gilligan (1985) considera que essas diferenças no juízo moral se relacionam com as expectativas e práticas sociais diferenciais para com as meninas e os meninos. As meninas são educadas para serem mães e por isso nelas se fomentam a responsabilidade e o cuidado dos outros, enquanto no caso dos meninos as práticas de infantes privilegiam a individualidade, a liberdade e a competência. Atualmente não existem evidências claras da existência de diferença no juízo moral segundo o gênero, mas, sem dúvida, a crítica de Gilligan serviu para dar um bom golpe na universalidade do modelo de Kohlberg e para enfatizar a problemática da intervenção das práticas culturais no desenvolvimento moral.

O DESENVOLVIMENTO MORAL COMO DOMÍNIO ESPECÍFICO

Ao contrário das estruturas gerais apresentadas por Piaget para o pensamento lógico-matemático e por Kohlberg para o desenvolvimento moral, Turiel (1984, 2000, 2008) propõe a existência de *estruturas parciais*: sistemas conceituais com um curso específico de desenvolvimento. Para esse autor, o desenvolvimento implica mudanças sequenciais na organização dos conhecimentos próprios de cada um dos domínios que correspondem à formação do mundo social e são constituídos pela interação da criança com o meio:

> A criança estrutura o mundo social em três categorias gerais, a saber: 1) conceitos de pessoas ou sistemas psicológicos (o domínio psicológico); 2) conceitos de sistemas de relações e organizações (o domínio que se refere ao conhecimento da sociedade [*societal*] – do qual a convenção não é mais do que um componente –) e 3) juízos prescritivos de justiça, direitos e bem-estar (o domínio moral). (TURIEL, 1984, p. 14).

O *domínio psicológico* compreende as ações que não se encontram constituídas por normas convencionais nem implicam consequências intrinsecamente morais; trata-se de escolhas pessoais (próprias e dos outros) nas quais se incluem gostos, amigos, etc.. Já o *domínio moral* é constituído por prescrições incondicionalmente obrigatórias, generalizadas e impessoais, enraizadas em conceitos de bem-estar, justiça e direitos, que se inferem em atos que têm consequências intrínsecas. Finalmente, o *domínio convencional* inclui situações regradas por normas próprias de cada contexto institucional e validadas por consenso. As normas convencionais dependem dos sistemas normativos que regulam as práticas sociais das quais as crianças participam e da autoridade que as promulga, como, por exemplo, o fato de ter de vestir um uniforme para ir à escola ou não chamar pelo primeiro nome os professores.

Para Turiel (1984, 2000, 2008), as crianças constroem os conceitos constitutivos de cada domínio pelas ações que executam sobre os objetos que os compõem e a realização de inferências e abstrações sobre elas. As categorias que identificam o que é incluído ou não em um determinado domínio são por ele denominadas *critérios de juízo* e o autor afirma que são adquiridas muito cedo no desenvolvimento, entre os 3 e 4 anos. A partir dessas idades, as crianças julgam de maneira diferenciada os eventos que correspondem ao domínio moral e os que correspondem ao domínio convencional. Brevemente, consideram que os atos que prejudicam o bem-estar causam dor aos outros ou são injustos ou são maus, ainda que uma regra (ou um adulto) permita e sua avaliação não depende do consenso social, mas de regras universais que não podem ser modificadas. Por outro lado, quanto às normas que regulam a interação social em aspectos convencionais, as crianças afirmam que podem ser modificadas a partir do consenso dos agentes institucionais, e a avaliação que realizam das ações depende das regras e não dos atos em si. A diferença entre os distintos domínios é invariante: uma vez estabelecida pelos sujeitos, se mantém ao longo do desenvolvimento. Essas descobertas foram confirmadas por diferentes trabalhos empíricos (Smetana, 2006; Turiel, 2000; Wainryb; Turiel, 1995).

Um segundo aspecto a ser considerado no desenvolvimento moral são as denominadas *categorias de justificação*, ou seja, as formas de raciocínio empregadas na justificação de um modo de agir que formam sistemas organizados dentro de cada domínio e se transformam com a idade, como passar a considerar incorreta uma ação que prejudica fisicamente o outro, a poder considerar a transgressão de seus direitos.

Para articular a relatividade cultural com a universalidade da distinção entre domínios, Turiel e seus colaboradores introduzem o conceito de *pressupostos informacionais* em sua teoria (Wainryb, 1991; Wainryb; Turiel, 1995). Tais pressupostos se referem à forma de compreender o mundo próprio de cada cultura e fornecem as condições a partir das quais cada sujeito examina, por exemplo, o mal causado por um ato. Desta maneira, ainda que a informação proveniente da cultura faça variar, por exemplo, o que se entende como "mal", as ações que se consideram prejudiciais são julgadas universalmente segundo os critérios do domínio moral.

Segundo essa perspectiva, as crianças pensam ativamente sobre seu mundo social, porque contam com predisposições mentais e emocionais para se preocuparem com o bem-estar dos outros e com a justiça das relações interpessoais (Turiel, 2008). Em outras palavras, os juízos morais se vinculam a emoções que surgem muito cedo no desenvolvimento e, por sua vez, os juízos e as emoções condicionam a ação perante os outros. É importante esclarecer que, ainda que Turiel coloque os sentimentos ou as predisposições mentais, na origem da moral, refuta a ideia de que as crianças sejam compelidas por forças emocionais ou biológicas a formar um juízo. Além disso, considera que a proliferação de pesquisas que deixam de lado a atividade intelectual dos sujeitos e a análise epistemológica do processo de construção do conhecimento constitui uma regressão no estudo do desenvolvimento moral a etapas que já foram superadas pelos trabalhos de Piaget e Kohlberg. Não obstante, a teoria do desenvolvimento moral elaborada por Turiel e seus colaboradores não explica claramente o surgimento da capacidade reflexiva que permite às crianças reconhecer as consequências intrínsecas das situações sociais constitutivas do domínio moral desde pouca idade. Justamente, o postulado dessa capacidade reflexiva constitui a diferença essencial entre sua explicação e a dos modelos naturalistas (que veremos mais adiante), qualificados por este autor como "regressivos".

O JUÍZO MORAL COMO INTERNALIZAÇÃO DAS VOZES CULTURAIS

Tradicionalmente, a psicologia sócio-histórica não se ocupa do desenvolvimento do juízo moral, mas Tappan (1992, 2006, 2010) recorreu às contribuições do programa de pesquisa vygotskiana para elaborar uma explicação a respeito desse processo. O autor afirma que as diferenças na linguagem moral empregada cotidianamente proporciona a chave para estudar o desenvolvimento moral e não a descrição de profundas estruturas de pensamento lógico, algo que já havia proposto Gilligan. Ele considera que a moral é um processo psicológico superior (VYGOTSKY, 1995) e, portanto, o juízo moral é mediado semioticamente e situado socioculturalmente. Seu esforço é ir além das teorias que consideram como certo que os processos, as dinâmicas e os pontos finais do desenvolvimento são universais (transculturais e a-históricos), para fazer uma consideração explícita da participação do contexto social, cultural, institucional e histórico nas explicações sobre o desenvolvimento. Este último implica abandonar a concepção de sujeito moral epistêmico, transcendental e incorpóreo, dotado de representações mentais e princípios gerais para assumir um paradigma onde o eu é entendido como um produto compartilhado e distribuído das relações sociais e as práticas comunicativas.

O eu é resultado de um processo dialógico no qual coexistem uma polifonia de vozes, tal como coloca Bakhtin (1981). Por exemplo, as distintas éticas descritas por Gilligan (1985) correspondem, para Tappan (2006), a distintas vozes: a voz do cuidado e a voz da justiça, que expressam diferentes formas de falar sobre o mundo e as relações humanas, de interpretar problemas morais, bem como diferentes formas estratégias para resolvê-los.

Quando uma pessoa enfrenta um dilema moral, responde por meio de um diálogo interno, ou seja, dialogando com si mesma sobre a solução. O que em um primeiro momento é um diálogo com os outros sobre as regras, os princípios e as consequências de sua transgressão, gradualmente, como resultado da participação em interações comunicativas ao longo dos anos, se transforma em comunicação consigo mesmo sobre o que se deve ou não se fazer. Assim, os processos por meio dos quais as pessoas interpretam uma situação não são unicamente psicológicos, no sentido de ocorrer só na mente das pessoas, mas são essencialmente dialógicos. A cultura e os contextos relacionais dão sentido às situações; portanto, as interpretações em si mesmas se encontram medidas culturalmente. Desta maneira, o desenvolvimento moral, para Tappan (2006), segue a *lei da dupla formação*, própria dos processos psicológicos superiores (Vygotsky, 2007), segundo a qual todo o processo psicológico tem dupla origem: primeiramente ocorre no nível interpessoal e depois no nível intrapessoal (veja Baquero, Capítulo 2 do volume I desta obra).

A moral é pensada como uma atividade mediada discursivamente que facilita a interação humana em comunidade; seu desenvolvimento envolve transformações comunais, políticas e relacionais (Tappan, 2006). O desenvolvimento moral consiste, então, nas mudanças que são produzidas pelo acesso a novos instrumentos semióticos de medição (Vygotsky, 2007). Assim como afirma Wertsch (1998), toda a ação humana – entre elas o juízo moral – envolve uma relação dinâmica irredutível entre um agente e as ferramentas culturais que operam como mediadores da ação. Assim, o conceito de *ação mediada* (Wertsch, 1998) permite compreender a tensão irredutível e necessária entre o juízo de um indivíduo e o processo sociocultural por meio do qual se constrói e transforma sua identidade.

Para Tappan (1992, 2005), os recursos semióticos disponíveis na cultura, particularmente a ideologia, operam como ferramentas que reforçam e restringem o processo de construção da identidade moral das pessoas. As ideologias, como ferramentas culturais, dão aos sujeitos uma visão de mundo particular, e dessa maneira reforçam certas características pessoais ao permitir se orientar no mundo, o que, do contrário, seria caótico. Ao mesmo tempo, limitam aquilo que para o sujeito pode vir a ser um leque de possibilidades determinadas pela cultura, como, por exemplo, a adoção de uma posição de dominado ou de subordinado. Desta maneira, Tappan (2000) introduz as dinâmicas de poder no desenvolvimento moral, para fazer presentes forças ideológicas e estruturantes como o gênero e a classe social. É importante assinalar que as ferramentas culturais, às quais se referem Wertsch (1998) e Tappan (2000), são narrativas, e a tensão essencial da relação dialógica que os indivíduos estabelecem com elas se deve ao fato de que a linguagem sempre é de alguém, sempre há alguém que fala por meio delas, são produções de outros que servem de interesse a outros. Por isso, o processo de internalização dessas ferramentas envolve pelo menos duas vozes: a da ferramenta cultural e a do agente, que podem ser uníssonas ou dissonantes.

ALÉM DOS JUÍZOS: AS INTUIÇÕES MORAIS

Segundo Haidt (2001, 2004, 2008; HAIDT; KOLLER; DIAS, 1993), a psicologia moral vem sendo dominada, há muito tempo, pelos modelos baseados em uma concepção racionalista do juízo moral, como os de Piaget e Kohlberg, para quem os juízos morais são alcançados primordialmente pelos processos de raciocínio e reflexão, relegando o papel das emoções.

Este autor propõe um modelo para explicar o processo de formulação de juízos morais, que ele denomina *intuicionismo social*. Afirma que existem certas verdades morais as quais não se explicam pela razão, mas por um processo semelhante à percepção, ou seja, por intuições morais (baseadas em emoções inatas) que surgem anteriormente aos juízos e que são sua causa. A razão pode permitir que as pessoas afirmem que uma ação particular ocasionará, por exemplo, a morte de inocentes, mas se não há sentimentos que valorizem a vida humana, a razão por si só não levará a impedir tal ação. Tais afirmações se inspiram na teoria ética desenvolvida por Hume, o qual considerava que os juízos derivam de sentimentos inatos e não são o produto de uma cadeia de argumentos dedutivos. Dessa forma, para o intuicionismo social são válidos argumentos do tipo: "Não sei, não consigo explicar, só sei que isso é incorreto." (HAIDT, 2001, p. 814).

A moral é pensada como um avanço da adaptação durante o processo de evolução da espécie humana, construída em múltiplas regiões do cérebro e do corpo, algo que não se aprende, mas que surge na infância, ainda que exija os conteúdos e as formas de uma cultura particular. As emoções morais podem ser ativadas ou desestimuladas pela cultura particular à qual a criança pertence mediante sua participação em atividades culturais que combinem práticas e crenças valiosas para o grupo social, seja durante a interação com os pares ou com os adultos. O desenvolvimento é entendido como a perda seletiva das intuições, um processo que se prolonga até a adolescência, quando os diferentes grupos pelos quais um indivíduo transita podem dar lugar ao surgimento de uma moral de pares diferente da familiar, ativando novas emoções (Haidt, 2004).

Para sustentar a hipótese filogenética das intuições morais, Haidt (2001) apela aos trabalhos de De Waal (2007), que mostram que certas características próprias da moral humana (reciprocidade, empatia, preferência da bondade em relação à maldade, etc.) também se encontram presentes em seus ancestrais evolutivos. Segundo os estudos realizados por De Waal (2007), ainda que o comportamento moral humano seja muito mais elaborado do que o de qualquer animal, é uma continuação em relação ao comportamento não humano: por exemplo, já foram identificadas reações similares à empatia em primatas, ainda que menos complexas. Toda a reação empática em primeira instância se baseia no contágio emocional comum entre os diferentes animais: uma criatura A se identifica diretamente com as circunstâncias da criatura B, sentindo assim o que ela sente. Em um nível mais avançado, que se pôde identificar nos seres humanos e em grandes símios, a empatia tem como resultado um comportamento compassivo: o reconhecimento de que B tem necessidades específicas que são diferentes das de A. A evolução favoreceu e favorece os animais que se ajudam entre si, ou seja, que cooperam para obter benefícios maiores em vez daqueles que derivam de ações isoladas. Todas as espécies nas quais se identificaram comportamento cooperativo (símios, elefantes, lobos, humanos, etc.) mostram lealdade ao grupo e tendência de ajuda aos demais. Assim surgem comportamentos de reciprocidade com parentes ou companheiros próximos, por exemplo, os chimpanzés castigam as ações negativas de seus companheiros com outras ações negativas, ou seja, se vingam e desenvolvem comportamentos destinados a restabelecer a união e a paz no grupo, análogos aos pedidos de perdão nos humanos. De qualquer modo, é importante esclarecer que, para De Waal (2007), as emoções que os animais experimentam não são as mesmas que os humanos sentem, mas são as que lhe deram forma.

Voltando ao modelo de Haidt, o adjetivo *social* que agrega ao termo do intuicionismo se refere ao fato de que o juízo moral deve ser estudado como um processo interpessoal. A racionalização moral usualmente termina como um processo *ex post facto* utilizado para justificar perante os outros o juízo já elaborado, ou para influenciar as intuições e os juízos de outras pessoas. Por exemplo, ao pensarem em uma relação incestuosa, as pessoas sentem um rápido lampejo de repulsão e sabem intuitivamente que isso está mal. Assim, quando a sociedade (os outros) exige uma justificação verbal dessa intuição, não adota a postura de juízes tentando chegar à verdade, como propõem os modelos racionalistas, mas se converte em um grupo de verdadeiros advogados tratando de construir um caso a partir dos fatos. Para Haidt (2004), o raciocínio moral é crucial para explicar as transformações morais que são produzidas tanto no nível social quanto no nível individual, porque as discussões com argumentos que são travadas na interação social com outros podem despertar novas emoções que possibilitem novos juízos.

Cabe ressaltar que, embora Haidt (2001) cite numerosos estudos empíricos que sustentam suas afirmações a respeito da formulação de juízos nos seres humanos, estes não pertencem ao domínio moral, mas se referem à racionalização em geral. Em virtude disso, Turiel (2008) classifica essa teoria como especulativa e reducionista, porque não se esforça em dar sustento empírico às informações e por não ter elaborado uma explicação da origem e do desenvolvimento das intuições, que são expostas naturalmente. Além disso, esse autor acusa Haidt (2001) de menosprezar o pensamento das pessoas leigas e realizar generalizações sobre uns poucos exemplos dramáticos que sem dúvida geram reações emocionais negativas de maneira espontânea (p. ex., o incesto) e utilizá-los como prototípicos das situações morais que as pessoas enfrentam em sua vida cotidiana. Também afirma que essa teoria retirou a moral da esfera da filosofia e a tornou psicológica, ao definir aquilo que constitui – ou não – o domínio moral a partir das relações afetivas dos indivíduos.

A EDUCAÇÃO E O DESENVOLVIMENTO DA AGÊNCIA MORAL

Tradicionalmente, a educação moral enfatizou a inserção de valores morais nos alunos se baseando nos postulados de Durkheim (1973), o qual, como mencionamos na introdução deste capítulo, considerava a moral individual como o resultado da transmissão geracional dos saberes constitutivos da consciência coletiva. Tal transmissão era considerada fundamental para toda sociedade porque garantia sua identidade e era efetuada por meio da pressão social sobre as novas gerações. Neste ponto, a escola exercia um papel muito importante, porque era a encarregada de formar as crianças em valores e normas coletivas, assim como de fomentar o *espírito de obediência* nos alunos, já que toda a transgressão ou modificação das normas atentava contra a identidade social.

Nas últimas décadas, o impacto dos processos de globalização nas diferentes sociedades provocou que as diferentes vozes defendessem um relativismo absoluto de valores morais, já que não é possível julgar uma situação se não se conhece os significados culturais que lhe conferem sentido. Portanto, se afirma que a educação moral só pode se limitar a formar crianças nos valores do próprio grupo social, que continuamente se veem ameaçados pela convivência com membros de outros grupos. Desta maneira, está se retornando ao modelo tradicional de ensino, com o objetivo de formar sujeitos leais ao grupo social e desenvolver hábitos de conduta que sejam funcionais a este (Nucci, 2006). A esta tendência se somam aqueles preocupados com a suposta crise de decadência moral das últimas décadas, que haveria levado ao abandono dos valores tradicionais.

Ao longo deste capítulo, vimos como as pesquisas realizadas pela psicologia do desenvolvimento questionam essa maneira de conceber a educação moral, ressaltando que se trata de um objetivo "impossível" porque não considera a atividade interpretativa dos alunos. As diferentes explicações que foram dadas apresentam distintas tensões e diferenças no modo como concebem o desenvolvimento moral de acordo com os suportes teóricos e epistemológicos que se fundamentam em cada uma delas, contudo, concordam (inclusive a perspectiva naturalista apresentada por Haidt) na atividade do sujeito durante a interação com outros. Todas elas afirmam que o sujeito forma sua moralidade em um processo de diálogo na interação social com os outros, onde é crucial a possibilidade de coordenar a própria perspectiva com as das pessoas com quem interagimos.

Desta maneira, para a formação de "bons cidadãos" a ênfase se passa da transmissão de valores ao desenvolvimento do pensamento envolvido nas questões morais, com a finalidade de formar sujeitos autônomos, capazes de julgar as situações compreendendo as diferentes perspectivas envolvidas; ou seja, capazes de compreender os interesses e sentimentos dos outros e confrontá-los em um processo argumentativo.

Neste sentido, Pasupathi e Wainryb (2010) propõem o conceito de *agência moral* para referir-se à vivência e compreensão consciente de si mesmo e dos outros como agentes que fazem ações morais a partir de seus objetivos e crenças. Para essas autoras, as situações sociais frequentemente são complexas e muito poucas vezes ficam evidentes seus componentes intrinsecamente morais para os sujeitos. Nos casos em que isso ocorre, para julgar moralmente as situações e ações é necessário compreendê-las com base na agência moral do indivíduo envolvido neste ato, ou seja, se este pensa em termos morais o ocorrido ou não. Tal como explicam as autoras, as pessoas tendem a fazer atos que consideramos moralmente incorretos, como, por exemplo, prejudicar o outro, e para justificar nossas ações recorremos a diminuir a relevância moral do ocorrido, com a finalidade de nos convencermos – e também aos outros – de que não fizemos nada de errado. Desta maneira, a agência moral se desenvolve em relação aos atos que têm consequências morais, mas os princípios e as crenças que intervêm podem corresponder a outros domínios, por exemplo, se justificamos ter ferido os sentimentos de alguém dizendo que somos livres para escolher com quem queremos passar nosso tempo, ainda que este último corresponda ao domínio pessoal, segundo Turiel.

O sentido de agencialidade moral é um fenômeno singular – assim como a identidade das pessoas – que se desenvolve em relação a crenças, desejos e emoções complexas que pertencem a múltiplos domínios. Sem dúvida, seu desenvolvimento depende do desenvolvimento da teoria da mente (veja Nuñez, Capítulo 10 do volume I desta obra), mas não são idênticos. Nós, as pessoas, não nos convertemos em agentes morais ao conhecer os desejos e as crenças dos outros, mas atuando em relação a eles, de acordo com o pressuposto de que somos capazes de controlar a nós mesmos e, portanto, os resultados que obteremos.

A partir desta perspectiva, quando as pessoas fazem um juízo moral, constroem uma narrativa sobre a situação na qual enfatizam as emoções, os sentimentos e as crenças envolvidas, ou seja, as diferentes agências morais envolvidas, incluindo, em alguns casos, a própria. Assim, na medida em que as pessoas realizam esses processos construtivos de sentido, torna-se mais complexa nossa compreensão sobre a própria agência moral e a dos outros (Pasupathi; Wainryb, 2010).

Então, voltando às relações entre educação e juízo moral, consideramos que fazer narrações conjuntas com os companheiros de classe pode proporcionar diferentes perspectivas sobre os fatos que promovem o desenvolvimento da agência moral. Isso é muito próximo às colocações de Piaget sobre a interação entre pares e o desenvolvimento da autonomia, ou os de Kohlberg sobre o trabalho com dilemas morais e as possibilidades de desenvolvimento moral a partir do conhecimento das perspectivas dos outros. Não obstante, ao contrário desses autores, pensamos os sujeitos como inseridos em situações complexas, às quais não existe uma resposta ou juízo que indique um maior ou menor nível de desenvolvimento moral. Ao contrário, assumimos a tensão constitutiva entre o que consideramos que "está certo" ou "está errado" e como efetivamente agimos, o que nos leva a implementar diferentes processos cognitivos para justificar nossas ações. Em outras palavras, consideramos a moral própria da vida cotidiana, onde não nos comportamos como filósofos emitindo juízos perante uma situação externa.

Por outro lado, diferentes estudos mostram que, quando os ouvintes (pais, professores, amigos, etc.) adotam uma atitude receptiva perante essas narrativas morais (fazendo perguntas, mostrando empatia ou ouvindo com interesse o que está sendo dito), elas se tornam mais complexas, o que contribui para o desenvolvimento da agência moral (Pasupathi; Hoyt, 2009). Particularmente o papel de quem escuta se torna determinante para desmantelar as estratégias às quais recorremos para justificar nossos atos moralmente questionáveis. Ainda que seja necessário sermos cuidadosos neste ponto porque, assim como advertem Pasupathi e Wainryb, o modo como se assume este papel não é simples, por exemplo, quando se confronta muito o relator, o agente pode assumir uma posição defensiva.

Consideramos que essas propostas oferecem um campo de possibilidades para os educadores, que podem criar situações propícias para o desenvolvimento da agência moral, possibilitando a construção de narrativas morais por parte dos alunos e construindo-se a si mesmos e ao resto da turma, como um auditório receptivo, estimulando a consideração de aspectos psicológicos nos relatos e possibilitando a consideração de diferentes perspectivas. Além disso, poder compreender a perspectiva dos outros, como afirmava Piaget (1971), não gera mudanças só no nível cognitivo mas também modifica a estrutura das relações sociais. A troca de reflexões entre pares permite o estabelecimento de uma sociedade tolerante e igualitária e também possibilita a constituição de sujeitos autônomos, capazes de se conscientizar sobre seu próprio eu, dos outros e seu lugar na sociedade (Castorina; Faigenbaum; Clemente, 2001).

NOTAS

1 Diferentes autores têm questionado a existência de um período egocêntrico no desenvolvimento cognitivo, sobretudo no que se refere ao seu caráter pré-social (Bruner, 2001; Vygotsky, 2007) e na impossibilidade de compreender a mente dos outros (Astington, 1998). Neste trabalho, nos referimos ao egocentrismo em um sentido epistêmico, entendido como a centralização do processo de construção do conhecimento na perspectiva ou ação do sujeito, que se abandona progressivamente durante o processo de desenvolvimento cognitivo, mas nunca se supera por completo, porque é constitutivo de toda a ação cognitiva (Piaget, 1976).

2 Um dos dilemas que utilizou e provavelmente o mais conhecido é o de Heinz: "Na Europa, uma mulher estava perto da morte por causa de uma grande enfermidade, um tipo especial de câncer. Havia uma droga que poderia salvá-la, era uma fórmula de rádio, pela qual o farmacêutico cobrava dez vezes mais do que lhe custava para fazê-la. Heinz, o marido da mulher doente, pediu para que todos os seus conhecidos lhe emprestassem o dinheiro, mas só pôde arrecadar metade do valor do remédio. Ele disse ao farmacêutico que sua mulher estava morrendo e pediu que vendesse mais barato ou que permitisse que lhe pagasse depois. Mas o farmacêutico disse: 'Não, eu descobri o remédio e vou ganhar dinheiro com ele'. Desse modo, Heinz se desesperou e invadiu a farmácia a fim de roubar o medicamento para sua mulher. O marido deveria ter feito isso? Por quê?" (KOHLBERG, 1998, p. 105).

REFERÊNCIAS

ASTINGTON, J. W. *El descubrimiento infantil de la mente*. Madrid: Morata, 1998. Edição original: *The child's discovery of the mind*. Cambridge: Harvard University, 1993.
BAKHTIN, M. M. *The dialogical imagination*. Austin: University of Texas, 1981.
BRUNER, J. *Realidades mentales y mundos posibles*. Barcelona: Gedisa, 2001. Edição original: *Actual minds, possible worlds*. Cambridge: Harvard University, 1986.
CASTORINA, J. A.; FAIGENBAUM, G.; CLEMENTE, F. Conhecimento individual e sociedade em Piaget: implicacões para a investigacão psicológica. *Educacão & Realidade*, v. 1, n. 27, p. 27-50, 2001.
DE WAAL, F. *Primates y filósofos*: la evolución de la moral del simio al hombre. Barcelona: Paidós, 2007. Edição original: *Primates and philosophers*. Princeton: Princeton University, 2006.
DURKHEIM, E. *La educación moral*. Buenos Aires: Schapire, 1973. Originalmente publicado em 1924.
FAIGENBAUM, G. et al. El enfoque piagetiano en la investigación moral: alternativas frente al naturalismo y el relativismo. In: CASTORINA, J. A. (Comp.). *Cultura y conocimientos sociales*: desafios a la psicologia del desarrollo. Buenos Aires: Aique, 2007. p. 89-116.
FLANAGAN, O. *La psychologie morale et ethique*. Paris: PUF, 1996.
GILLIGAN, C. *La moral y la teoria psicológica del desarrollo femenino*. Mexico: Fondo de Cultura Economica, 1985. Edição original: *In a different voice*: psychological theory and woman's development. Cambridge: Cambridge University, 1982.
GILLIGAN, C.; ATTANUCCI, J. Two moral orientations. In: GILLIGAN, C.; WARD, J. V.; TAYLOR, J. M. (Ed.). *Mapping the moral domain*. Cambridge: Harvard University, 1988. p. 73-86.
HAIDT, J. Morality. *Perspectives on psychological science*, v. 3, n. 1, p. 65-72, 2008.
HAIDT, J. The emotional dog and its rational tail: a social intuitionist approach to moral judgment. *Psychological Review*, v. 108, n. 4, p. 814-834, 2001.
HAIDT, J. The emotional dog gets mistaken for a possum. *Review of General Psychology*, v. 8, n. 4, p. 283-290, 2004.
HAIDT, J.; KOLLER, S. L.; DIAS, M. G. Affect, culture, and morality, or is it wrong to eat your dog? *Journal of Personality and Social Psychology*, v. 63, n. 4, p. 613-628, 1993.

HAUSER, M. *La mente moral*: como la naturaleza ha desarrollado nuestro sentido del bien y del mal. Barcelona: Paidós, 2008. Edição original: *Moral minds*: how nature designed our universal sense of right and wrong. New York: Harper Collins, 2006.
KOHLBERG, L. *De lo que es a lo que debe ser*. Buenos Aires: Almagesto, 1998. Edição original: From is to ought: how to commit the naturalistic fallacy and get away with it in the study of moral development. In: MISCHEL (Ed.). *Cognitive development and epistemology*. New York: Academic, 1971. p. 151-232.
KOHLBERG, L. *Essays on moral development*: the philosophy of moral development. San Francisco: Haper y Row, 1981. v. 1.
KOHLBERG, L. Estadios morales y moralizacion: el enfoque cognitivoevolutivo. In: TURIEL, E.; ENESCO, I.; LINAZA, J. (Comp.). *El mundo social en la mente infantil*. Madrid: Alianza, 1997. p. 71-100. Edição original: LICKONA, T. (Ed.). *Moral development and behavior.* New York: Holt; Rinehart y Winston, 1976. p. 31-53.
KOHLBERG, L. The development of children's orientations toward a moral order I: sequence in the development of moral thought. *Vita Humana*, v. 6, p. 11-33, 1963.
KOHLBERG, L.; POWER, F. C.; HIGGINS, A. *La educación moral segun Lawrence Kohlberg*. Barcelona: Gedisa, 1997. Edição original: *Lawrence Kohlberg's approach to moral education*. New York: Columbia Univesity, 1989.
KOHLBERG, L.; SCHARF, P. Y.; HICKEY, J. The justice structure of the prison: a theory and an intervention. *The Prision Journal,* v. 51, n. 2, p. 3-14, 1971.
NUCCI, L. Education for moral development. In: KILLEN, M.; SMETANA, J. (Ed.). *Handbook of moral development*. New Jersey: Erlbaum, 2006. p. 657-682.
PASUPATHI, M.; HOYT, T. The development of narrative identity in late adolescence and emergent adulthood: the continued importance of listeners. *Developmental Psychology*, v. 45, n. 2, p. 558-574, 2009.
PASUPATHI, M.; WAINRYB, C. Developing moral agency through narrative. *Human Development*, v. 53, p. 55-80, 2010.
PIAGET, J. *El criterio moral en el nino*. Barcelona: Fontanella, 1971. Edição original: *Le jugement moral chez l'enfant*. Paris: Universitaires de France, 1932.
PIAGET, J. *El juicio y el razonamiento en el nino*. Buenos Aires: Guadalupe, 1992. Edição original: *Le jugement et le raisonnement chez l'enfant*. Neuchatel: Delachaux et Niestle, 1924.
PIAGET, J. *Estudios sociologicos*. Barcelona: Ariel, 1977. Edição original: *Etudes sociologiques*. Ginebra: Droz, 1965.
PIAGET, J. Introducción. In: LAURENDEAU, M.; PINAR, A. *Las primeras nociones espaciales en el nino*. Buenos Aires: Glem, 1976. v. 1, p. 11-18. Edição original: *Les premieres notions spatiales de l'Enfan*. Neuchatel: Delachaux et Niestle, 1968. v. 1.
RUBIO CARRACEDO, J. La psicologia moral: de Piaget a Kohlberg. In: CAMPS, V. (Ed.). *Historia de la etica 3*: la etica contemporanea. Barcelona: Critica, 2000. p. 481-655.
SMETANA, J. Social-cognitive domain theory: consistence and variations in children's moral and social judgments. In: KILLEN, M.; SMETANA, J. (Ed.). *Handbook of moral development*. New Jersey: Erlbaum, 2006. p. 119-154.
TAPPAN, M. B. Domination, subordination and the dialogical self: Identity development and the politics of Ideological Becoming. *Culture and Psychology,* v. 11, n. 1, p. 47-75, 2005.

TAPPAN, M. B. Mediated moralities: sociocultural, approaches to moral development. In: KILLEN, M.; SMETANA, J. (Ed.). *Handbook of moral development.* New Jersey: Erlbaum, 2006. p. 351-374.

TAPPAN, M. B. Power, privilege, and critique in the study of moral development. *Human Development*, v. 43, p. 165-169, 2000.

TAPPAN, M. B. Telling moral stories: from agency to authorship. *Human Development,* v. 53, p. 81-86, 2010.

TAPPAN, M. B. Texts and contexts: Language, culture, and the development of moral functioning. In: WINEGAR, L. T.; VALSINER, J. (Ed.). *Children's development within social context.* New Jersey: Erlbaum, 1992. p. 93-122.

TURIEL, E. *El desarrollo del conocimiento social*: moralidad y convención. Madrid: Debate, 1984. Edição original: *The development of social knowledge:* morality and convention. Cambridge: Cambridge University, 1983.

TURIEL, E. *The culture of morality*: social development, context and conflict. Cambridge: Cambridge University, 2000.

TURIEL, E. The development of children's orientations toward moral, social and personal orders: more than a sequence in development. *Human Development,* v. 51, p. 21-39, 2008.

VYGOTSKY, L. Historia del desarrollo de las funciones psíquicas superiores. In: VYGOTSKY, L. *Obras escogidas.* Madrid: Visor-MEC, 1995. t. 3, p. 11-340. Originalmente publicado em 1931.

VYGOTSKY, L. *Pensamiento y habla.* Buenos Aires: Colihue, 2007. Originalmente publicado em 1934.

WAINRYB, C. Understanding differences in moral judgments: the role of informational assumptions. *Child Development*, v. 62, p. 840-933, 1991.

WAINRYB, C.; TURIEL, E. Diversity in social development: between or within cultures? In: KILLEN, M.; HART, D. (Ed.). *Morality in everyday life.* New York: Cambridge University, 1995.

WERTSCH, J. *La mente en acción.* Buenos Aires: Aique, 1998. Edição em inglês: *Mind as action.* New York: Oxford University, 1998.

9
Representação e aprendizagem das narrativas históricas[1]

Mario Carretero

O CONHECIMENTO HISTÓRICO E O DESENVOLVIMENTO DA NARRAÇÃO

A construção do conhecimento histórico está intimamente relacionada com a elaboração de narrações (CARRETERO; VOSS, 2004), mas, sem dúvida, a influência das narrativas se estende além do campo da história e de sua aprendizagem, constituindo um elemento básico do conhecimento humano. Os seres humanos interpretam narrativamente tanto suas ações e comportamentos como os dos demais, existindo, portanto, uma predisposição a organizar essa experiência mediante estruturas de narrativas (BRUNER, 1991). À defesa deste caráter universal do pensamento narrativo se somam autores como Egan (1997), o qual propõe uma teoria do desenvolvimento cultural da mente cuja estrutura é a linguagem e cujo instrumento cognitivo central é a narrativa, estabelecendo cinco etapas progressivas de amadurecimento natural: a somática, a mítica, a romântica, a filosófica e a irônica. Não resta dúvida de que as características dessas etapas possuem elementos muito interessantes para determinar como os alunos de diferentes idades e etapas educativas podem abordar a história como disciplina e como podem compreendê-la de diferentes maneiras.

A primeira etapa, a *somática*, se refere ao modo de compreensão pré-linguístico, independente da linguagem. Focando as formas linguísticas de compreensão, a primeira dessas etapas é a chamada *mítica*, cujo instrumento é a linguagem oral e cujo componente cultural central é o mito. Essa etapa se estende dos 2 ou 3 anos de idade até o início da alfabetização, por volta dos 6 ou 8 anos. Seus componentes principais são a estrutura binária – bom ou mau, rico ou pobre, por exemplo – e a fantasia – categoria mediadora entre os opostos, por exemplo: os fantasmas como categoria mediadora entre os vivos e os mortos. Ambos os componentes constituem elementos centrais da estrutura das narrações e contos para crianças. Desta maneira, eles tenderão a compreender os conhecimentos históricos escolares como uma "historiazinha" de "bons e maus", no sentido assinalado, onde os aspectos principais de "tempo" e "espaço", como categorias historiográficas, tenderão a ser compreendidos em um sentido muito elementar.

A segunda etapa da compreensão de Egan é a chamada etapa *romântica*. Intimamente relacionada com o princípio da alfabetização e orientada para o desenvolvimento da racionalidade, ela ocorre entre os 9 e os 12 anos de idade, aproximadamente. Nela, as estruturas binárias dão lugar a uma realidade mais complexa. As características dessa etapa se vinculam com o conhecimento dos limites da realidade e da identidade. No entanto, persiste o desejo de ultrapassar esses limites, um desejo simbolizado na figura do herói. Trata-se de uma etapa situada entre o mito e o *logos*, onde os indivíduos e suas emoções assumem grande relevância. Essas capacidades narrativas permitirão uma compreensão dos conhecimentos históricos mais próxima da historiografia, mas, como é fácil de imaginar, ainda existirão algumas limitações a esse respeito.

A terceira etapa, a *filosófica*, é caracterizada fundamentalmente pela busca de relações e pode ser alcançada ao redor dos 12-15 anos de idade, após o acúmulo das capacidades das duas etapas anteriores. Assim, trata-se de ir além do interesse romântico pelos detalhes, para ir em busca de teorias, leis e esquemas gerais. Em termos mais precisos, essa busca por esquemas integradores e totalizadores pode estar por trás da vulnerabilidade dos jovens ao dogmatismo e à defesa incondicional de diversas "verdades absolutas". Um traço que caracteriza essa etapa é exatamente a rigidez das leis e dos conceitos que sustentam os esquemas gerais, bem como a ausência de flexibilidade. Outra característica desse período consiste na passagem de uma compreensão baseada na influência quase exclusiva dos heróis ou personagens principais, no surgimento da compreensão complexa dos agentes sociais, passando então dos gestos personalistas a uma representação abstrata dos processos sociais, algo que temos analisado profundamente em nossos estudos sobre o desenvolvimento da causalidade histórica e onde em geral temos encontrado um apoio empírico para essa posição de Egan (CARRETERO; JACOTT; LOPEZ-MANJÓN, 2002; CARRETERO et al., 2002).

A última etapa do desenvolvimento narrativo constitui a compreensão irônica, característica da idade adulta. É preciso esclarecer que, ainda que seja considerada "a última", ela não é garantida pelo desenvolvimento, como já foi indicado, mas é produzida sempre que existe uma adequada apropriação cultural. A compreensão irônica se caracteriza por um alto grau de reflexividade sobre o próprio pensamento e uma sensibilidade perante a natureza limitada dos recursos conceituais que podemos empregar para compreender o mundo. Assim, a ironia consiste em ter uma abertura mental suficiente para reconhecer a insuficiente flexibilidade de nossa mente. Uma das características principais dessa etapa consiste em prescindir do conceito de "verdade" totalizante, e ao mesmo tempo desenvolver a capacidade de reconhecer o caráter multifacetado do mundo social.

A teoria da compreensão narrativa de Egan ressalta a influência das primeiras narrações sobre a posterior compreensão adulta do mundo. Da mesma maneira, essa teoria nos proporciona algumas diretrizes sobre os objetivos que nossos alunos devem alcançar para poder compreender a história, fundamentalmente por meio de seus componentes narrativos. Assim, como veremos a seguir, tanto o desenvolvimento de uma visão crítica, flexível e distanciada do dogmatismo, própria da etapa irônica, como a melhoria de diferentes restrições próprias das etapas mítica, romântica e filosófica, constituem avanços cognitivos que podem assentar as bases para uma melhor alfabetização histórica (LÉVESQUE, 2008; WINEBURG, 2001).

Por outro lado, de uma perspectiva da educação (BARTON; LEVSTIK, 2004), as narrativas são uma poderosa ferramenta cultural para a compreensão da história, se bem que, como se sabe, a estrutura explicativa e lógica de caráter historiográfico também precisa de elementos dedutivos e indutivos de grande complexidade. Partindo desses fundamentos e reconhecendo que o uso das narrativas no ensino da história apresenta inúmeros benefícios, não devemos deixar de lado que seu uso também implica o surgimento de alguns possíveis problemas que dificultam a aprendizagem da história e que evitá-los deve constituir um dos objetivos de nossos alunos em termos de conseguir uma alfabetização histórica adequada.

Como já destacamos, o uso das narrativas ajuda a utilizar e manejar o conceito de relações causais. As narrativas não são uma sequência de eventos aleatórios, e sim de eventos que usam explicações desse tipo, buscando lançar luz sobre como um fato acarreta outro e os fatores que afetam todas essas relações (Barton; Levstik, 2004). No entanto, as narrativas não incluem absolutamente todos os eventos relacionados com um tema nem todos os atores que participam de tais eventos. Portanto, um dos objetivos de nossos alunos deve ser compreender que inevitavelmente as narrativas simplificam a história, contam algumas histórias, mas não outras, falam de certos personagens centrais, porém esquecem outros menos conhecidos e mais anônimos, que às vezes podem chegar a ser grupos sociais inteiros. Um ensino que pretende desenvolver uma alfabetização histórica deveria convidar nossos estudantes a evitar estes preconceitos e a ter consciência de que existem histórias alternativas, vistas de outras perspectivas, que incluem outros protagonistas, que também devem ser levados em conta.

Por outro lado, devido exatamente à estrutura causal das narrativas, a história às vezes é vista pelos alunos como uma narrativa na qual tudo se encaixa logicamente. Assim, as narrativas levam nossos estudantes a pensar que a história é uma sucessão mecanicista de acontecimentos, o que possibilita que frequentemente eles cheguem a realizar previsões sobre a história, com base, precisamente, nesta lógica mecanicista. As crenças das pessoas, da mesma maneira, também mudariam por razões lógicas simples, focando os sucessos individuais e ignorando os fatores sociais, movimentos políticos ou econômicos. Assim, os alunos concebem as relações causais na história de maneira análoga às encontradas nas narrativas mais habituais, gerando uma simplificação da disciplina. A história ficaria reduzida a um relato cujas relações não são complexas e multicausais, mas bem mais simples e lógicas, como assinala Alridge (2006). Outro dos objetivos fundamentais que nossos alunos devem alcançar ao trabalhar com as narrativas é compreender que elas são uma ferramenta para a compreensão da história, mas não equivalem à história em si.

Assim, quando as narrativas são exclusivamente de uso personalista e individual, se produz uma ausência de explicações causais de caráter estrutural, baseadas em fatores de cunho social, político e econômico, à medida que se ignoram os impactos produzidos pelas ações coletivas. Em inúmeras ocasiões, se produz uma encarnação de um acontecimento histórico em um personagem, o qual é visto como causa e ator principal do acontecimento, focando assim causas personalistas (Carretero et al., 1994; Halldén, 1998). Da mesma maneira, são gerados efeitos negativos no tipo de explicações causais que os alunos utilizam quando precisam compreender a história. Quando os estudantes se deparam com textos mais abstratos, que são os mais difíceis de entender, procuram utilizar as narrativas individuais como uma ferramenta de compreensão do texto, para ordenar uma narração. Por isso, buscam razões ou motivos individuais que lhes permitam compreender o que sucede.

Deste modo, a história é vista como uma sucessão de histórias sobre personagens famosos que raramente têm relação entre si e são compreendidos – no melhor dos casos – de maneira isolada. Esse isolamento é favorecido pelo fato de que as histórias sobre esses personagens incluem, no máximo, seu tempo de vida, de modo que se perde uma visão da história sob uma perspectiva mais ampla.

A CONSTRUÇÃO DE IDENTIDADES E A APRENDIZAGEM DE NARRATIVAS HISTÓRICAS

As narrativas mais frequentes com as quais o aluno se depara, tanto no âmbito escolar como no cotidiano, são as narrativas nacionais. No contexto escolar de cada país, o estudo da história não costuma focar narrativas aleatórias sobre qualquer zona do planeta, nem sequer necessariamente são estudadas narrativas sobre a área geográfica na qual o aluno habita (Europa, América Latina, Ásia e outras). Entretanto, de fato há uma temática que está presente praticamente na totalidade dos países na hora de ensinar história: as narrativas que fazem referência à "história de nosso próprio país" (BARTON; LEVSTIK, 2004; BARTON; McCULLY, 2005; CARRETERO, 2007, 2011).

Dificilmente isso nos surpreende, quando levamos em conta que o ensino da história que surge no final do século XIX é feito com objetivos nitidamente indentitários, relacionados à construção das nações e, por conseguinte, com o propósito de contribuir decisivamente para alcançar tais objetivos (BOYD, 2000; CARRETERO, 2007; CARRETERO; CASTORINA; LEVINAS; VÁZQUEZ, 2000). Esse tipo de narrativa influencia profundamente a maneira pela qual nossos alunos compreendem e analisam as informações sobre o passado. Assim, essas narrativas não somente diminuem a importância dessas "outras histórias", mas também influenciam o tipo de explicações causais que os alunos dão a determinados acontecimentos históricos (CARRETERO; KRIGER, 2011; CARRETERO; ROSA; GONZÁLEZ, 2006).

O EXEMPLO DA CONSTRUÇÃO NARRATIVA DA RECONQUISTA DA PENÍNSULA IBÉRICA

O exemplo a seguir, de uma narrativa histórica elaborada por um estudante universitário espanhol, mostra a profundidade dessas questões emergentes. Usando esse exemplo, discutiremos as diferentes facetas do problema e as linhas de pesquisa correspondentes sobre a produção e o consumo de narrativas históricas. A narrativa que apresentaremos foi registrada durante uma entrevista realizada por um dos autores como parte de uma pesquisa sobre o desenvolvimento da compreensão das explicações causais na história (Carretero; López-Manjón; Jacott, 1997). O objetivo do questionamento era determinar se os estudantes universitários eram capazes de entender acontecimentos históricos significativos com base em causas abstratas, socioeconômicas e políticas, em contraposição a motivos personalizados, que costumam ser mais concretos e típicos dos estudantes mais jovens. Para isso, foi pedido aos participantes que explicassem que fatores levaram à derrota dos árabes na batalha de Granada de 1492, quando o último soberano muçulmano submeteu seu reino aos reis católicos. A vitória, que levou à expulsão definitiva dos árabes da Península Ibérica (hoje em dia, Espanha e Portugal), é considerada como um momento crucial na história da Espanha. Ela representa o começo do império espanhol, seguido pelo "descobrimento" da América por Cristóvão Colombo, na expedição financiada pelos reis mencionados.

Pablo (21 anos), um dos entrevistados, ofereceu um relato que inclui a maioria dos fatos e motivos da pesquisa historiográfica contemporânea que são encontrados nos cursos de ensino médio. Analisando as partes de seu longo relato, vemos que ele é capaz de explicar que:

- Os árabes chegaram no ano de 711 e se espalharam por toda a Península Ibérica em poucos anos.
- Eles encontraram uma diversidade de reinos cristãos que haviam se estabelecido na península a partir do colapso do Império Romano.
- Houve frequentes lutas entre os soberanos cristãos, que certas ocasiões fizeram alianças com os soberanos muçulmanos, para vencer seus oponentes e conquistar seus territórios.
- Nesse período, os árabes, cristãos e judeus viveram juntos e se desenvolveram em paz.
- As fronteiras dos domínios árabes e cristãos mudaram com frequência, de modo que diferentes reinos se expandiram ou dimi-

nuíram seu território durante os 800 anos da presença árabe na península.
– Os reis católicos foram os monarcas de Aragão e Castela.

O relato de Pablo revela uma capacidade relativamente bem desenvolvida de elaborar complexas explicações causais, algo comum entre os estudantes de sua idade e com seus antecedentes. Este entrevistado considerou os múltiplos fatores sociais, econômicos e políticos, relacionando processos de médio e longo prazo com eventos imediatos e mantendo um registro correto da cronologia dos eventos-chave e momentos de mudança.

No entanto, pouco depois de completar seu relato, Pablo se deteve alguns segundos e nos ofereceu um epílogo de sua explicação, chamando a atenção do entrevistador: "Bem, de qualquer maneira, o mais importante, que não mencionei antes, é que ninguém gosta que invadam sua nação". O entrevistador, então, perguntou: "Em que nação você está pensando?", e Pablo respondeu: "A Espanha! Os muçulmanos eram invasores na Espanha desde 711. Então, na realidade, o que os reis católicos fizeram foi terminar a Reconquista".

O epílogo de Pablo revela duas narrativas conflitivas que coexistem em sua mente. Neste momento, a narrativa da Reconquista da Península Ibérica (ou da reconquista cristã da Península Ibérica dos muçulmanos invasores) põe de lado a versão historiográfica que fundamentava a primeira parte de sua entrevista. Interessado na aparente contradição, o entrevistador ("E") continuou questionando (CARRETERO; LÓPEZ; RODRÍGUEZ-MONEO, 2012; LÓPEZ; CARRETERO; RODRÍGUEZ-MONEO, no prelo).

E: Por que ocorreu [a Reconquista da Península Ibérica]?
Pablo: Bem, porque os árabes tinham ferido, digamos assim, o orgulho espanhol cristão. Então, normalmente é preciso recuperar o que fora tomado. É preciso tentar, não importa quanto tempo leve.
E: E a área que voce desenhou como al-Ándalus [a Andaluzia, um território árabe, aproximadamente um terço da Península Ibérica] era nesta época legitimamente árabe? O que você acha?
Pablo: Não há dúvida de que haviam passado vários séculos e que talvez eles [os árabes] haviam se convencido de ter os mesmos direitos que os cristãos... é verdade. Mas mesmo assim acredito que o território primeiramente era cristão... O que aconteceu foi que eles levaram muito tempo para recuperar seu território. Sem dúvida era um território legitimamente cristão.
E: Ok. Temos empregado a palavra "Reconquista". Voce poderia me dizer o que significa para você?

Pablo: Bem, para mim, reconquistar é recuperar um território que era considerado como meu. Por exemplo, se eu sou dono desta mesa inteira e estou estudando nela, e se você ou outra pessoa passa... Se me pedes, então eu diria talvez... um pouco... Mas se você vem aqui e vai tomando conta dela, me ameaçando pouco a pouco... Se eu ponho meus livros aqui e mesmo assim você vai avançando... Bem chega um momento em que me canso e digo: "Ei! O que você está fazendo? Me deixa em paz!". Mas [no caso da Reconquista] estamos falando de algo muito mais importante, porque o que é meu não é de mais ninguém! Então eu acho que o objetivo da Reconquista era recuperar algo que era meu e que havia sido tomado de mim à força.

Logicamente, a primeira narrativa excluía a segunda: os reis cristãos não controlaram todo o território e não formaram uma espécie de entidade unida. Portanto, a Espanha, o sujeito histórico da Reconquista, não existia quando os árabes chegaram, em 711, nem durante as centenas de anos nos quais estes ocuparam a Península Ibérica. Consequentemente, *stricto sensu*, não havia território a reconquistar. A primeira parte do relato de Pablo reflete esse entendimento. Contudo, o mero uso do conceito Reconquista, proeminente na historiografia mais tradicional, determina como Pablo, ao final da conversa, entende o passado, apelando ao "ódio natural" que todos experimentaríamos ao "ter nossa nação invadida", para explicar a força moral que levou os reis católicos à vitória final. Foi então que ele redefiniu a expansão irregular e conflitiva dos reis cristãos como um grande esforço coordenado dos soberanos cristãos, guiados pela intenção ontológica e compartilhada de "recuperar" seu vasto território perdido para os árabes a partir de 711.

CONTRADIÇÕES E RUPTURAS NA CONSTRUÇÃO DE UMA NARRATIVA HISTÓRICA

Como Pablo pode defender uma explicação causal complexa do evento histórico junto com um relato de caráter predominantemente mítico ou heroico? A coexistência das duas narrativas antagônicas na mente de Pablo sugere que o processo de consumo e os aspectos relacionados talvez inevitavelmente envolvam contradições e rupturas. Como estas ocorrem e de onde surgem? Como o indivíduo lida com elas? Como as explicamos? Essas questões são cruciais para o objetivo deste artigo, e as páginas a seguir exploram diferentes abordagens a esse sentido. Algumas enfatizam os processos socioculturais que compõem a construção individual das narrativas históricas, enquanto outras destacam os processos cognitivos envolvidos. Buscamos uma interação entre as duas.

A ONIPRESENÇA DAS NARRATIVAS ONTOLÓGICAS

Pablo mostra uma profunda interiorização de um conceito ontológico e essencialista da nação espanhola que encontra ampla difusão na sociedade. O seguinte exemplo de um livro-texto (Álvarez, 1997), largamente utilizado nas décadas compreendidas entre 1940 e 1970, ilustra essa visão que outrora dominava o ensino da história na Espanha e poderíamos dizer que inclusive em inúmeros países da América Latina: "A Reconquista é como denominamos a luta travada pelos cristãos por quase oito séculos para expulsar os mouros da Espanha... A Espanha está entre as nações que mais contribuiu para a civilização e que tem tido uma as maiores influências na história universal... A Espanha é sua pátria... Conheça sua história... Veja suas virtudes e exemplos heroicos...".

Sem dúvida, esse tipo de conteúdo já não está presente nos livros-texto atuais, mas ainda é encontrado nos meios informais, como a literatura e o cinema popular, em monumentos e em conversas casuais. Assim, por exemplo, demonstrando a onipresença e importância da narrativa da Reconquista, o ex-primeiro ministro José María Aznar reclamou em um discurso que "os árabes nunca pediram perdão por terem invadido a Espanha há 13 séculos" (Jornal El País, 2006).

Por outro lado, as análises de conteúdo dos livros-texto espanhóis e suas mudanças nas últimas três décadas (Carretero, 2011; Valls, 2007) concordam ao destacar a importância e ubiquidade da Reconquista como coluna vertebral da identidade nacional. A construção da Espanha e dos espanhóis como sujeitos heroicos perante os árabes e capazes de vencê-los parece derivar de tal produção cultural. A memória coletiva espanhola foi criada durante os séculos XVII e XIX como estratégia de apoio para a construção de uma identidade nacional e tem se mantido em oposição radical à identidade árabe (Álvarez Junco, 2001; Boyd, 2000). A noção de "reconquistar" serve para organizar o passado em uma estrutura narrativa que define um caráter heroico (da Espanha) dotado de uma intenção intrínseca (a recuperação de seu território). Ambos os elementos estão enraizados em uma suposição ontológica: a Espanha, o espírito nacional essencial, já existia antes da fundação da própria nação e conduziu as ações de seu povo a um destino predeterminado. Assim, uma vez que é introduzido o motivo central da Reconquista no relato da presença dos árabes na Península Ibérica durante 800 anos, o passado é reordenado de tal modo que justifique as ações passadas, presentes e futuras. Em um sentido meramente cronológico, um processo de 800 anos para "recuperar" um território é incrivelmente extenso. Não obstante, as narrativas nacionais costumam usar o tempo desta maneira mítica. Considere-se, por exemplo, a narrativa israelense que sustenta a necessidade de criar o Estado de Israel, argumentando que era preciso recuperar a terra – ocupada pelos palestinos durante séculos – com a justificativa de que o povo judeu havia sido expulso daquele território há 2 mil anos, como analisou Sand (2010).

AS NARRATIVAS HISTÓRICAS COMO FERRAMENTAS CULTURAIS

A análise sociocultural dos conteúdos da história escolar mostra como são formadas as "narrativas oficiais" que tentam determinar as representações de um sujeito do passado. O passado, presente e futuro da nação são organizados nas versões oficiais da chamada "história da nação" que é propagada nas escolas. Tais narrativas envolvem uma continuidade: se constitui um "nós identitário" e a concepção típica do século XIX da "nação" como a comunidade de destino (Smith, 1991) é transformada em novas comunidades imaginárias. Hobsbawn (1990) define essa análise como "a metodologia programática da nação".

As "histórias nacionais" foram concebidas para serem ensinadas. Elas são compostas de uma série de registros, como os monumentos e os acontecimentos importantes. Por exemplo, esses rituais patrióticos desempenham um importante papel em muitos países. O caso da América Latina é claramente paradigmático. Em vários países latino-americanos, pelo menos quatro comemorações histórico-patrióticas acontecem na escola, a cada ano. Elas geralmente consistem na dramatização e discussão dos eventos, batalhas e heróis nacionais relacionados com os processos de independência política de cada país.

Nos Estados Unidos, encontramos esse tipo de atividades em muitos lugares e monumentos históricos (Beckstead, 2012), além das atividades escolares. Esses cenários, até agora ignorados pelos investigadores, transmitem uma considerável quantidade de conteúdos históricos, influenciando na compreensão histórica do estudante (Carretero, 2011). Assim, o registro escolar contido nas narrativas dos livros-texto é provavelmente um dos mais importantes e eficientes recursos para determinar como as pessoas consomem as narrativas produzidas em suas sociedades. As versões escolares, heroicas e comemorativas em geral unem os relatos de maior ou menor importância em uma longa cadeia, em virtude do papel que cumprem na construção do que poderíamos denominar a "saga" da nação. A maioria das sagas adota uma forma teleológica, de modo que o destino já está contido nas origens, assim o conhecimento das "raízes" de uma nação é indispensável para saber como agir no futuro. Como demonstram Alridge (2006) e Straub (2005), essas "narrativas dominantes" permanecem ao longo do tempo sob vários contextos específicos. Ainda que as narrativas específicas mudem com frequência, as narrativas principais raramente mudam e se repetem nas revisões subsequentes. Da perspectiva da psicologia sociocultural, as narrativas oficiais da nação constituem ferramentas culturais (WERTSCH; ROZIN, 2000) que configuram modelos esquemáticos (*schematic templates*) na mente do estudante. Elas definem a estrutura básica das narrativas históricas e como as pessoas as representam.

CARACTERÍSTICAS DA PRODUÇÃO E DO CONSUMO DE NARRATIVAS HISTÓRICAS

Vários estudos (CARRETERO, 2011; CARRETERO; KRIGER, 2011; VAN SLEDRIGHT, 2008) descrevem as características e o funcionamento das narrativas históricas e explicam sua presença na produção de livros de história escolar e em artefatos culturais que sem dúvida supõem o apoio do Estado-nação. Podemos destacar seis dessas características:

1) A exclusão-inclusão como operação lógica que contribui para estabelecer o sujeito histórico.
2) A identificação como base cognitiva e afetiva.
3) Um caráter mítico e heroico.
4) A simplificação dos eventos históricos relacionados com o motivo central da busca da liberdade.
5) Elas constituem exemplos e orientações de caráter fundamentalmente moral.
6) Elas possuem uma concepção ontológica e essencialista da nação e de seus habitantes.

A maioria dessas características foi identificada e explicada no processo de produção das narrativas históricas que estão presentes nos meios culturais (p. ex., nos livros-texto escolares). No entanto, não fica claro como se manifestam na mente dos cidadãos quando estes se apropriam delas. Um breve exemplo nos ajudará neste sentido, tanto no que se refere à produção quanto ao consumo.

Consideremos um extrato da entrevista com Federico, uma criança argentina de 6 anos de idade que estava descrevendo a um entrevistador espanhol sua atividade escolar de dramatização dos eventos do dia 25 de Maio, que é comemorado como o dia da independência da Argentina em relação à Espanha. Após o menino ter relatado vários detalhes da representação com seus amigos, o entrevistador lhe pergunta: "Mas do que trata a comemoração?", Federico respondeu: "Olha, eu não sei muito bem, mas acho que foi quando conseguimos ficar livres". Pedindo que esclarecesse, o entrevistador parafraseou suas palavras: "Quando conseguimos ficar livres?". Imediatamente Federico corrigiu: "Bem, vocês não. Nós, ou seja, os argentinos". "Ah, entendi", comentou o visitante espanhol, "vocês, os argentinos, conseguiram se libertar... Mas como? O que aconteceu?", e Federico respondeu com franqueza, "Bem, eu não sei se entendi muito bem o que aconteceu, acho melhor perguntar para o professor... mas acho que nos tornamos livres quando... nós, os argentinos... nos livramos do faraó".

A exclusão-inclusão como operação lógica que contribui para estabelecer o sujeito histórico

Destaca-se neste exemplo o domínio que a criança demonstra sobre a distinção entre "nós" (neste caso se trata dos argentinos, mas poderia ser qualquer nacionalidade) e "eles". Diferentes estudos têm mostrado que as crianças entre 6 e 8 anos de idade já dominam a distinção que envolve um "nós nacional" (BARRET, 2007), embora curiosamente ainda não sejam capazes de definir com precisão os atributos desta categoria. Em nosso exemplo, é interessante observar que o "nós nacional" não é apenas social e político, mas também histórico (CARRETERO, 2011). A explicitação "Bem, vocês não. Nós, ou seja, os argentinos" evidencia que Federico já está fazendo uma distinção fundamental, baseada em uma operação lógica de inclusão *versus* exclusão, que ele provavelmente continuará empregando em sua aprendizagem da história, dentro e fora da escola. Esse mecanismo tipicamente opera de tal maneira que os aspectos positivos, de modo quase exclusivo, são atribuídos ao "nós nacional", enquanto aspectos críticos ou negativos são atribuídos a "eles" (TODOROV, 1998). Da mesma maneira, as características negativas costumam ser ignoradas ou justificadas. Portanto, é razoável supor que as narrativas históricas principais serão aprendidas e desenvolvidas mais adiante baseadas nessa distinção fundamental (BARTON; LEVSTIK, 1998), segundo a qual o "nós" nacional é empregado como uma categoria bem definida.

A identificação como base cognitiva e afetiva

A distinção que envolve um "nós" nacional *versus* "eles" provavelmente se baseia tanto em características emotivas e afetivas como cognitivas (BARRET; BUCHANAN-BARROW, 2005). A dimensão emotiva promove um processo de forte identificação. No exemplo, Federico usa a narrativa de tal maneira que ela o inclua em uma comunidade particular, a Argentina. Quanto a isto, também é interessante destacar como o processo de categorização na mente de Federico não faz uma distinção entre o passado e o futuro: o "nós" presente que inclui ele próprio (os patriotas do Vice-Reino do Rio da Prata). Essa coincidência parcial não faz sentido de uma perspectiva histórica (a Argentina não existia no momento de sua independência. *Strictu sensu*, seus moradores eram habitantes do Vice-Reino do Rio da Prata, e não argentinos). No entanto, para Federico faz todo o sentido, porque, segundo a narrativa convencional ou oficial, a essência da nação argentina preexistia aos fatos históricos.

Para entender bem como são construídas as narrativas históricas, é essencial saber com mais precisão como os componentes emotivos e afetivos de conteúdo históricos influenciam desde muito cedo as mentes dos estudantes. Em particular, é necessário saber como essas narrativas históricas sustentam a distinção lógica entre inclusão e exclusão.

O caráter mítico e heroico

Uma das principais diferenças entre as explicações historiográficas e as míticas ou heroicas é precisamente a ausência do tempo nestas últimas. É totalmente irrelevante, por exemplo, saber a data de nascimento de Édipo ou qualquer outro marco temporal específico a este respeito. Mitos, figuras míticas e narrativas são, em geral, imunes às restrições do tempo. Em contraste, se poderia dizer que a história aparece quando o tempo e suas limitações são introduzidos em uma narrativa. Em nosso exemplo, fica claro que a compreensão que Federico tem dos eventos da independência argentina não inclui um domínio da dimensão temporal. Ao incluir o faraó, fica evidente que ele relaciona elementos da narrativa da libertação na antiguidade egípcia com a narrativa da liberação da burguesia latino-americana durante as revoluções do século XIX. De fato, a dificuldade de entender e usar cronologias e outras representações convencionais do tempo histórico é uma característica comum da compreensão histórica nessas idades (Barton, 2002; Carretero; Asensio; Pozo, 1991). Assim, em geral, as crianças não conseguem dominar os aspectos cronológicos do tempo histórico até terem aproximadamente 12 anos de idade.

Poder-se-ia propor a hipótese de que quando os estudantes experimentam um desenvolvimento cognitivo e melhoram sua compreensão do tempo histórico, diminuem os elementos míticos essenciais de suas narrativas históricas. Não obstante, recordando o relato de Pablo sobre a Reconquista da Espanha dos árabes, fica claro que os elementos mitológicos permanecem nas narrativas históricas de crianças com mais de 6 anos. Ainda que a estrutura temporal se ajuste aos cânones disciplinares, o tom heroico e a compreensão essencialista da nação evidenciam a permanência de elementos fundamentais das narrativas míticas. Sem dúvida, isso é bastante surpreendente, sobretudo de uma perspectiva evolutiva. Além dos modelos cognitivo-evolutivos de compreensão histórica, outras teorias psicológicas também preveriam que os elementos míticos chegam a desaparecer. Por exemplo, a posição de Egan, que foi descrita anteriormente, sugere que os adolescentes e jovens deveriam ser capazes de fazer narrativas históricas de níveis filosóficos e irônicos. Portanto, se as narrativas históricas nacionais mantêm seus componentes míticos e heroicos durante a adolescência e a idade adulta, vale a pena investigar que tipo de mecanismos culturais e cognitivos acarretam tais representações.

A simplificação de eventos históricos em torno do motivo geral da busca da liberdade

As narrativas nacionais costumam simplificar a enorme complexidade de processos e eventos históricos relacionados a questões morais de caráter comum. Esses temas geralmente se vinculam a um sentido de destino protagônico nos relatos teleológicos do passado. Neste sentido, vários estudos têm mostrado como tal sentido se manifesta no pensamento dos estudantes. Por exemplo, Barton e Levstik (2004) e Penuel e Werstch (2000) pesquisaram como estudantes universitários norte-americanos entendem o processo da independência de sua nação, inspirando-se na narrativa convencional que considera a busca pela liberdade como um eixo e o início de uma nova comunidade. Suas representações consistem em uma rede de conceitos bastante concretos. A independência, segundo eles, resulta da intenção de um grupo de indivíduos que busca se libertar de algum tipo de dominação. No caso de muitos países americanos, africanos e asiáticos, a narrativa obviamente se relaciona com o domínio por parte de uma nação europeia: Espanha, Reino Unido, França, etc. (FERRO, 2002; THE ACADEMY OF KOREAN STUDIES, 2005). É interessante observar que os fatores abstratos e causalmente complexos, como as relações e os interesses econômicos, os eventos políticos e as influências internacionais, estão praticamente ausentes nestas narrativas, inclusive nas explicações causais entre adolescentes e adultos (CARRETERO; LÓPEZ-MANJÓN; JACOTT, 1997). Os exemplos a seguir (CARRETERO; KRIEGER; LÓPEZ, 2010) ilustram essa característica nos relatos dos entrevistados, ao explicar como ocorreu a independência das nações.

Dário, de 12 anos de idade, respondeu: "Sim, os espanhóis dominaram... Era quando nos usavam como escravos, não é verdade? E queríamos a independência". Guillermo, um dos entrevistados adultos, afirma: "Bem, demos um basta. E éramos capazes de dá-lo aos espanhóis".

Por outro lado, se costuma observar nessas narrativas que os grupos sociais que questionam a temática central da narrativa são excluídos ou representados de maneira inadequada. Por exemplo, uma quantidade significativa das crianças e adolescentes pensa que os espanhóis tratavam os mestiços e nativos latino-americanos como escravos. No entanto, ignoram a enorme importância econômica da escravidão da população afro-americana, que em todos os países da América Latina foi mantida pelos Estados durante muito tempo após a declaração da independência (CARRETERO, 2011).

De modo parecido, nos Estados Unidos, as narrativas convencionais sobre a busca da liberdade são organizadas em torno da temática do progresso (BARTON; LEVSTIK, 1998). A tendência a considerar que a sociedade progride cada vez mais – tanto em termos tecnológicos como em normas de convivência – é bastante ingênua e induz a uma excessiva simplificação da compreensão histórica. Levando-se em conta que o progresso é estimulado como uma espécie de determinação teleológica da sociedade, a complexidade da experiência nacional permanece oculta para o aluno.

As narrativas nacionais oferecem orientações morais fundamentais

A dimensão moral da narrativa mestra é bastante óbvia, mas infelizmente não tem sido estudada com detalhes, em particular de uma perspectiva empírica (BARTON; LEVSTIK, 2004). Assim, é muito interessante observar que nos debates clássicos sobre o caráter do conhecimento histórico, a visão de White (1987) sobre a historiografia como produtora de narrativas que possuem um componente moral importante tem tido uma influência cada vez maior. Contudo, essa ideia não tem recebido muita atenção como hipótese inspiradora para verificar se as narrativas escolares convencionais produzem interpretações morais na mente dos estudantes. Neste sentido, nossa hipótese seria principalmente confirmatória, porque os conteúdos históricos são frequentemente apresentados aos estudantes de maneira mais parecida aos contos morais do que às explicações historiográficas.

As narrativas nacionais, tanto na escola como fora dela, desempenham um importante papel como geradoras de vetores morais, porque foram justamente concebidas para isso. Tal função ocorre em no mínimo dois sentidos. Em primeiro lugar, a narrativa predominante ou convencional estabelece uma distinção entre opções, pessoas e decisões "boas" e "más". De modo geral, as primeiras são associadas a "nós", e as segundas, a "eles". Assim, a verdade lógica e moral sempre está do "nosso" lado. Em nossa pesquisa (CARRETERO; LÓPEZ; RODRÍGUEZ MONEO, 2012) por exemplo, descobrimos que jovens e adolescentes consideravam natural a existência dos direitos dos cristãos que habitavam a Península Ibérica a "recuperar" seu território, habitado pelos árabes durante 800 anos, porque aquele era considerado "território espanhol". Antagonicamente, segundo os mesmos estudantes, os cristãos não tinham direito a conquistar os territórios americanos, pois eles pertenciam aos indígenas.

Em segundo lugar, as narrativas predominantes nos oferecem exemplos vivos de virtude cívica e, mais especificamente, de lealdade. Como se pode inferir com facilidade, a lealdade foi essencial no processo de construção de qualquer nação no século XIX e início do século XX e ainda hoje se encontra presente em numerosos formatos simbólicos. Se consideramos, por exemplo, como os cidadãos do mundo inteiro vivenciam os campeonatos mundiais de futebol, é impensável que um indivíduo pudesse apoiar um time que não fosse o de sua nação, ainda que ele jogasse melhor do que o time desta.

Concepções ontológicas e essencialistas da nação e seus habitantes

As narrativas nacionais, ao tentar simplificar a explicação dos eventos históricos, também reduzem o sujeito histórico a grupos particulares que, por participarem destes eventos, alcançaram seus objetivos predestinados. É uma extensão da função das narrativas predominantes discutidas anteriormente. Ainda que o sujeito das narrativas nacionais pudesse ser coletivo, suas características coincidem com os de apenas um grupo particular. Pode-se prever que, nos estudos discutidos anteriormente, os sujeitos históricos das narrativas sobre a independência que os estudantes entrevistados formularam são os colonizadores brancos e influentes – em geral, comerciantes e proprietários de terras. Eles são os únicos protagonistas das narrativas, porque representam a luta pela liberdade ou progresso. É notável que os estudantes costumem identificar o "nós" passado com o "nós" presente. Um bom exemplo desse efeito se encontra no sentido histórico da proclamação "Nós, o povo [*us the people*]" na Constituição dos Estados Unidos. É provável que a maioria dos estudantes pense que esse sujeito incluía cada um dos habitantes da nova nação, sem compreender que, na realidade, tal expressão possuía um sentido restrito, que excluía a população afro-americana e indígena, bem como as mulheres.

Da mesma maneira, o sucesso geral que é descrito pelas narrativas é representado em termos ontológicos. Esse resultado final é a criação da nação, mas a nação entendida por muitos dos sujeitos como entidade essencialista, preexistindo seu processo de criação. Tanto o relato de Pablo, sobre a Reconquista da Península Ibérica, como o de Federico, sobre a independência da Argentina, ilustram exatamente isso. Em ambos os casos, esses estudantes consideraram a Espanha e a Argentina, respectivamente, como essências que hoje existem e mesmo no passado já existiam, independentemente de seus acontecimentos históricos. Assim, em um de nossos estudos (CARRETERO; GONZÁLEZ, 2010), perguntamos a jovens adultos e estudantes argentinos se os mestiços que participaram do primeiro protesto político por uma maior autonomia política, no dia 25 de maio de 1810, eram argentinos. De fato, *stricto sensu*, eles ainda não eram argentinos, mas mestiços (*criollos*) e inclusive alguns eram mesmo espanhóis questionando a hegemonia e dominação da coroa espanhola. Ainda que levassem em consideração que esses eventos ocorreram seis anos antes da independência, os participantes de nossa pesquisa consideraram os protagonistas de tal manifestação política como definitivamente argentinos, porque – como expressaram – a Argentina e os argentinos sempre existiram. Portanto, se pode concluir que o processo histórico de pertencer a um Estado-nação costuma ser visto como predeterminado de maneira ontológica e existencialista, e não como o resultado de determinadas influências sociais, políticas e econômicas (LEINHARDT; RAVI, 2008).

NOTA

1 Este capítulo se baseia, em parte, em algumas seções do trabalho "Constructing histories", de M. Carretero e A. Berbudez (2012).

REFERÊNCIAS

ALRIDGE, D. The limits of master narratives in history textbooks: an analysis of representations of Martin Luther King, Jr. *Teachers' College Record*, v. 108, n. 4, p. 662-686, 2006.
ÁLVAREZ JUNCO, J. *Mater dolorosa*: la idea de Espana en el siglo XIX. Madrid: Taurus, 2001.
ÁLVAREZ, A. *Enciclopedia Álvarez*: tercer grado. Madrid: España, 1997. Originalmente publicado em 1965.
BARRETT, M. *Children's knowledge, beliefs and feelings about nations and national groups*. Hove: Psychology, 2007.
BARRETT, M.; BUCHANAN-BARROW, E. (Ed.). *Children's understanding of society*. London: Taylor & Francis, 2005.
BARTON, K. C. Oh, that's a tricky piece! children, mediated action, and the tools of historical time. *Elementary School Journal*, v. 103, n. 2, p. 161-185, 2002.
BARTON, K. C.; LEVSTIK, L. *History teaching for the common good*. Hillsdale: Erlbaum, 2004.
BARTON, K. C.; LEVSTIK, L. S. It wasn't a good part of history: national identity and students' explanations of historical significance. *Teachers College Record*, v. 99, n. 3, p. 478-513, 1998.
BARTON, K. C.; MCCULLY, A. W. History, identity, and the school curriculum in Northern Ireland: an empirical study of secondary students' ideas and perspectives. *Journal of Curriculum Studies*, v. 37, p. 85-116, 2005.
BECKSTEAD, Z. Crossing thresholds: movement as a means of transformation. In: VALSINER, J. (Ed.). *The Oxford handbook of culture and psychology*. New York: Oxford University, 2012. p. 710-729.
BOYD, C. P. *Historia pátria*. Barcelona: Pomares-Corredor, 2000. Edição original: *Historia patria*: politics, history, and national identity in Spain: 1875-1975. Princeton: Princeton University, 1997.
BRUNER, J. S. *Actos de significado*. Madrid: Alianza, 1991. Edição original: *Acts of meaning*. Cambridge: Harvard College, 1990.

CARRETERO M.; VOSS J. F. (Comp.). *Aprender y pensar la historia*. Buenos Aires: Amorrortu, 2004. Edição original: *Learning and reasoning in history*. London: Routledge, 2000.

CARRETERO, M. *Constructing patriotism*: history teaching and memories in a global world. Charlotte: Information Age, 2011.

CARRETERO, M. *Documentos de identidad*. Buenos Aires: Paidós, 2007.

CARRETERO, M. et al. Historical knowledge: cognitive and instructional implications. In: CARRETERO, M.; VOSS, J. F. (Ed.). *Cognitive and instructional processes in history and the social sciences*. Hillsdale: Lawrence Erlbaum, 1994. p. 357-376.

CARRETERO, M.; ASENSIO, M.; POZO, J. I. Cognitive development, historical time representation and causal explanations in adolescence. In: CARRETERO, M. et al. (Ed.). *Learning and instruction*: european research in an international context. Oxford: Pergamon, 1991. v. 3, p. 47-98.

CARRETERO, M.; BERBUDEZ, A. Constructing histories. In: VALSINER, J. (Ed.). *The Oxford handbook of culture and psychology*. New York: Orxford University, 2012.

CARRETERO, M.; CASTORINA, J. A.; LEVINAS, L. The changing concept of nation as key issue of historical knowledge. In: VOSNIADOU, S. (Ed.). *International handbook of research on conceptual change*. London: Routledge, 2008.

CARRETERO, M.; GONZÁLEZ, M. F. Is the nation a historical concept on students' mind? In: INTERNATIONAL SEMINAR DE-NATIONALIZING HISTORY TEACHING? 2010, Madrid. *Anais...* Madrid: Autonoma University, 2010.

CARRETERO, M.; JACOTT, L.; LOPEZ MANJON, A. Learning history through textbooks: are Mexican and Spanish students taught the same story? *Learning and Instruction*, v. 12, p. 651-665, 2002.

CARRETERO, M.; KRIGER, M. Historical representations and conflicts about indigenous people as national identities. *Culture and Psychology*, v. 17, n. 2, p. 177, 2011.

CARRETERO, M.; KRIGER, M.; LÓPEZ, C. Historical representations and conflicts about first origins and national identities. In: INTERNATIONAL SOCIETY OF POLITICAL PSYCHOLOGY ANNUAL SCIENTIFIC MEETING, 33., 2010, San Francisco. *Anais...* San Francisco: [s.n.], 2010. p. 45.

CARRETERO, M.; LÓPEZ-MANJÓN, A.; JACOTT, A. Explaining historical events. *International Journal of Educational Research*, v. 27, n. 3, p. 245-253, 1997.

CARRETERO, M.; LÓPEZ, C.; RODRÍGUEZ-MONEO, M. History education and the changing conceptions of nation. In: CARRETERO, M.; ASENSIO, M.; RODRIGUEZ-MONEO, M. (Ed.). *History education and the construction of identities*. Charlotte: Information Age, 2012.

CARRETERO, M.; ROSA, A.; GONZÁLEZ, M. F. *Ensenanza de la Historia y memoria colectiva*. Buenos Aires: Paidós, 2006.

EGAN, K. *La mente educada*. Barcelona: Paidós, 1997.

FERRO, M. *Comment on raconte l'histoire aux enfants à travers le monde entier*. Paris: Payot, 2002. Originalmente publicado em 1983.

HALLDÉN, O. Personalization in historical descriptions and explanations. *Learning and instruction*, v. 8, n. 2, p. 131-139, 1998.

HOBSBAWM, E. *Nations and nationalism since 1780*: programme, myth, reality. Cambridge: Cambridge University, 1990.

JORNAL EL PAÍS, 23 de setembro de 2006.

LEINHARDT, G.; RAVI, H. Conceptual change in history. In: VOSNIADOU, S. (Ed.). *International handbook on research on conceptual change*. London: Routledge, 2008.

LÉVESQUE, S. (Ed.). *Thinking historically:* educating students in the 21st century. Toronto: University of Toronto, 2008.

LÓPEZ, C.; CARRETERO, M.; RODRÍGUEZ-MONEO, M. Students conceptions of their nation. No prelo.

PENUEL, W. R.; WERTSCH, J. V. Historical representation as mediated action: official history as a tool. In: VOSS, J. F.; CARRETERO, M. (Ed.). *Learning and Reasoning in history*: international review of history education. London: Routledge, 2000. v. 2, p. 23-38.

SAND, S. *The invention of the Jewish people*. London: Verso, 2010.

SMITH, A. D. *National identity*. London: Penguin, 1991.

STRAUB, J. (Ed.). *Narration, identity, and historical consciousness*. New York: Berghahn Books, 2005.

THE ACADEMY OF KOREAN STUDIES. *Nationalism and history textbooks in Asia and Europe*. Seoul: Author, 2005.

TODOROV, T. *On human diversity*: nationalism, racism, and exoticism in French thought. Cambridge: Harvard University, 1998.

VALLS, R. The Spanish civil war and the Franco dictatorship: the challenges of representing a conflictive past in secondary schools. In: COLE, E. (Ed.). *Teaching the violent paste*: history education and reconciliation. Lanham: Rowman & Littlefield; Carnegie Council for Ethics in International Affairs, 2007. p. 155-174.

VAN SLEDRIGHT, B. Narratives of nation-state, historical knowledge, and school history. *Review of Research in Education*, v. 32, p. 109-146, 2008.

VÁZQUEZ, J. Z. *Nacionalismo y educación en México*. México: El Colegio de México, 2000. Originalmente publicado em 1970.

WERTSCH, J. V.; ROZIN, M. The Russian revolution: official and unofficial accounts. In: VOSS, J. F.; CARRETERO, M. (Ed.). *Aprender y pensar la historia*. Buenos Aires: Amorrortu, 2000. Edição original: *Learning and reasoning in History*: International Review of History Education. London: Routledge, 1999. v. 2.

WHITE, H. *The content of the form*: narrative discourse and historical representation. Baltimore: John Hopkins University, 1987.

WINEBURG, S. *Historical thinking and other unnatural acts*. Philadelphia: Temple University, 2001.

10
Compreensão do sistema alfabético de escrita

Emilia Ferreiro

ENSINAR A LER E ESCREVER SOB UMA PERSPECTIVA HISTÓRICA

Em suas origens, a leitura e a escrita (junto com o cálculo) constituíam o núcleo do currículo escolar secular das escolas para o povo (CHARTIER, 2004; CHARTIER; HÉBRARD, 1994). Não se tratava de saberes conceituais, mas de práticas de cópia e repetição de exercícios focados na associação de formas gráficas com sons (leitura) e de sons com formas gráficas (grafia). O *corpus* de textos a serem lidos era considerado limitado e o mesmo podia ser dito de suas formas de expressão: textos religiosos ou de ensinos morais. Eram sempre formas fixas com variações previsíveis. Não havia a necessidade de preparar os "filhos do povo" para os romances nem para a poesia. Ambos existiam, mas ficavam fora da escola.

Na segunda metade do século XX, a situação já era radicalmente diferente. A literatura infantil estava consolidada e passara ao contexto escolar, ainda que fosse sob a forma de antologias (COLOMER, 2005); ler e escrever eram associados ao conhecimento da língua, e os "filhos do povo" já não eram massivamente filhos de analfabetos. A urbanização predominava e, com elas, mensagens de todo tipo eram transmitidas por escrito. Leis, decretos, regulamentos e portarias são documentos escritos, e o cidadão (etimologicamente, o "habitante das cidades") deve conhecê-los e obedecê-los.

Todavia, a escola continua replicando uma aprendizagem associacionista e memorística, agora como o primeiro passo para dar lugar a uma leitura compreensiva e uma grafia imaginativa. Ambas devem surgir "espontaneamente", uma vez que se dominou a técnica do traçado das letras e da decodificação das orações.

O fracasso escolar inicial – associado em todas as latitudes ao fracasso da alfabetização inicial – se transforma em escândalo. A instrução escolar trata de atribuir esse fracasso a causas de origem familiar, com o que assume implicitamente seu próprio fracasso. A escola do início do século XX sabia que as famílias não tinham como ajudar a alfabetizar e fazia o trabalho delas, mal ou bem. A escola do século XXI pretende que as famílias façam sua parte, confessando sua falta de profissionalismo para fazer seu trabalho.

Por outro lado, desde Binet até nossos dias, a busca de sujeitos que trazem consigo um déficit singular que lhes impede de aprender tem sido uma constante. De um déficit geral de inteligência (medido com as escalas Binet-Simon e depois transformado por Terman-Merril) se passou à dislexia, a incapacidade específica para ler apesar de pontuações normais ou mesmo superiores nas provas de inteligência.

Seja o déficit social ou individual, o certo é que o fracasso escolar inicial era, em meados do século XX, o grande escândalo da América Latina. A repetência escolar parecia ser um mal endêmico. Alguns países, como o Brasil, tinham mais de 50% de repetentes entre o ensino fundamental e o médio (Weisz, 2010). A escolarização universal havia avançado, mas a qual custo? O convencimento de que "os filhos do povo" são lentos ou incapazes para aprender algo havia deixado sua marca nas consciências. A instituição escolar defendia seus métodos. As editoras defendiam seus manuais. Como acabar com essa inércia? A pesquisa tem algo a dizer, ainda que seja para dar o suporte científico a alguns dos debates? Ou será que a internet, que chega de modo maciço a todos os âmbitos, é a destruidora? Lembremo-nos de que as "habilidades informáticas" são exigidas nos mais variados contextos laborais e que um endereço eletrônico já faz parte dos dados obrigatórios de identificação pessoal.

Longe de dar as boas-vindas às novas tecnologias de produção e disseminação de textos, imagens e sons, a escola (como instituição) manifesta temor, desconfiança e, como consequência, repúdio explícito ou implícito. Há um descompasso digital entre países e continentes, mas também há uma distância digital de gerações entre professores e alunos.

A pesquisa sobre os processos de leitura e grafia está fragmentada em compartimentos com pouca comunicação entre si. A pesquisa sobre os "leitores bem-sucedidos" geralmente está dissociada da pesquisa sobre a grafia dos mesmos leitores, e em ambos os casos pouco ou nada se ocupa dos processos de aquisição iniciais. Por essa razão, mais do que apresentar teorias, decidimos expor os principais debates teóricos da atualidade, apresentando-os sob a forma de claras dicotomias e sempre tendo presentes suas repercussões na educação.

SOBRE A COMPREENSÃO

Compreender o que foi lido é a finalidade de qualquer ato de leitura. Ninguém o nega. No entanto, é exatamente a propósito da compreensão que se coloca uma pergunta aparentemente estranha: a compreensão faz parte de uma teoria sobre a leitura? Na compreensão leitora intervêm tantos fatores que não é fácil chegar a um acordo sobre a lista. Sem dúvida, há a influência do grau de dificuldade do texto lido (em particular, sua organização sintática e discursiva), a familiaridade do leitor com o gênero (narrativo, expositivo, argumentativo, etc.), sua experiência como leitor, suas expectativas, seu conhecimento prévio do assunto e seu conhecimento do "mundo" ao qual alude o texto (p. ex., um texto histórico sobre a colonização do século XVI supõe que se possa imaginar uma época sem rede de eletricidade, sem rede de telefones, sem aviões ou mesmo automóveis, etc., o que é sempre difícil para as crianças).

Integrar a informação oferecida pelo texto a todos esses saberes prévios é algo que ultrapassa a "leitura em si", dizem alguns pesquisadores de maneira enfática.

> A leitura tem como finalidade a compreensão, mas os processos específicos da leitura são os que precedem e preparam para a compreensão. O que devemos destacar quando queremos descrever a aquisição da leitura? Certamente não são os processos de compreensão, por que estes não são específicos da leitura. O que devemos examinar em primeiro lugar é a aquisição dos processos que permitem representar o material escrito sob uma forma que seja utilizável pelo resto do sistema cognitivo. [...] pode-se afirmar, de maneira geral, que os processos específicos da leitura são constituídos pelo conjunto dos processos de identificação fonológica e ortográfica das palavras. (MORAIS, 1993, p. 12-13).

Outros pesquisadores afirmam que a interpretação, a busca do sentido, guia desde o início o processo de leitura, e que prescindir dela leva a um mecanicismo. Um dos representantes mais influentes dessa teoria é

Kenneth Goodman, que sustenta que o processo de leitura é guiado pelas previsões que o leitor faz à medida que processa o material gráfico.

> A leitura é um processo seletivo. Envolve o uso particular das menores pistas linguísticas disponíveis, selecionadas do *input* perceptivo, com base nas expectativas do leitor. À medida que essa informação parcial é processada, são tomadas decisões inseguras a serem confirmadas, refutadas ou refinadas, à medida que a leitura progride. Em termos mais simples, a leitura é um jogo psicolinguístico de apostas. (GOODMAN, 1982, p. 33).

Selecionamos dois influentes pesquisadores contemporâneos: José Morais, da escola de Bruxelas, cuja língua de trabalho é o francês; e Kenneth Goodman, da Universidade do Texas, cuja língua de trabalho é o inglês. Essas duas línguas são consideradas de ortografia profunda (*depth orthography*) em oposição à ortografia superficial. Já o espanhol é considerado uma escrita com ortografia superficial, porque as correspondências entre letras e fonemas são quase perfeitas (particularmente nas vogais – as cinco vogais orais correspondem a cinco vogais escritas) e por que tem poucas restrições contextuais (p. ex., a letra "c" tem o valor /s/ se a vogal seguinte é "i" ou "e", enquanto tem o valor /k/ se está seguida de "a", "o" ou "u").

No breve fragmento escolhido de ambos os pesquisadores aparecem temas dos quais nos ocuparemos nas próximas seções, e essa foi uma das razões pelas quais os escolhemos. Goodman considera um sujeito ativo que seleciona informações visuais por formular tentativas de hipóteses, avaliar, refutar ou confirmá-las. É um sujeito com competências psicolinguísticas, um falante que usa seus conhecimentos fonológicos, sintáticos e semânticos, conhecimentos implícitos que adquiriu ao aprender a língua oral.

Já Morais (1993) qualifica como *romântica* uma concepção como a de Goodman (1982). Ele não fala de sujeito, mas de processos executados pelo "sistema cognitivo". Suspeitamos que esta seja uma concepção modularista da mente, já que ele fala de processo que transforma certo *input* em "representações" (termos com várias acepções divergentes) que podem ser tratadas por outras partes do sistema cognitivo.

Para resumir em termos muito esquemáticos: um sujeito explorador *versus* uma máquina que transforma a informação visual em informação linguística, momento no qual a compreensão surge, mas não como resultado da leitura, mas das transformações do *input* que, em determinado momento, é acoplado às "representações" próprias da língua oral. Cabe à psicologia da oralidade explicar a compreensão, a qual fica fora da teoria da leitura. (Digamos, aliás, que a compreensão da oralidade tampouco tem uma solução unívoca.)

Além disso, há uma diferença importante entre Morais e Goodman. Para Morais (1993), interessa a exatidão no reconhecimento visual do material escrito, enquanto Goodman (1982) se especializou em estudar os momentos nos quais o leitor fala, emitindo uma palavra em vez de outra (leitura em voz alta de um texto). Ele chama essas falhas momentâneas de *miscues*, uma palavra inglesa que não convém traduzir como erros, já que significa literalmente "pistas falsas". Até mesmo os leitores mais experientes caem em armadilhas em uma leitura rápida. O que caracteriza um bom leitor não é o fato de ler sempre corretamente, mas a possibilidade de se autocorrigir ao detectar uma falha de congruência. Essas autocorreções somente são entendidas como parte de um processo de "recuperação do sentido". (Por exemplo, um leitor que busca uma informação em um jornal sobre a fuga de presos de uma penitenciária, lê "os presos" em um título no qual na verdade havia a expressão "os preços", mas se autocorrige quando observa o que segue: "do mercado internacional de energéticos...". Por outro lado, se o leitor desse texto havia lido, poucas linhas atrás, "experientes" em vez de "inexperientes", é provável que não faça nenhuma correção, pois a substituição é compatível com o contexto.) A possibilidade de autocorreção aumenta com a experiência da leitura, mas já nas etapas iniciais as crianças apresentam *miscues* que nos dão pistas para compreender seus esforços em dar sentido ao que foi lido.

Portanto, uma forte dicotomia atual foca a resposta à pergunta: a compreensão faz parte de uma teoria da leitura? Como veremos, uma resposta negativa a essa pergunta nos coloca imediatamente frente a outra dicotomia relativa ao tipo de processos envolvidos e à concepção do "cognitivo", já que atualmente temos teorias cognitivas com ou sem sujeito cognoscente. Mas uma resposta positiva à mesma pergunta abre um novo questionamento: como articular teoricamente uma grande quantidade de fatores que contribuem para a compreensão da leitura?

Ambas as posições sugerem intervenções educativas radicalmente diferentes: por ora nos limitaremos a assinalar uma, cheia de consequências. Morais (1994) afirma explicitamente que as crianças não conseguem descobrir por si sós as correspondências grafofônicas (ou seja, o som que corresponde a cada letra) e que, para ensinar explicitamente essas correspondências, é preciso utilizar palavras com ortografia regular (apesar de que estas palavras sejam raras em francês). Goodman também diz explicitamente que o ensino deve focar as *estratégias de compreensão*, para as quais devemos utilizar textos que estejam ao alcance da criança: "O processo de leitura não pode ser fracionado em sub-habilidades a serem ensinadas nem tampouco subdividido em codificação e compreensão sem que se mude qualitativamente esse processo." (GOODMAN, 1982, p. 68).

PALAVRAS OU PSEUDOPALAVRAS NOS PROJETOS DE PESQUISA

Em um projeto experimental, o controle das variáveis deve ser rigoroso. Em qualquer uma das escritas alfabéticas das línguas naturais (alemão, inglês, espanhol, etc.), a frequência de uso das combinações de letras não é a mesma. Algumas combinações são frequentes, outras, impossíveis. Ainda que sejam impossíveis, um leitor-decodificador pode tentar vocalizar essas sequências. Fazemos isso com nomes próprios ou sobrenomes de origem estrangeira, casos nos quais a compreensão se limita à identificação dessas sequências como "nomes de pessoas estrangeiras", graças ao contexto e à presença de iniciais maiúsculas.

A sonorização da escrita é possível sem que haja a compreensão. Por exemplo, não é difícil ensinar as regras de correspondência grafofônicas do grego clássico a um estudante universitário e, a partir desse conhecimento de um código de correspondências, fazê-lo oralizar com mais ou menos precisão um texto inteiro, sem que consiga compreender qualquer coisa do que foi "lido". De fato, é uma infelicidade – mas não é impossível – encontrar falantes nativos do espanhol que tratam um texto escrito nessa língua como se fosse grego clássico: oralizam sem compreender.

Voltemos aos projetos de pesquisa. Os pesquisadores experientes se permitem amplas margens de liberdade para inventar pseudopalavras, a fim de controlar uma ou outra variável. As pseudopalavras são aquelas palavras que poderiam existir, pois não violam as regras de combinação próprias da língua em questão (p. ex., *tramitade* seria uma boa candidata a substantivo português, similar a *bondade, amizade* e outras, mas ela não existe em nenhum dicionário). Quando se determina o nível de leitura de crianças ou adultos apresentando listas de pseudopalavras, já está sendo tomada uma decisão sobre o que é ler. De fato, os sujeitos não podem atribuir qualquer significado às pseudopalavras, porque são apresentadas dentro de listas, mas fora de qualquer contexto que lhes permitiria elaborar uma tentativa de significação. Em tais elaborações, os "bons leitores" são bons decodificadores e nada mais.

O RECONHECIMENTO DE PALAVRAS E A NOÇÃO DE PALAVRA

Uma importante linha de pesquisa experimental foca o reconhecimento de palavras e a rota seguida para se conseguir o chamado *léxico mental*. Nos bons leitores adultos, são processos automáticos, muito rápidos e que prescindem de qualquer análise consciente. O léxico mental era concebido anteriormente como uma espécie de arquivo de biblioteca, com entradas baseadas em critérios bem definidos. Com o desaparecimento dos arquivos de biblioteca, também tende a desaparecer essa metáfora. Em outros modelos de organização do léxico mental, as palavras são concebidas como detectores suscetíveis de serem ativados pela informação visual. O reconhecimento de uma palavra ocorreria quando os detectores alcançam certo nível de atividade ou "soleira de ativação". Cada detector possui sua própria soleira, a qual depende da frequência da palavra gráfica em questão. A soleira dos detectores de palavras frequentes é mais baixo do que a soleira dos detectores de palavras pouco frequentes (Segui, 1991). Outros modelos utilizam metáforas mais complexas, de redes da informática. Contudo, em todo caso, o que queremos enfatizar é que o léxico mental é constituído do que poderíamos chamar de palavras plenas, em oposição às *palavras funcionais*.

A separação entre esses dois tipos de palavras diz respeito à possibilidade de outorgar às primeiras um significado independente, enquanto as segundas são fundamentalmente organizadores sintáticos. As palavras plenas são os substantivos, verbos, adjetivos, advérbios. As palavras funcionais são os artigos, preposições, conjunções. É evidente que não há um significado próprio que possa ser atribuído à palavra *de*, já que na frase o livro "o livro da [de + a] biblioteca" está relacionada com a posse; em "o livro de exercícios", com uma subcategoria de livros; em "venho de Paris", com origem, etc. Porém, também é certo que o significado independente das palavras plenas também é relativo: tanto em inglês como em francês, foram formadas palavras compostas cujo significado não corresponde à soma dos significados originais. Assim, por exemplo, *pomme de terre*, em francês corresponde, elemento por elemento, a "maçã da terra", mas na verdade designa o tubérculo que conhecemos como "batata", e nenhum falante do francês pensa em uma "maçã" ao escutar ou pronunciar uma expressão que funciona, na verdade, como um único termo, ainda que sua grafia apresente três palavras.

O exemplo anterior também serve para indicar que algo que é escrito como três palavras gráficas pode corresponder a uma única entidade no mundo dos objetos. O francês escrito às vezes utiliza hifens (*prêt-à-porter*, literalmente "pronto para vestir", expressão utilizada para designar a roupa de fábrica, que não foi feita sob medida). Em palavras compostas de alta frequência, o inglês escrito às vezes usa a separação (*ice cream*), às vezes a união (*cowboy*).

É surpreendente constatar que os pesquisadores dessa linha experimental, trabalhando com o inglês ou o francês, não se questionem sobre a natureza das palavras que estão analisando. Nunca se perguntam: o que é uma palavra? Que relação há entre palavras orais e palavras gráficas? É preciso levar em conta, por um lado, que "palavra" não é um termo técnico para a linguística, ciência que há tempo abandonou esse termo e adotou outros, como *morfema*. Algumas palavras têm um único morfema (*mar*), enquanto outras têm mais de um (*abertas* é composta de três morfemas: o radical *abert–*, o sufixo feminino *–a* e o sufixo plural *–s*). Por outro lado, a evolução das escritas alfabéticas mostra quantas oscilações têm ocorrido na história ocidental até a chegada da divisão em palavras gráficas que hoje nos parece "natural" (Parkes, 1992; Saenger, 1997). Sem dúvida, os leitores não se dão conta dessa história, mas também é verdade que a análise evolutiva das segmentações gráficas nas crianças mostra as dificuldades que elas têm para aceitar uma segmentação que é muito arbitrária e que viola as noções pré-alfabéticas da "palavra" (Ferreiro, 2000, 2007a).

O ESCRITO COMO CODIFICAÇÃO DA FALA OU COMO REPRESENTAÇÃO DA LÍNGUA

A maioria dos pesquisadores desta área não manifesta interesse em se perguntar o que é a escrita. Eles partem das ideias comuns sobre o tema, considerando como inquestionável que as letras de uma grafia alfabética representem sons elementares (fonemas), e nada mais. No entanto, há muito mais do que isso no material escrito. Em primeiro lugar, as séries de letras aparecem separadas uma das outras por espaços em branco, e são exatamente os espaços em branco que definem a palavra gráfica. A lenta adoção dessa convenção na grafia do latim mostra que a distinção de uma palavra das outras não era evidente; as consequências desse novo modo de escrever foram enormes (Saenger, 1997). O branco é tão importante quanto as manchas negras (Christin, 2000), e há muitos tipos de brancos: o branco das entrelinhas que definem parágrafos não é o mesmo que o branco entre as palavras gráficas; o branco de um recuo e o branco das margens são outros tipos de branco. A distribuição das marcas no espaço em branco (a *en page* de um texto) tem a ver com o cuidado da edição e com considerações estéticas, mas também é um facilitador da leitura (afeta os graus de legibilidade de um texto, independentemente de seu conteúdo).

As variações tipográficas também fazem parte da escrita, e os contrastes tipográficos têm sentido, já que, por exemplo, permitem a identificação rápida dos títulos e subtítulos. A oposição entre maiúsculas e minúsculas também transmite informações ao leitor (*rosa* é o nome de uma flor, mas *Rosa* é nome próprio). Por fim, essas pequenas marcas que não são letras e que são colocadas nos espaços em branco são elementos de inegável valor para guiar o leitor sobre como ele deve processar o texto. Refiro-me, é claro, aos sinais de pontuação, cuja longa história de gestação nas grafias alfabéticas é extremamente elucidativa (Parkes, 1992).

Em suma, reduzir a grafia às letras do alfabeto é ignorar os outros indicadores gráficos das páginas (impressas ou virtuais) que um leitor deve processar ao encontrar textos em uma situação real. Isso é válido tanto para textos informativos quanto para textos de ficção, e é verdadeiro para todas as idades.

A ideia de grafia como um simples *código visual* cujas unidades mínimas da língua oral se aplica aos códigos criados com esse objetivo (como o Alfabeto Fonético Internacional, uma criação dos linguistas para permitir a transcrição dos sons de línguas desconhecidas), mas é inaplicável às escritas historicamente desenvolvidas. As grafias de uso social são objetos culturais que trazem consigo as marcas de sua própria história, a ponto de qualquer reforma ortográfica ser motivo de ferrenhos debates (p. ex., o espanhol não quer abrir mão do "ñ", letra que outras grafias desconhecem, ainda que tenham o mesmo som em seu repertório, já que usam duas letras – ou seja, um dígrafo – para esse som).

As grafias historicamente desenvolvidas são irredutíveis à noção de código (Béguelin, 2002; Blanche-Benveniste, 2002; Ferreiro, 2002). Quando se pensa nas grafias como códigos, de imediato surge a objeção: são códigos com sérios defeitos, inúmeras exceções. Uma das exceções mais fáceis de reconhecer tem a ver com a maneira de escrever palavras que têm o mesmo som, mas significados distintos. Tanto o inglês como o francês têm muitas palavras monossilábicas desse tipo, e ambas as grafias fazem o mesmo: escrevem de maneira distinta algo com significado diverso, apesar de o som ser o mesmo. Em termos técnicos, os *homófonos* se convertem em *heterógrafos*. É isso o que ocorre em francês com os pares *moi/mois, toi/toit, peau/pot* e uma longa lista de outros exemplos, assim como ocorre em espanhol com os pares *tuvo/tubo, ola/hola, ay/hay, rallar/rayar*.

Em todas as grafias alfabéticas historicamente desenvolvidas, há componentes semiográficos que têm a ver com o significado, não com os sons sem significado. Por isso Catach (1996) afirma se tratar de plurissistemas. Também por isso elas podem ser adotadas em amplas áreas geográficas, apesar de notáveis variações na pronúncia, como é o caso da língua espanhola. Todos os falantes do idioma espanhol usam a mesma grafia, apesar das enormes diferenças de fala entre os países e mesmo dentro de cada país.

As grafias historicamente desenvolvidas não codificam a fala de nenhuma região em particular – porque a fala se modifica incessantemente, enquanto as escritas permanecem –, mas representam a língua com a qual se identificam todos esses povos.

A DICOTOMIA ENTRE LEITURA E ESCRITA

Nos países anglo-saxões, o ensino da leitura é o fundamental. A escrita sempre aparece em segundo plano, seja na sequência do currículo escolar, como nas prioridades dos paradigmas de pesquisa. Não é de estranhar que seja assim, por razões não científicas: nesses países a formação religiosa passa pela leitura direta dos Evangelhos, tal como preconizou Lutero em sua luta contra as interferências hermenêuticas da cúpula católica.

Dissociar os processos de leitura dos de escrita tem consequências teóricas, particularmente no caso dos modelos evolutivos. A hipótese que leva a pensar que podemos compreender de que maneira uma criança aprende a ler sem entender de que maneira aprende a escrever somente se sustenta se pensamos que a ordem dos ensinamentos determina a ordem das aprendizagens, e que tudo isso é realizado em contextos institucionalizados (o início do ensino fundamental ou nos últimos níveis da mal-denominada educação pré-escolar, já que a escolarização das crianças de 3 a 5 anos de idade tende a se generalizar).

Privilegiar a referência à leitura – no sentido de uma resposta ao menos próxima ao estímulo visual – equivale a pôr o início da leitura em momentos demasiadamente tardios da evolução. Muitas coisas acontecem antes disso. Mas o que acontece antes pode ser interpretado de maneiras antagônicas: como algo que prepara (em um sentido pouco especificado), gerando melhores condições de receptividade à informação específica, ou algo que é constitutivo das etapas posteriores.

Por exemplo, há um consenso absoluto ao admitir que a leitura frequente de livros infantis, desde idades muito jovens, constitui um bom preditor de sucesso escolar posterior. Uma declaração conjunta (*position statement*) da Associação Internacional da Leitura (IRA) e da Associação Nacional para a Educação de Crianças Pequenas (Estados Unidos) diz isso com toda a clareza: "A atividade mais importante para que se consiga a compreensão e as habilidades essenciais para o sucesso na leitura parece ser a leitura em voz alta às crianças." (INTERNATIONAL READING..., 1983, p. 3)[1].

E por que isso ocorre? Talvez este seja apenas um indicador de um ambiente familiar propício para tais aprendizagens. De fato, se o pai e a mãe têm condições de ler em voz alta é porque eles têm certo nível de alfabetização; se há livros infantis em casa é porque valorizam sua presença (seja por compra direta ou por empréstimo bibliotecário); se leem à criança, em vez de lhe contar histórias, é porque receberam alguma informação sobre a importância desta atividade para a escolarização posterior. Para alguns, o importante é o vínculo afetivo que é criado nesse momento e que é triangulado pelo livro; a criança aprenderá a olhar para as imagens e reconhecer quais são os comportamentos adequados com respeito ao "objeto livro", mas não aprenderá nada de específico sobre a grafia, a menos que o adulto que lê aproveite para lhe dar informações sobre letras específicas, por exemplo, soletrando o nome do personagem da história.

No entanto, é possível pensar que as crianças aprendem algo sobre a escrita que é pertinente para a conceitualização desse estranho objeto do mundo cultural. Elas aprendem que essas curiosas marcas negras sobre a superfície do papel têm um poder singular: elas suscitam a linguagem, uma linguagem diferente da comunicação face a face. Elas aprendem que, ao ler, a voz do leitor se desdobra em muitas outras vozes (a do narrador, a dos personagens), criando os mais variados efeitos teatrais. Aprendem que as imagens podem ajudar a prever ou confirmar o conteúdo daquilo que é narrado, mas que as palavras estão na escrita, de uma maneira misteriosa. Aprendem por meio da releitura de uma história que a leitura sempre resgata as mesmas palavras, na mesma ordem. De que maneira o que está escrito consegue conservar as palavras é um mistério a ser descoberto (FERREIRO, 1996).

As crianças tentam compreender as marcas escritas impressas ou produzidas por outros, mas também se esforçam para produzir tais marcas. De fato, as primeiras tentativas de escrita costumam passar despercebidas ou ser confundidas com as tentativas para rabiscar. Não há dúvida de que às vezes as crianças pequenas estão explorando o instrumento da grafia ou a superfície branca do papel. Às vezes tentam desenhar letras, mas outras vezes tentam escrever. É o que veremos nas duas seções a seguir.

OS MOMENTOS INICIAIS DE UM PROCESSO DE APROPRIAÇÃO

Quando começa o processo de aquisição da língua escrita? Colocada desta maneira, a pergunta já tem seus pressupostos: em primeiro lugar, a escolha da "língua escrita" em vez da leitura/escrita; em segundo, a escolha da "aquisição" em vez da "aprendizagem" ou, ainda mais, a escolha que aparece no título da seção: "apropriação".

As crianças que nascem rodeadas de materiais escritos e de leitores rapidamente aprendem que "o escrito" é particularmente valorizado pelo seu entorno. Além disso, aprendem que alguns objetos portadores de escrita são guardados cuidadosamente pelos adultos (documentos pessoais, diplomas, contratos de vários tipos, etc.). Elas deverão compreender que essas marcas estranhas sobre superfícies muito diversas (inclusive nos monitores) são objetos simbólicos: valem pelo que não são. Isso implica que raramente se coloque o começo da aquisição da língua escrita antes do surgimento da função semiótica. Mas ainda assim cabem várias alternativas: essa aquisição é parte de uma semiótica generalizada ou tem características específicas (Kress, 1997); deriva de outras atividades simbólicas, em particular do desenho (Vygotsky, 1988; Vygotsky; Luria; Leontiev, 1988) ou tem uma evolução específica (Ferreiro, 2007b). Por fim, relacionado com a questão anterior, aparece o problema das etapas dessa evolução. Um autor como Kress enfatiza a singularidade dos sujeitos em seus processos semióticos: todos (crianças e adultos) somos produtores de signos, com qualquer tipo de material; os signos produzidos são individuais e singulares; dependem do interesse momentâneo, da intencionalidade, daquilo no qual se foca aqui e agora; há uma total continuidade do jogo simbólico à aprendizagem da linguagem escrita. Curiosamente, o foco na singularidade dos sujeitos e das situações possibilita que Kress esqueça a singularidade e especificidade dessa aprendizagem. Essa posição parece francamente insuficiente, tanto para a linguagem oral quanto para a escrita, já que em ambos os casos as crianças devem se apropriar de sistemas altamente restritivos, com regras específicas de combinação, regras emanadas, sem dúvida, do grande grupo ao qual pertencem (linguístico ou geográfico). Não se trata simplesmente de produzir signos e decifrar sentidos de signos singulares, mas de compreender sistemas culturais complexos, onde o que é produzido é regido por regras de uso coletivo, e não por vontades singulares. A morfossintaxe fica totalmente fora das intenções ou vontades individuais. (Por exemplo, todos nós podemos inventar palavras, mas essas palavras, uma vez inventadas, passam a ser regidas por regras gerais. Se invento um verbo, este será obrigatoriamente conjugado como os verbos regulares. O idioma espanhol recentemente criou o verbo *chatear*, e ninguém precisa que lhe ensinem a conjugá-lo, já que *chateó, chateaba* ou *chatearia* são palavras derivadas obrigatórias.)

A derivação da escrita de outra atividade gráfica precedente (o desenho) caracteriza a posição de Vygotsky (1988) e Luria (1988), fortemente influenciados pelas ideias dominantes na época – primeiras décadas do século XX – sobre a evolução da escrita na humanidade. Segundo a visão então predominante, a humanidade começou desenhando, depois esses desenhos se tornaram cada vez mais esquemáticos, até perder a iconicidade primária, e, por fim, se transformaram em formas arbitrárias (as letras). Essa visão tem um sério defeito de origem: ela confunde a história dos grafemas com a história dos sistemas de grafia (MICHALOWSKI, 1994). Atrevemo-nos a dizer que esses autores, se tivessem conhecido a importante produção recente da história da escrita e de seus usos sociais, teriam mudado de posição. Já afirmei que um dos primeiros momentos importantes da evolução consiste exatamente em distinguir o modo semiótico por meio do qual o desenho faz referência aos objetos (sua aparência gráfica) do modo semiótico que a escrita o faz, se referindo ao "não desenhável", ou seja, a seus nomes. A relação entre escrita e linguagem é primitiva e estabelece uma ruptura com outras maneiras de se "referir ao mundo exterior." Em particular, porque a relação entre si mesmo e seu próprio nome não pode ser desenhada, mas é representável pela escrita. A importância do nome próprio de cada criança é uma das chaves para entender a evolução, ao menos em crianças de sociedades alfabetizadas (FERREIRO, 1997).

OS PRÉ-REQUISITOS, AS ETAPAS E AS TRAJETÓRIAS

Talvez seja nestes dois pontos que as discrepâncias sejam maiores, inclusive entre aqueles que compartilham uma visão similar sobre a natureza não codificadora do processo. Ao contrário, a partir da posição codificadora, as diferenças são menores. Com efeito, aceitando-se que as letras codificam fonemas, parece evidente que nos perguntemos se a criança está em condições de isolar fonemas no nível oral, para que o "mapeamento" entre as unidades orais e as unidades escritas seja realizado adequadamente. Obviamente, a língua fica então reduzida ao nível fônico, e a grafia, ao nível das letras. Porém, isso não lhes preocupa. Uma vez demonstrado que as crianças não conseguem descobrir por si próprias as relações entre fonemas e letras (demonstração de Byrne, 1989, além disso discutível), toda a discussão se centra na maneira de como treiná-las para "manipular" fonemas (com o perdão da metáfora!) para garantir uma boa aprendizagem da leitura.

Todos os estudos concordam com esse dado: a separação em sílabas aparece espontaneamente, mas não ocorre o mesmo com a separação em fonemas. Já foram elaboradas múltiplas situações de prova para avaliar a chamada *consciência fonológica* (*phonological awareness*): identificar a presença ou ausência de um som em uma emissão; comparar os começos ou finais de uma série de emissões. Encontrar palavras que rimam; isolar o primeiro som de uma emissão; segmentar uma emissão em todos seus fonemas constitutivos ou, ao contrário, dados os fonemas, "juntá-los"; contar a quantidade de fonemas de uma emissão. Nessa lista, empregamos *emissão* em vez de *palavra* exatamente porque frequentemente são utilizadas pseudopalavras. Também na lista, a ordem das tarefas corresponde mais ou menos à ordem da dificuldade destas. De fato, para avaliar a chamada consciência fonológica, é indispensável que se explicite qual é a tarefa proposta aos sujeitos, já que há consideráveis variações nos graus de dificuldade destas (DEFIOR, 1996).

Essa ideia de que é preciso aprender a isolar os sons elementares da linguagem antes de aprender a ler é bastante curiosa, já que duas experiências clássicas, muito citadas, mostram que é precisamente a escrita alfabética que gera as condições para essa aprendizagem. Essas experiências são as seguintes: adultos analfabetos não conseguiram realizar tarefas de consciência fonológica, inclusive em casos que existe um trabalho com a linguagem, já que se tratava de poetas populares de Portugal (MORAIS et al., 1979); a comparação entre chineses adultos que somente liam o sistema tradicional e outros que também liam a versão alfabética desta mesma escrita mostrou que somente estes últimos tinham sucesso em tarefas de consciência fonológica (READ et al., 1986).

Além disso, vários pesquisadores experimentalistas reconhecem que as idades nas quais se observa o sucesso nas mais exigentes destas provas coincide com o início da aprendizagem escolar da leitura: "a sensibilidade aos fonemas pode resultar de experiências relacionadas com a aprendizagem de um sistema alfabético de escrita" (TREIMAN; ZUKOWSKI, 1991, p. 211). De outra perspectiva, Olson (1998, p. 68) coloca o problema em termos mais provocativos: "A consciência da estrutura linguística é o produto de um sistema de escrita, não um pré-requisito para seu desenvolvimento". Ou seja, a escrita nos oferece um modelo que nos permite analisar a fala (em diferentes níveis).

Já foram escritos centenas de artigos sobre a consciência fonológica como um dos melhores preditores do sucesso escolar em termos de leitura (ou mesmo o único deles). O que foi negligenciado é a relação entre os níveis de aquisição da consciência fonológica e os níveis de conceitualização das crianças, avaliados por meio de tarefas de escrita. A relação é muito íntima, mas parece "invisível" para os pesquisadores que dissociam a leitura da escrita (ALVES-MARTINS; SILVA, 2006; VERNON, 2007; VERNON; CALDERON; CASTRO, 2004; VERNON; FERREIRO, 1999).

Além de tentar ler, as crianças escrevem, e seu desenvolvimento da escrita é uma das peças fundamentais para a compreensão da maneira pela qual elas conceitualizam a escrita, tal como existe no meio cultural. Não se trata da evolução do traçado das letras, mas de estudar, nos detalhes do processo, de qual maneira as crianças inventam a ortografia para palavras conhecidas no nível oral. A escrita se constitui em objeto simbólico em íntima relação como desenho, mas se opondo a este. Enquanto o desenho representa alguns dos atributos figurativos do objeto, a escrita representa uma propriedade fundamental dos objetos, que o desenho não consegue representar: seus nomes. As crianças dedicam grandes esforços para construir condições de legibilidade que as sequências de letras devem cumprir para representar adequadamente os nomes: a quantidade mínima de grafias e a variedade interna (não repetir a mesma grafia em posição contígua na série). As variações quantitativas e qualitativas depois são aplicadas a séries de nomes relacionados, já que, para que possam ser lidos nomes diferentes, deve haver uma diferença objetiva na grafia. A etapa de fonetização da escrita começa com um descobrimento fundamental: cada letra deve corresponder a uma parte do nome, e as "partes-sílabas" são as primeiras cuja correspondência com as letras é procurada. O importante de todo esse desenvolvimento é que se trata de construções originais das crianças, em sentido duplo: ninguém lhes ensina que cada letra corresponde a uma sílaba. Os adultos alfabetizados não têm como ensinar isso, por que leem sequências de duas letras ou de uma (artigos, pronomes, conjunções, preposições) e nunca aplicam uma hipótese silábica a um material alfabético. As crianças fazem tudo isso não por que sejam impermeáveis à informação do meio, mas exatamente porque não se limitam a copiar, e sim, buscam reconstruir para poder assimilar, no mesmo sentido que Piaget demonstrou em outras áreas do conhecimento (FERREIRO, 2007b).

Essas etapas iniciais, ainda que estejam baseadas em evidências empíricas, tratam de capturar processos conceituais utilizando situações--problema no contexto de entrevistas clínicas com crianças individuais ou duplas de crianças. A maior parte das observações de tipo etnográfico se abstêm de questionar as crianças, e assim desperdiçam uma importante fonte de informações: somente o autor de uma grafia pode nos indicar como a lê. No nível das condutas observadas, é evidente que nenhuma criança (assim como nenhum adulto) funciona o tempo todo "no nível máximo". Por exemplo, uma criança com 5 anos de idade inicia a escrita de uma história no nível de uma hipótese silábica, mas buscando letras apropriadas para cada sílaba; o esforço que essa atividade exige é excessivo e ela decide continuar, mas o faz em um nível inferior que, ainda que não seja totalmente satisfatório, lhe permite completar a tarefa. Da mesma maneira, se a atenção está centrada em obter um produto escrito com determinadas características (uma carta, por exemplo) é possível que vejamos reaparecer linhas onduladas contínuas quando a criança em questão já é capaz de desenhar letras; as linhas onduladas têm mais semelhança com a escrita cursiva e, além disso, permitem que rapidamente se encha a página.

Essas ressalvas são importantes porque frequentemente a discussão sobre se há etapas ou níveis gerais ou mesmo se cada criança segue trajetórias individuais se torna impossível, a menos que se defina com clareza em qual nível se inserem os construtos teóricos aos quais se faz referência[2].

LEITURA E ESCRITA NO PAPEL OU NO MONITOR

A revolução das tecnologias da informação e comunicação (TICs) invadiu todos os espaços, sejam eles públicos ou privados. Uma grande quantidade de objetos inovadores, relacionados com os modos de comunicação a distância, satura o mercado. O verbo "falar (a distância)" já não remete, de maneira espontânea, à escrita sobre o papel. "Fale!" é um imperativo de campanhas publicitárias relacionadas com o telefone celular e outros dispositivos de transmissão de imagem e voz em tempo real. As redes sociais via internet conseguem reunir na rua milhares de pessoas, sem qualquer tipo de interferência institucional. A expressão "buscar informação" já não remete, de maneira imediata, a bibliotecas, enciclopédias, dicionários ou similares: remete à internet. A lista de novidades é longa e dinâmica, porque se torna obsoleta em pouco tempo. É muito arriscado imaginar o que está por vir.

Não resta dúvida de que estamos assistindo a uma verdadeira revolução nos modos de produção dos textos, nas interfases entre texto e imagem, nos modos de circulação dos textos, na maneira de nos posicionarmos (física e mentalmente) em relação aos textos. Todas essas transformações estão ocorrendo de maneira simultânea e com uma velocidade assombrosa. A revolução produzida pela invenção da imprensa parece menor, quando comparada àquela pela qual estamos passando.

Todas as profissões têm visto mudanças de grande magnitude no exercício do ofício, em função da incorporação das tecnologias da informação e comunicação (TICs). Todos comemoramos "o que agora podemos fazer" graças às TICs, apesar dos esforços de atualização que isso implica. Todos os profissionais, menos os professores do ensino fundamental, que continuam se mostrando reticentes a abandonar os modos tradicionais de exercer a profissão. A diferença de gerações entre os docentes e seus alunos é real e não é fácil de vencer: os alunos atuais do ensino básico são nativos digitais, enquanto boa parte dos docentes sequer vislumbrou que isso podia acontecer e que, necessariamente, lhes afetaria.

Para complicar ainda mais o panorama, seus alunos são avaliados internacionalmente pela nova versão da prova Programme for International Student Assessment (Pisa), elaborada pela Organização para a Cooperação e Desenvolvimento Econômico (OCDE) em 2009, que busca comparar os países em termos dos resultados dos jovens de 15 anos na leitura digital: como acessam, usam, relacionam e avaliam as informações no ambiente da internet.

Novos termos, originados da palavra inglesa *literacy*, circulam por todas as partes, incluindo o plural *literacies* (*new literacies*), para designar formas de expressão e comunicação visuais, eletrônicas e digitais. Em 2000, a American Library Association incorporou uma definição de alfabetização informática (*information literacy*): o conjunto de habilidades a reconhecer quando se precisa de informação e a capacidade para localizá-la, avaliá-la e usá-la. Usá-la de que maneira e para o quê? Isso não interessa a um bibliotecário, mas é crucial do ponto de vista educativo.

De fato, pode-se buscar informação para preencher um vazio em uma série de informações (como uma data ou um nome que falta), mas isso não gera novos conhecimentos. Ainda que todos digam que informação e conhecimento são termos que devem ser diferenciados, as expressões *sociedade da informação* e *sociedade do conhecimento* são empregadas como sinônimos. É fato indubitável que há uma enorme quantidade de informações disponíveis na internet, algo tão inquestionável que já estamos ficando cansados com o excesso de informações disponibilizadas a qualquer usuário. Como fazer para que essas informações contribuam para gerar maior conhecimento e, sendo otimistas, novos conhecimentos?

Algumas das "habilidades" necessárias para encontrar informações na internet são novas. Por exemplo, a rapidez na tomada de decisões, utilizando para isso a menor quantidade de pistas possíveis. Manter o propósito da busca é particularmente difícil, pois a rede está tão assolada de distrações (selecionar uma entre as coisas que parecem atraentes ou interessantes é a melhor maneira de perder o rumo). Contudo, também é útil ter tempo para navegar com fins pouco definidos, pois isso abre a possibilidade de encontrar *sites* insólitos. Em termos de busca de informações confiáveis, algo inovador e necessário é conseguir elaborar critérios de confiabilidade na internet. Os leitores com experiência prévia com livros e bibliotecas têm elaborado critérios de confiabilidade que se relacionam com os materiais impressos: o cuidado com a edição, o selo editorial, o desenho das capas, entre outros, são indicadores valiosos da "seriedade" da informação que podemos encontrar. Na internet é preciso elaborar novos critérios, sabendo-se de antemão que é muito fácil mentir nesse espaço. As novas gerações devem enfrentar esse problema, sem ter os critérios de confiabilidade oferecidos pelo mundo dos livros. Esse é um tema pedagógico da maior importância.

Há uma novidade absoluta na relação entre as imagens e o texto? A única novidade absoluta, nos aventuramos a dizer, tem a ver com a coexistência de textos e imagens em movimento, já que temos uma longuíssima história de livros ilustrados dos mais variados tipos, mas sempre com imagens estáticas.

Perdeu-se a linearidade da escrita? Parece-nos um exagero dizer isso. A busca de informações em uma enciclopédia, dicionário ou lista telefônica jamais foi linear. Sempre foi um processo de idas e voltas, com busca rápida de índices confirmatórios. Porém, no momento em que se acredita que foi encontrada a informação buscada, a leitura se torna linear, se a informação se apresentava sob a forma de um texto contínuo, por mais breve que seja.

A novidade é poder alternar de um texto a outro, sem mudar de posição corporal e sem qualquer deslocamento no espaço. A consulta em fontes múltiplas em um único espaço físico é algo com o qual nenhum de nós conseguia sonhar há apenas 20 anos.

Concentrados na internet na busca de informação, às vezes perdemos de vista as grandes novidades que os processadores de texto introduziram no processo da redação. A revisão do texto antes de sua versão final era, inclusive com as máquinas de escrever, um processo penoso, já que uma palavra mal escrita, uma omissão involuntária ou uma simples mudança de lugar de um dado obrigavam a reelaboração de toda uma página... com o risco decorrente da introdução de novos erros. Os processadores de texto transformaram o processo de revisão em um jogo: podemos tentar, com total liberdade, trocar a ordem dos parágrafos para mudar sua importância relativa; podemos mudar à vontade o espaçamento entre linhas e fontes; podemos fazer o que quisermos, já que ao mesmo tempo a versão original permanece em um arquivo e a versão definitiva não mostrará as feias cicatrizes do processo de revisão.

Com as novas tecnologias, revisar um texto passa a ser responsabilidade obrigatória do produtor, algo que a escola tradicional nunca incluiu na lista de "saberes do produtor", pois o professor era a instância revisora por excelência.

Em resumo: as tecnologias da informação e comunicação (TICs) põem por terra as práticas mais tradicionais de alfabetização, e, nesse sentido, são bem-vindas. Elas evidenciam que a "alfabetização do quadro-negro"[3], com suas associadas, a cópia e a repetição, é totalmente insuficiente. Fica evidente que é preciso circular por meio de múltiplos tipos de texto (algo que há tempo é promovido por meio das bibliotecas de sala, desde a pré-escola). As TICs tornam obsoleta a obsessão pedagógica pela ortografia.

Toda noção de alfabetização é relativa a um espaço e tempo determinados. Por essa razão, não é necessário falar de *alfabetização digital*, como se fosse necessário acrescentar uma nova espécie de alfabetização àquela já conhecida. A alfabetização é aquela que corresponde a este tempo histórico, marcado pelas novas tecnologias, que permitem, como jamais ocorreu, modos mais eficientes de produção e circulação de textos. Há crianças que estão aprendendo a ler em um monitor, ao mesmo tempo em que tentam ler outros materiais impressos. Há crianças que fazem suas primeiras tentativas de escrita no teclado de um celular. Elas não têm medo da tecnologia. Elas crescem em um mundo de teclas e botões, comandos fáceis de usar que produzem resultados misteriosos. Ainda assim, continuam enfrentando os mesmos problemas conceituais que as crianças de gerações passadas, na hora de compreender o funcionamento dos sinais escritos.

TEORIAS, EVIDÊNCIAS EMPÍRICAS E PRESSUPOSTOS EPISTEMOLÓGICOS

As opções *top-down* e *down-top* (ou seja, do cognitivo ao perceptual-visual ou o inverso) têm dado lugar a teorias híbridas, que tentam integrar ambas, o que sempre é sedutor, particularmente no terreno educativo que mantém preferências secretas pelos "métodos mistos". Por que um meio-termo em vez de opções radicais? Esses modelos, com clara intenção integradora, têm, no entanto, um defeito de origem: raramente integram de maneira teoricamente convincente. Não conseguem fazê-lo porque não questionam com profundidade as opções epistemológicas que estão por trás.

As "evidências empíricas" não são neutras, assim como não são neutras as consequências – teóricas ou práticas – que delas são derivadas. As opções teóricas que tentei apresentar de forma esquemática respondem, queiram ou não seus autores, a perguntas de natureza epistemológica que os pesquisadores raramente se fazem de forma explícita, mas que as crianças em processo de desenvolvimento de fato se fazem, implicitamente: o que é que a escrita representa e como ela o representa?

Considerar outros sistemas de escrita – tão bem-sucedidos como o alfabético em termos de números de usuários e de duração através da história, como sistema chinês ou o japonês – é uma das chaves para evitar o "alfabetocentrismo" que tem caracterizado a pesquisa neste campo. A outra chave é evolutiva e uma herança de Jean Piaget: não se compreende o pensamento nem o funcionamento adulto sem entender sua psicogênese. A terceira e última chave é, novamente, de natureza epistemológica: um sujeito psicológico que pensa (na acepção forte do verbo "pensar"), e que se alfabetiza pensando, assim como uma máquina que aprende (o cérebro, entendido por meio de metáforas de modulação de um computador digital ou de acordo com outras suposições extraídas das técnicas que permitem "visualizar" a atividade neuronal). As novas versões das ciências cognitivas estão abandonando o nível psicológico. Mas somente o sujeito psicológico pode ser fonte de construtos que deem sentido à experiência vivida. E isso é verdade desde a mais tenra idade.

NOTAS

1 "The single most important activity for building the understandings and skills essential for reading success appears to be reading aloud to children".
2 Por exemplo, é interessante ler os comentários de Kress (1977, p. 66-73) sobre a grafia do nome próprio de sua filha Emily. Ele relata muitos exemplos que se estendem por mais de um ano do calendário. O autor ocasionalmente apresenta dados do contexto dessas grafias, mas não do processo em si. Jamais pede a sua filha que leia o que escreveu. Para tentar entender essas produções, Kress elabora continuamente interpretações *ad hoc*. Por exemplo, Emily escreve em diversas ocasiões sua inicial com mais linhas horizontais do que seriam necessárias. Kress trata isso como um problema singular de Emily, supondo, certo momento, razões afetivas ("an ex-

pression of exhuberance or affect", p. 68). No entanto, um "E" com quatro ou cinco traços horizontais é muito frequente em certo momento da evolução. As crianças começam traçando uma vertical, e depois agregam os traços horizontais. A quantidade de traços horizontais muitas vezes depende do comprimento do traço vertical. A análise dessa sequência de produções permite que Kress conclua que, de certo modo, há grande criatividade no trabalho contínuo realizado pela menina (o que coincide com nosso trabalho de pesquisa), mas imediatamente acrescenta que esse trabalho criativo "representa o próprio caminho individual de cada criança" ("each individual's own path", p. 73), uma conclusão que não se sustenta, já que a análise da evolução da grafia do nome próprio em um número considerável de crianças mostra que há problemas comuns que todos devem resolver, inclusive Emily. Os problemas são comuns, ainda que as soluções sejam encontradas por cada indivíduo.

3 Veja Ferreiro (2004), para um tratamento mais aprofundado deste tema. É claro que aqui não é possível tratar questões de grande importância relacionadas com a compra e a manutenção dos equipamentos de informática, os quadros eletrônicos e outros dispositivos que são promovidos para ter *aulas inteligentes* nem entrar nas questões relacionadas ao *software* utilizado.

REFERÊNCIAS

ALVES-MARTINS, M.; SILVA, C. The impact of invented spelling on phonemic awareness. *Learning and Instruction*, v. 16, p. 41-56, 2006.
BÉGUELIN, M. J. Unidades de lengua y unidades de escritura. In: FERREIRO, E. (Comp.). *Relaciones de (in)dependencia entre oralidad y escritura*. Barcelona: Gedisa, 2002. p. 31-51.
BLANCHE-BENVENISTE, C. La escritura, irreductible a un "codigo". In: FERREIRO, E. (Comp.). *Relaciones de (in)dependencia entre oralidad y escritura*. Barcelona: Gedisa, 2002. p. 15-30.
BYRNE, B. Etude experimentale de la decouverte des principes alphabetiques par l'enfant. In: RIEBEN, L.; PERFETTI, C. (Comp.). *L'apprenti lecteur*. Neuchatel: Delachaux et Niestle, 1989. p. 129-144.
CATACH, N. *Hacia una teoria de la lengua escrita*. Barcelona: Gedisa, 1996. Edição original: *Pour une theorie de la langue ecrite*. Paris: Editions du Centre Nationale de la Recherche Scientifique, 1988.
CHARTIER, A. M. *Ensenar a leer y escribir*: una aproximacion histórica. Mexico: Fondo de Cultura Economica, 2004.
CHARTIER, A. M.; HÉBRARD, J. *Discursos sobre la lectura*. Barcelona: Gedisa, 1994. Edição original: *Discours sur la lecture*. Paris: BPI-Centre Georges Pompidou, 1989.
CHRISTIN, A. M. *Poetique du blanc*: vide et intervalle dans la civilisation de l'alphabet. Lovaina: Peeters Vrin, 2000.
COLOMER, T. *Andar entre libros*: la lectura literaria en la escuela. Mexico: Fondo de Cultura Economica, 2005.
DEFIOR, S. Una clasificacion de las tareas utilizadas en la evaluación de habilidades fonologicas y algunas ideas para su mejora. *Infancia y Aprendizaje*, v. 73, p. 49-63, 1996.

FERREIRO, E. Acerca de la necesaria coordinación entre semejanzas y diferencias. In: CASTORINA, J. A. et al. *Piaget-Vygotsky*: contribuciones para replantear el debate. Mexico; Buenos Aires; Barcelona: Paidós, 1996. p. 119-139.

FERREIRO, E. Alfabetización digital, de que estamos hablando? In: JORNADAS DE BIBLIOTECAS INFANTILES Y ESCOLARES, 12., 2004, Salamanca. *Actas*... Salamanca: Fundación German Sanchez Ruiperez, 2004. p. 13-32.

FERREIRO, E. Entre la silaba oral y la palabra escrita. *Infancia y Aprendizaje*, v. 89, p. 25-37, 2000.

FERREIRO, E. Escritura y oralidad: unidades, niveles de análisis y consciencia metalinguística. In: FERREIRO, E. (Comp.). *Relaciones de (in)dependencia entre oralidad y escritura*. Barcelona: Gedisa, 2002. p. 151-171.

FERREIRO, E. Información disponible y procesos de asimilación en el inicio de la alfabetización. In: FERREIRO, E. *Alfabetización*: teoria y practica. Mexico: Siglo XXI, 1997. p. 41-83.

FERREIRO, E. La escritura antes de la letra. In: FERREIRO, E. *Alfabetización de niños y adultos:* textos escogidos. Michoacan: CREFAL, 2007b. p. 209-255. Edição original: L'ecriture avant la lettre. In: SINCLAIR, H. (Ed.). *La production de notations chez le jeune enfant*. Paris: Hachette, 1988. p. 17-70.

FERREIRO, E. Las unidades de lo oral y las unidades de lo escrito. *Archivos de Ciencias de la Educacion:* Universidad Nacional de La Plata, v. 1, n. 1, p. 195-230, 2007a.

GOODMAN, K. *Language and literacy*: the selected writings of Kenneth Goodman. Boston: Routledge and Kegan Paul, 1982. v. 1.

INTERNATIONAL READING ASSOCIATION Y NATIONAL ASSOCIATION FOR THE EDUCATION OF YOUNG CHILDREN. Learning to read and write: developmentally appropriate practices for young children: a position statement of the International Reading Association and the National Association for the Education of Young Children. *Young Children*, v. 53, n. 4, p. 30-46, 1988.

KRESS, G. *Before writing*: rethinking the paths to literacy. London: Routledge, 1997.

LURIA, A. O desenvolvimento da escrita na criança. In: VYGOTSKY, L.; LURIA, A.; LEONTIEV, A. *Linguagem, desenvolvimento e aprendizagem*. San Pablo: Icone; EDUSP, 1988. p. 143- 190.

MICHALOWSKI, P. Writing and literacy in early states. In: KELLER-COHEN, D. (Ed.). *Literacy*: interdisciplinary conversations. Cresskill: Hampton, 1994. p. 49-70.

MORAIS, J. Comprehension, decódage et acquisition de la lecture. In: JAFFRE, J. P.; SPENGER-CHAROLLES, L.; FAYOL, M. (Ed.). *Lecture-Ecriture*: acquisition. Paris: Nathan, 1993. p. 10-21.

MORAIS, J. et al. Does awareness of speech as a sequence of phones arise spontaneously? *Cognition*, v. 7, p. 323-331, 1979.

MORAIS, J. *L'art de lire*. Paris: Odile Jacob, 1994.

OLSON, D. *El mundo sobre papel*. Barcelona: Gedisa, 1998. Edição original: *The world on paper*: the conceptual and cognitive implications of writing and reading. London: Cambridge University, 1994.

PARKES, M. *Pause and effect*: an introduction to the history of punctuation in the west. Hants: Scolar, 1992.

READ, C. et al. The ability to manipulate speech sounds depends on knowing alphabetic writing. *Cognition*, v. 24, p. 31-44, 1986.

SAENGER, P. *Space between words*: the origins of silent reading. Stanford: Stanford University, 1997.

SEGUI, J. La reconnaissance visuelle des mots. In: KOLINSKY, R.; MORAIS, J.; SEGUI, J. *La reconnaissance des mots dans les diferentes modalites sensorielles*: etudes de psycholiguistique cognitive. Paris: Universitaires de France, 1991. p. 59-80.

TREIMAN, R.; ZUKOWSKY, A. Levels of phonological awareness. In: BRADY, S.; SHANKWEILER, D. (Ed.). *Phonological process in literacy*: a tribute to Isabelle Y. Liberman: Hillsdale, 1991. p. 67-83.

VERNON, S. The effect of writing on phonological awareness in Spanish. In: TORRANCE, M.; VAN WAES, L.; GALBRAITH, D. (Ed.). *Writing and cognition, 4:* research and applications. Amsterdam: Elsevier, 2007. p. 181-200.

VERNON, S.; CALDERON, G.; CASTRO, L. Relationship between phonological awareness and writing. *Written Language and Literacy,* v. 7, n. 1, p. 101-114, 2004.

VERNON, S.; FERREIRO E. Writing development: a neglected variable in the consideration of phonological awareness. *Harvard Educational Review*, v. 69, n. 4, p. 395-415, 1999.

VYGOTSKY, L. *El desarrollo de los procesos psicologicos superiores.* Mexico: Critica, 1988. Edição original: *Mind in society: the development of higher psychological Processes.* Cambridge: Harvard University, 1978.

VYGOTSKY, L.; LURIA, A.; LEONTIEV, A. *Linguagem, desenvolvimento e aprendizagem.* San Pablo: Icone; EDUSP, 1988.

WEISZ, T. Formacao, avaliacao e politicas publicas. *Lectura y Vida: Revista Latinoamericana de Lectura,* v. 31, n. 4, p. 19-26, 2010.

11
Aprendendo a comparação de funções lineares

Bárbara M. Brizuela e Mara V. Martínez

PROBLEMÁTICA/CONTEXTO

Até muito recentemente, a maior parte da bibliografia sobre o ensino de matemática estabelecia limites claros entre a aprendizagem da aritmética e a da álgebra, considerando que a primeira era domínio do ensino fundamental e a segunda, do ensino médio. Essa separação entre aritmética e álgebra se justificava sob vários pontos de vista relacionados entre si: epistemológico, histórico e de uma abordagem do desenvolvimento cognitivo. Da perspectiva epistemológica, por exemplo (SFARD, 1995; SFARD; LINCHEVSKI, 1994), se contrasta a álgebra que está orientada para processos, operações, cálculos, procedimentos ou algoritmos com a álgebra que foca objetos, estruturas ou relações. Estas autoras, entre outros pesquisadores, veem a primeira abordagem como mais primitiva e consideram que em determinado momento deverá ser substituída pela segunda. Sfard (1995) recomenda começar o ensino da álgebra com a dimensão dos processos e somente a partir de determinado momento considerar seu ensino com uma abordagem estrutural. Portanto, recomenda que se postergue o ensino da álgebra como objeto. Do ponto de vista histórico, Filloy e Rojano (1989), por exemplo, propõem uma descontinuidade ou ruptura entre o pensamento envolvido no trabalho com a aritmética e o pensamento envolvido no trabalho com a álgebra e utilizam esse ponto de vista para justificar por que inclusive alunos de 12 e

13 anos têm dificuldades com esse tema. Esses autores explicam que os textos de álgebra dos séculos XIII, XIV e XV apresentam estratégias e métodos de solução de sistemas de equação que chamam de *álgebra pré-simbólica*. Eles explicam que "a insuficiência nas operações que são exibidas na etapa pré-simbólica da álgebra sugerem a presença de um corte, ou seja, de uma ruptura no desenvolvimento que lida com as operações sobre as incógnitas, naquele momento ao nível do pensamento individual" (Filloy; Rojano, 1989, p. 19, tradução de Bárbara M. Brizuela, uma das autoras deste capítulo).

Os pesquisadores que se baseiam no desenvolvimento cognitivo para justificar a postergação do ensino da álgebra muitas vezes empregam as perspectivas epistemológicas e históricas para explicar o motivo pelo qual os alunos do ensino fundamental não conseguem aprender a álgebra ou não estão preparados para isso. Eles argumentam, por exemplo, que a "ruptura" entre a aritmética e a álgebra explica a "descontinuidade cognitiva" que existe entre estas para os alunos (Collis, 1975; Filloy; Rojano, 1989; Küchemann, 1981). Também MacGregor (2001) argumenta que a maioria dos alunos não tira proveito do ensino da álgebra, dado que muitos deles ainda são pensadores concretos.

Sob esta última perspectiva, os estudos em geral têm falado das limitações, dos problemas e dos insucessos ou das falhas dos alunos quanto à aprendizagem da álgebra. Em outras palavras, os estudos têm focado as limitações das crianças, sua falta de capacidade de enfrentar os desafios da álgebra. Estes estudos têm destacado que os estudantes do ensino médio somente compreendem o sinal de igualdade como um operador unidirecional (Booth, 1984; Kieran, 1981, 1985; Vergnaud, 1985, 1988); não reconhecem as propriedades comutativa e distributiva (Boulton-Lewis et al., 2001; Demana; Leitzel, 1988; MacGregor, 1996); têm muitas dificuldades para fazer operações sobre incógnitas (Bednarz, 2001; Bednarz; Janvier, 1996; Filloy; Rojano, 1989; Kieran, 1985, 1989; Steinberg; Sleeman; Ktorza, 1990); não entendem que transformações equivalentes em ambos os lados de uma equação não alteram a solução final (Bednarz, 2001; Bednarz; Janvier, 1996; Filloy; Rojano, 1989; Kieran, 1985, 1989; Steinberg, Sleeman; Ktorza, 1990); focam a busca de respostas numéricas específicas (Booth, 1984); não utilizam símbolos matemáticos para expressar relações entre quantidades (Bednarz, 2001; Bednarz; Janvier, 1996; Vergnaud, 1985; Wagner, 1981); e não compreendem o uso das letras como números generalizados ou variáveis (Booth, 1984; Küchemann, 1981; Vergnaud, 1985).

Neste capítulo, nos concentraremos em mostrar as evidências que refutam os últimos três pontos, ou seja: que as crianças na idade do ensino fundamental (especificamente, em nosso estudo, com 10 anos) não focam necessariamente a busca de respostas específicas, conseguem utilizar símbolos matemáticos para expressar relações entre quantidades e compreendem o uso das letras como números generalizados ou variáveis. As abordagens epistemológica, histórica e do desenvolvimento cognitivo eram adotadas para continuar com a seguinte prática: primeiro a aritmética, depois a álgebra. Particularmente, abordaremos a última dimensão, a justificativa da demora no ensino da álgebra do ponto de vista do desenvolvimento cognitivo, da qual discordamos. Do ponto de vista do desenvolvimento cognitivo, se explicava que os alunos do ensino fundamental não estavam cognitivamente prontos para enfrentar os desafios da álgebra, a qual exige o "pensamento abstrato" e que se consiga pensar genericamente sobre uma série de casos, de forma simultânea.

Uma das hipóteses básicas empregadas pelos educadores e pesquisadores que defendem a necessidade de postergar o ensino da álgebra é que essa postergação é necessária, dadas as dificuldades com problemas, obstáculos e limitações em seu desenvolvimento cognitivo que os alunos encontram para poder enfrentar a aprendizagem da álgebra e que advém dos problemas, obstáculos e limitações no desenvolvimento cognitivo dos adolescentes frente a tais questões, bem como da falta do chamado "pensamento abstrato" (COLLIS, 1975; FILLOY; ROJANO, 1989; KÜCHEMANN, 1981; MACGREGOR, 2001; SFARD, 1995; SFARD; LINCHEVSKI, 1994). No entanto, o que argumentaremos neste capítulo é que devemos modificar esta hipótese, já que alunos muito mais jovens são capazes de superar tais "dificuldades, obstáculos e limitações". Ou seja, o pensamento abstrato, como um sucesso estático que o aluno alcança ou não, não faz muito sentido, em nosso ponto de vista. Suas possibilidades cognitivas ocorrem dentro de contextos específicos, os quais incluem ferramentas, problemas e situações particulares. Isto já foi demonstrado tanto por Vergnaud (1994, 1996) em suas exposições da teoria dos campos conceituais, como por pesquisadores como Hammer e seus colaboradores (GUPTA, HAMMER; REDISH, 2010; HAMMER; GUPTA; REDISH, 2011). As possibilidades em termos de aprendizagem e desenvolvimento se dão, de acordo com nossa postura e a destes autores, dentro daquilo que Vygotsky (2007, 1988) denominou zona de desenvolvimento proximal, onde o acesso a ferramentas tanto psicológicas como físicas permitem ao aprendiz ultrapassar suas supostas capacidades "estáticas". Isto é, o que o aluno é capaz de fazer ou no que ele é capaz de pensar *depende* de fatores que vão muito além de suas qualidades individuais. Em vez de dizer que um aluno pode ou não conseguir algo ou possui ou não determinada qualidade, seria mais correto descrevê-lo em função daquilo que ele consegue fazer em certas circunstâncias e mediante meios específicos.

Os dados que apresentaremos a seguir são meros exemplos para refutar a hipótese supracitada. Nosso ponto de vista fundamental é o seguinte: a literatura propõe, em geral, que os alunos adolescentes têm muitos problemas com a álgebra. Entretanto, se conseguimos demonstrar que ao menos alguns alunos muito mais jovens conseguem superar as dificuldades nas quais nos concentraremos, então teremos de buscar a justificativa para os problemas enfrentados pelos alunos em algum lugar que não seja seu desenvolvimento cognitivo.

Dentro do contexto do presente livro, este estudo oferece uma oportunidade para explorar as conexões entre desenvolvimento cognitivo e educação. Retomaremos este ponto no final do capítulo, mas por ora apresentaremos a seguinte hipótese: *o "desenvolvimento cognitivo" não é uma entidade estática, como propusemos anteriormente neste capítulo, e suas relações com a educação, o ensino e a aprendizagem precisam ser compreendidas muito melhor*. Em troca, propomos que o desenvolvimento cognitivo é um processo dinâmico que deve ser entendido no contexto específico de situações e ferramentas disponibilizadas àqueles que aprendem.

A ÁLGEBRA EM ALUNOS DO 4º ANO

Durante três anos de seu ensino fundamental (do 3º ao 5º ano), trabalhamos com dois grupos de alunos de uma escola pública na cidade de Boston, Estados Unidos. Os alunos que frequentam esta escola pertencem majoritariamente a famílias de imigrantes com nível socioeconômico baixo. A maioria deles recebia almoços grátis ou com preço reduzido, devido às baixas rendas de suas famílias. Os alunos do 3º ano costumam ter 8 anos no início do ano letivo; portanto, durante os três anos nos quais trabalhamos na escola, as crianças tinham entre 8 anos (no princípio do 3º ano) e aproximadamente 11 anos (no final do 5º ano). Neste capítulo, nos concentraremos nos dados coletados com um destes grupos de alunos enquanto eles cursavam o 4º ano (mais especificamente na segunda metade do ano letivo). O grupo era formado por um total de 12 alunos: sete meninos e cinco meninas.

Desde o momento em que iniciaram o 3º ano estávamos trabalhando com eles em um projeto de Álgebra Precoce (veja também Schliemann; Carraher; Brizuela, 2011). Como parte deste projeto, uma equipe de pesquisadores e alunos do curso de pós-graduação dava a aula de matemática uma vez por semana, em vez da professora habitual, durante a maior parte do ano. No 3º ano demos 44 aulas, aproximadamente 22 no primeiro semestre letivo e 22 no segundo. As aulas duravam aproximadamente 60 minutos. Ao término de cada aula, os alunos recebiam um tema, e no dia seguinte a professora fazia uma seção de 30 minutos, na qual corrigia os exercícios feitos em casa. Ou seja, dos 180 dias de aulas obrigatórias em cada ano (equivalentes a 1.080 horas de aula), essas crianças estiveram expostas a aulas de álgebra precoce durante 66 horas (6% da duração das aulas). No 4º ano, quando coletamos os primeiros dados que apresentaremos a seguir, já havíamos dado 19 aulas (18 aulas na primeira metade do ano e uma aula na segunda) com a mesma duração (60 minutos em cada aula e jamais mais de uma aula por semana, cada uma seguida de uma seção para correção do tema de casa, de 30 minutos de duração e feita pela professora habitual). Ou seja, os meninos haviam sido expostos a 28,5 horas de álgebra precoce no 4º ano quando demos a primeira aula, que descreveremos a seguir.

A característica geral das aulas dadas é que buscávamos ressaltar o caráter algébrico da aritmética que lhes estava sendo ensinada na escola (sem substituí-la), tratar as operações aritméticas como funções e introduzir símbolos e representações algébricas (sobretudo o uso de letras, de tabelas de funções e gráficos de coordenadas cartesianas)[1].

O problema da carteira e o problema dos planos de telefonia

Durante o começo do segundo semestre letivo do 4º ano (fevereiro de 2005), apresentamos às crianças um problema, *O problema da carteira*, que envolvia a comparação de duas funções lineares:

> Mike e Robin têm certa quantidade de dinheiro, cada um. Mike tem oito dólares em sua mão e o resto do dinheiro está todo na carteira. Robin tem, no total, exatamente três vezes o que Mike tem na carteira. Mostre quanto Mike tem de dinheiro; faça o mesmo para Robin.

Depois de apresentarmos o problema às crianças, lhes pedimos que representassem em uma folha de papel os diferentes valores expressos pelo problema, completando uma tabela de valores. ("Preencha a tabela com quantidades que podem ser verdadeiras"), que respondessem algumas perguntas sobre a relação entre as quantidades ("Você sabe quanto Mike e Robin têm de dinheiro?", "Você sabe quem tem mais dinheiro?", "É possível que Mike tenha a mesma quantidade de dinheiro que Robin?"), que expressassem a quantidade desconhecida, que determinassem a relação entre os gráficos de Robin e Mike, que representassem as funções em um gráfico de coordenadas cartesianas e que analisassem o gráfico. Os alunos trabalharam com esse problema durante três aulas de uma hora de duração cada uma, durante três semanas consecutivas. Cada aula foi seguida de uma seção de meia hora de correção do tema de casa. Neste capítulo, focaremos os dados coletados durante as primeiras duas aulas e as seções correspondentes de correção do tema de casa.

O segundo problema no qual concentraremos nossa análise foi *O problema dos planos de telefonia*, que foi apresentado às crianças três meses depois, em maio de 2005.

> Sua mãe está comparando dois planos de telefonia que lhe ofereceram:
> Plano nº. 1: Você paga 10 centavos por minuto para cada uma de suas chamadas.
> Plano nº. 2: Você paga 60 centavos por mês, além de cinco centavos por minuto para cada uma de suas chamadas.
> (Não importa em que horário ou qual dia da semana você faz as chamadas telefônicas.)
> Mostre quanto cada plano cobra, para diferentes quantidades de minutos.

Depois de termos apresentado este problema às crianças, lhes pedimos que estabelecessem uma regra geral que pudesse descrever cada uma das funções, discutissem qual seria o plano mais conveniente, comparassem as tabelas de valores, criassem um gráfico para cada um dos planos de telefonia, determinassem a situação em que cada um dos planos seriam melhor do que o outro e também que identificassem qual seria o ponto de interseção. Os alunos trabalharam com este problema durante duas aulas de uma hora de duração cada uma, ao longo de duas semanas consecutivas. Cada aula foi seguida de uma seção de meia hora de correção do tema de casa. Neste capítulo, focaremos os dados coletados durante estas duas aulas e as seções correspondentes de correção do tema de casa.

O problema da carteira: aula I

Na primeira aula dedicada a este problema, as crianças precisaram explorar a relação entre a quantidade de dinheiro que Mike tinha e a quantidade de dinheiro que Robin tinha. Especificamente, deviam compreender que Mike tinha dinheiro tanto em sua mão como na carteira. Por outro lado, no caso de Robin, deviam se concentrar somente no dinheiro que Mike tinha em sua carteira (que equivalia à soma total do dinheiro de Robin). No entanto, não deviam se esquecer de que Mike tinha dinheiro em sua mão (além daquele na carteira). O diálogo entre David (David Carraher, o professor para nosso grupo de pesquisa nesse dia) e Aaron, um aluno, ilustra esta tensão:

> David: Vocês sabem quanto dinheiro ele tem [referindo-se a Mike ou a Robin]? Quero dizer – se eu perguntar quanto dinheiro exatamente cada um tem... vocês sabem a resposta?
> Aaron: Não. Quanto dinheiro ele tem na carteira?
> David: Bem, isso eu ainda não disse. É isso que torna difícil responder minha pergunta, não é mesmo?

Fonte: As autoras.

De certa maneira, Aaron parece estar dizendo: Quando você me diz "o dinheiro", está se referindo ao total, ao que ele tem na mão ou ao que ele tem na carteira? Deste ponto de vista, Aaron está pedindo a David que seja mais claro e explícito em sua pergunta, já que o termo "o dinheiro" é demasiado impreciso no contexto deste problema.

Após a discussão com a turma, o problema foi apresentado em uma folha de papel, na qual se pediu aos alunos que mostrassem quanto dinheiro Mike tinha e quanto dinheiro Robin tinha em uma tabela com duas colunas, uma para cada um. Uma análise dos trabalhos escritos das 12 crianças nos permitiu identificar oito modalidades de resposta, que são apresentadas na Tabela 11.1. Utilizamos três focos distintos para analisar os trabalhos das crianças: 1) são expressas quantidades específicas ou uma variedade de quantidades possíveis?; 2) são empregadas letras para expressar a quantidade de dinheiro que Mike e Robin têm?; e 3) que quantidade de dinheiro o aluno está focando: o conteúdo da carteira ou o total? As modalidades de resposta que foram observadas eram independentes das respostas dadas pelas crianças estarem corretas ou não e se referiam à representação das quantidades para quaisquer personagens do problema (Mike e/ou Robin). As respostas das crianças foram categorizadas dentro de todas as modalidades que puderam ajudar a descrevê-las, ou seja, não são mutuamente excludentes, por isso na Tabela 11.1 os percentuais não somam 100 (exceto nas modalidades de "a" a "e", que são excludentes entre si e cujos percentuais totalizam 100).

O aluno expressa apenas uma quantidade específica, sem usar "N"

O trabalho escrito de Ashley, na Figura 11.1, ilustra o caso de uma resposta na qual somente se apresenta uma quantidade específica. Em seu trabalho escrito, Ashley não esclarece várias coisas:
a) A aluna sabe que a quantidade de dinheiro de Mike que ela registra somente se refere ao valor em sua carteira (o qual temos de adivinhar, uma vez que é a quantidade qualquer que ela multiplica por três, apesar de ser a mesma quantidade que ela determinou estar na mão de Mike)?;
b) Apesar de Ashley mostrar apenas uma quantidade de dinheiro para cada personagem (oito dólares para Mike e 24 para Robin), ela sabe que quanto Mike e Robin têm não é uma quantidade específica, mas que pode variar, já que não foi fixada no problema?

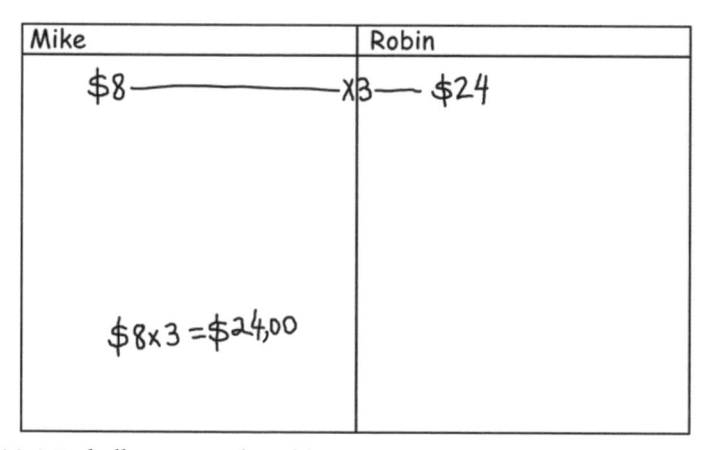

Mike	Robin
$8 ———————— x3 — $24	
$8×3 = $24,00	

Figura 11.1 Trabalho escrito de Ashley para *O problema da carteira*.
Fonte: As autoras.

O aluno expressa apenas uma quantidade específica e usa "N"

O trabalho escrito de Erick, que é mostrado na Figura 11.2, é similar ao de Ashley, porém, Erick atribui uma letra para cada quantidade: H, W e T. Temos de pressupor que Erick usa a letra H para representar a quantidade de dinheiro que Mike tem em sua mão (*hand*, em inglês); a letra W para representar a quantidade de dinheiro na carteira (*wallet*, em inglês); e T para representar o "total". O trabalho escrito de Erick faz mais sentido se supormos que ele está considerando "oito" tanto como a quantidade de dinheiro que Mike tem em sua mão como a quantidade de dinheiro que ele tem em sua carteira. Entretanto, o trabalho também ilustra várias confusões que Erick parece fazer. Em primeiro lugar, Erick indica, à esquerda, que "oito" é "H", valor que pressupomos ser a quantidade de dinheiro que Mike tem em sua mão, mas depois o aluno multiplica este valor por três, chegando a 24, total que indica com "W". Assim, poderíamos pressupor que Erick está considerando "oito" tanto a quantidade de dinheiro que Mike tem em sua mão como na carteira; todavia, a seguir ele soma oito (ou H, a quantidade que Mike tem em sua mão) com 24 (W, a quantidade de dinheiro que Mike tem na mão, multiplicado por três) e chega a 32, o valor total. A primeira e a segunda linha de seu trabalho escrito são incompatíveis com o enunciado do problema: se Mike tem oito em sua mão e oito na carteira (o que resultaria na quantidade de 24 para Robin, que o aluno indica em seu trabalho por meio de W, logo abaixo do nome de Robin), então a quantidade total de dinheiro de Mike seria 16, e não 32.

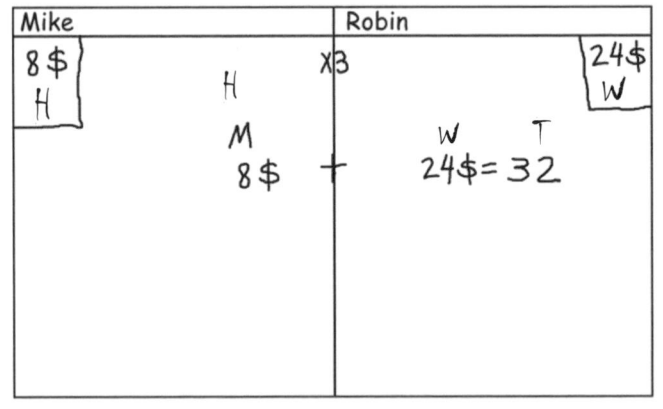

Figura 11.2 Trabalho escrito de Erick para *O problema da carteira*.
Fonte: As autoras.

O aluno expressa várias quantidades específicas, sem usar "N"

O trabalho de Gio, que é mostrado na Figura 11.3, é um exemplo do uso exclusivo de valores específicos. Gio escolhe sete possibilidades (que enumera cuidadosamente) para a quantidade possível de dinheiro que têm tanto Robin como Mike. Em sua folha, Gio esclarece que está se concentrando apenas na quantidade de dinheiro na carteira (observe sua anotação na parte superior da tabela: na carteira – *in his wallet*). Cabe destacar que Gio decide mostrar várias quantidades diferentes de dinheiro que ambos os personagens poderiam ter, demonstrando, de certa maneira, que parece entender o problema de que os personagens podem ter quantidades de dinheiro diferentes e que essa quantidade não é um valor único e específico.

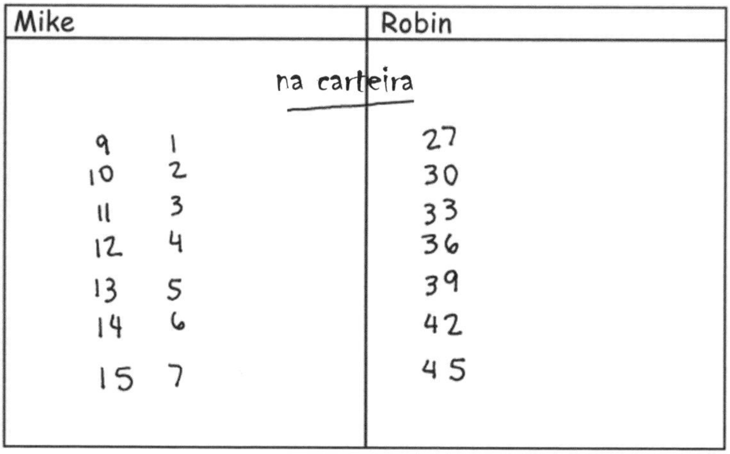

Mike		Robin
na carteira		
9	1	27
10	2	30
11	3	33
12	4	36
13	5	39
14	6	42
15	7	45

Figura 11.3 Trabalho escrito de Gio para *O problema da carteira*.
Fonte: As autoras.

O aluno expressa várias quantidades específicas e usa "N"

O trabalho escrito de Aaron, na Figura 11.4, é bastante similar ao de Gio, na medida em que nos oferece várias quantidades de dinheiro possíveis para os personagens do problema, esclarecendo, em cada caso, que para Mike sempre está se referindo à quantidade de dinheiro que este tem em sua carteira (*in his wallet*), e que para Robin está se referindo à quantidade de dinheiro que tem no total (*all together*). Não obstante, Aaron também agrega uma última linha, na qual explicita, por meio do uso de uma letra, que realmente está se referindo a uma quantidade variável. Também é interessante notar que Aaron começa sua tabela com a inclusão do que poderia ser considerado um caso extremo: o caso dos mil dólares na carteira. Em nosso trabalho com as crianças no projeto Álgebra Precoce, observamos que várias delas tendiam a utilizar esses casos extremos (zero, mil ou um milhão), como se quisessem "provar" que qualquer quantidade, por mais extrema que fosse, poderia satisfazer as condições da função.

Mike	Robin
1000 dólares na carteira	3000 dólares na carteira
3 dólares no total	9 dólares no total
5 dólares no total	15 dólares no total
33 dólares no total	99 dólares no total
100 dólares na carteira	300 dólares no total
N dólares na carteira	N x 3 dólares na carteira

Figura 11.4 Trabalho escrito de Aaron para *O problema da carteira*.
Fonte: As autoras.

O aluno somente usa "N"

O trabalho escrito de Janny, na Figura 11.5, mostra como é possível expressar a quantidade de dinheiro na carteira de Mike como uma quantidade variável, sem que haja a necessidade de definir uma quantidade concreta de dinheiro para o conteúdo da carteira de Mike. A expressão selecionada por Janny é a única de seu tipo na turma, já que tampouco expressa apenas uma quantidade ou várias quantidades possíveis de dinheiro que poderiam estar dentro da carteira de Mike.

Mike	Robin
na carteira / na mão $N + 8,00 = N + 8,00$ / Total	quantidade de dinheiro que Mike tem na carteira / x 3 - o dinheiro que Robin tem na mão $N \times 3 = N \times 3$ / Total

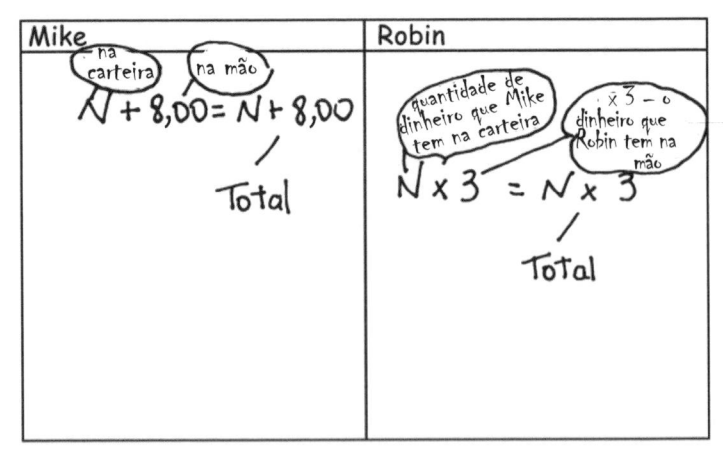

Figura 11.5 Trabalho escrito de Janny para *O problema da carteira*.
Fonte: As autoras.

O aluno se concentra em expressar somente o dinheiro na carteira

O trabalho de Gio, na Figura 11.3, ilustra essa modalidade de resposta. No caso de Gio, ele torna muito explícito qual quantidade de dinheiro está focando, ao escrever, na parte superior de sua tabela, "na carteira".

O aluno se concentra em expressar a quantidade total de dinheiro (na carteira e na mão)

O trabalho de Anthony, na Figura 11.6, ilustra essa modalidade de resposta. Ele define, na extremidade esquerda, um valor específico, oito, que é a quantidade de dinheiro que Mike tem em sua mão. Depois, ao lado desta "coluna", varia a quantidade de dinheiro que tem na carteira, de um valor mínimo (zero) a um máximo (500). Além disso, esclarece por meio de setas que a quantidade que está triplicando é a segunda (o dinheiro na carteira). Em nenhum momento soma o total de dinheiro que Mike tem; isso se presume por meio do uso que Anthony faz do símbolo mais (+) entre a quantidade de dinheiro que tem em sua mão (8) e a quantidade de dinheiro na carteira. Para Robin, por outro lado, Anthony inclui a quantidade total de dinheiro que este tem (ou seja, o triplo da quantidade de dinheiro que Mike tem em sua carteira).

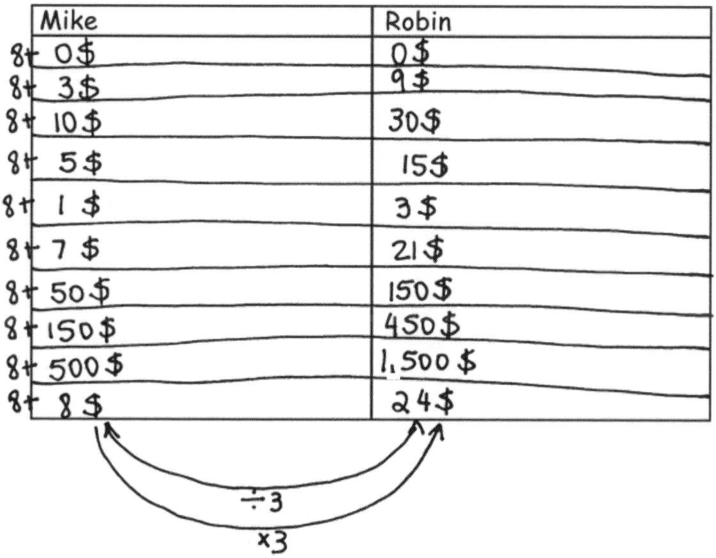

Mike	Robin
8+ 0$	0$
8+ 3$	9$
8+ 10$	30$
8+ 5$	15$
8+ 1$	3$
8+ 7$	21$
8+ 50$	150$
8+ 150$	450$
8+ 500$	1.500$
8+ 8$	24$

÷3
×3

Figura 11.6 Trabalho escrito de Anthony para *O problema da carteira*.
Fonte: As autoras.

O aluno presume que haja oito dólares na carteira

O exemplo do trabalho escrito de Ashley, na Figura 11.1, ilustra essa modalidade de resposta, já que a aluna não somente nos mostra um caso único para a quantidade de dinheiro que ambos os personagens têm, como assume que oito não é só a quantidade de dinheiro que Mike tem em sua mão (como anuncia o problema), mas a quantidade de dinheiro que tem em sua carteira (e que tem de multiplicar por três, para chegar à quantidade de dinheiro que Robin tem).

Tabela 11.1 Algumas modalidades de resposta apresentadas pelas crianças para *O problema da carteira*

Algumas modalidades de resposta	Frequências (percentual)
a. O aluno expressa apenas uma quantidade específica, sem usar "N"	2/12 (17 %)
b. O aluno expressa apenas uma quantidade específica e usa "N"	2/12 (17 %)
c. O aluno expressa várias quantidades específicas, sem usar "N"	4/12 (33 %)
d. O aluno expressa várias quantidades específicas e usa "N"	3/12 (25 %)
e. O aluno somente usa "N"	1/12 (8 %)
f. O aluno se concentra em expressar somente o dinheiro na carteira	7/12 (58 %)
g. O aluno se concentra em expressar a quantidade total de dinheiro (na carteira e na mão)	3/12 (25 %)
h. O aluno presume que haja oito dólares na carteira	3/12 (25 %)

Fonte: As autoras.

O problema da carteira: correção do tema de casa

No dia seguinte, a professora fez uma seção, na qual corrigiu o tema que havíamos passado para os alunos.

> Professora: Então, em primeiro lugar: vocês sabem quem tem mais dinheiro? (Lissette e Gio dizem que Robin tem mais dinheiro, e Lissette diz por que em voz alta.)
> Lissette: Porque ela tem mais dinheiro do que Mike.
> Professora: Por que ela tem tantas vezes... ela tem três vezes mais dinheiro do que Mike?
> Janny: Não sei... porque ela tem três vezes mais dinheiro do que Mike tem!
>
> Até este momento as crianças que responderam à pergunta estão concentradas em comparar a quantidade de dinheiro que Mike tem em sua carteira com a

Continua

> quantidade de dinheiro que Robin tem (que é três vezes maior do que aquela). Sem dúvida, se a comparação foca essas quantidades e exclui o dinheiro que Mike tem na mão, Robin sempre terá mais dinheiro do que Mike.
> Anthony: Depende de quanto dinheiro ele tiver na carteira.
> Aaron: Sim, foi isso que eu escrevi. Escrevi que depende de quanto dinheiro ele tiver na carteira.
> Anthony: Sim.
> Professora: Então como respondemos a pergunta?
> Aaron: Depende de quanto dinheiro...
> Aaron: Sim, Mike poderia [ter a mesma quantidade de dinheiro que Robin]. Se Mike tem quatro dólares na carteira, então tudo junto ele teria 12 dólares. Porque quatro mais oito são 12. E quatro vezes três são 12 para Robin.
> Gio: É o mesmo que eu respondi.

Fonte: As autoras.

No segmento transcrito acima, Anthony e Aaron introduzem uma palavra-chave: *depende*. Ou seja, quem tem mais dinheiro varia, dependendo da quantidade que Mike tiver em sua carteira. Fica claro que Anthony mudou as regras do jogo ao considerar, ainda que implicitamente, também a quantidade de dinheiro que Mike tem na mão. Aaron descreve com clareza, ao final do segmento, o único caso no qual Mike e Robin podem ter a mesma quantidade de dinheiro no total: quando houver quatro dólares na carteira.

O problema da carteira: aula II

Na semana seguinte, enquanto os alunos continuavam trabalhando com o problema, a professora do grupo de pesquisa (Bárbara Martínez, uma das autoras deste capítulo) teve o seguinte diálogo com os alunos, ao analisar o gráfico de coordenadas que representava as duas funções lineares envolvidas no problema (seria útil para o leitor tentar registrar ambas as funções: o dinheiro na carteira de Mike como a variável independente e o dinheiro total como a variável dependente):

> Andrés: Posso te dizer o que eu descobri?
> Bárbara: Claro!
> Andrés: Primeiro [na parte esquerda do espaço cartesiano], Mike tem mais dinheiro. Mas depois, quando chegamos a mais ou menos... a mais ou menos sete, então Robin começa a ter mais dinheiro do que Mike.
> Bárbara: Então no começo Mike tinha mais dinheiro e depois Robin passou a ter mais dinheiro? O que acontece quando há mais de quatro dólares na carteira?

Fonte: As autoras.

Neste momento, a professora quis voltar a atenção dos alunos para o ponto de interseção entre as duas funções lineares do gráfico de coordenadas; deste modo, ela buscou ressaltar e definir quando cada uma das crianças da história tem mais dinheiro, buscando evitar a ambiguidade apresentada por Andrés: "Quando chegamos a mais ou menos... a mais ou menos sete". Sem dúvida, a exatidão à qual Aaron chegou na semana passada, durante a seção de correção do tema de casa, na qual ele identifica "quatro" como o momento no qual ambos os personagens têm a mesma quantidade de dinheiro, não é necessariamente óbvia para todas as crianças.

> Anthony: Mais?
> Bárbara: Mais de quatro dólares na carteira?
> Anthony: Robin tem mais dinheiro do que Mike.
> Bárbara: Ok. Então em todos esses casos [quando há mais de quatro dólares na carteira] Robin tem mais dinheiro. O que acontece quando há quatro dólares na carteira, Banilde? O que acontece quando tem quatro dólares na carteira?
> Banilde: Os dois têm a mesma quantidade.

Fonte: As autoras.

Com esse comentário, Banilde expressa que existe um valor (o da variável independente) para o qual as duas funções assumem o mesmo valor dependente, no ponto de interseção do gráfico de coordenadas entre as duas funções lineares. Isto é o mesmo que Aaron havia indicado na semana passada, durante a correção do tema de casa.

> Bárbara: Os dois têm o mesmo. Andrés, o que acontece se houver menos de três [hmmm] de quatro dólares na carteira?
> Andrés: Então tem... Mike tem 11 "pila" [certamente querendo dizer 11 dólares]... Mas, é como se fosse uma corrida, como quando a corrida está começando, ninguém tem nenhum dólar, Mike passa na frente, mas depois, quando os dois chegam a quatro dólares, é como se estivessem empatando na corrida, e então quando continuam correndo e chegam a cinco, Robin passa a ganhar. E quando chegam a N, Robin venceu a corrida.

Fonte: As autoras.

Andrés começa respondendo a pergunta da professora dando o montante correspondente, focando a quantidade total de dinheiro que Mike tem, e não necessariamente a relação entre as quantidades de dinheiro que os dois personagens têm. No entanto, logo depois André encontra uma metáfora para explicar o que está acontecendo na história, expressando as diferenças entre a quantidade de dinheiro que cada um dos personagens possui, bem como os momentos nos quais um personagem ou outro está "ganhando a corrida", e o momento da equivalência ou interseção entre as duas funções como o momento do "empate". Também é interessante observar que Andrés parece estar falando de N como a extensão do eixo x do gráfico de coordenadas, como o "final" da reta indicada pelo eixo x, o momento no qual o que acontece é que Robin "ganha", ou, dentro do contexto específico do problema, Robin continua tendo mais dinheiro do que Mike, não importa a quantidade de dinheiro que ele tenha na carteira, se for mais de quatro dólares.

> Bárbara: Ok. Então, era uma corrida. No quatro, eles empatam, depois do quatro Robin ganha. E quem estava ganhando antes do quatro?
> Andrés: Antes...
> Bárbara: Gio [...] ele está dizendo que é como se fosse uma corrida. Andrés está dizendo que no quatro há um empate. E está dizendo que depois de quatro, Robin está ganhando a corrida. E o que está acontecendo antes do quatro? Quem está ganhando a corrida? Erick?
> Erick: Mike.
> Bárbara: Mike. É isso o que você quis dizer, Andrés?
> Andrés: Posso lhe dizer onde ele [Mike] começou?
> Bárbara: Onde ele [Mike] começou?
> Andrés: Com quatro dólares, por que ela [Robin] tinha 12, e ele [Mike] tinha 12...
> Bárbara: Então o que aconteceu nos quatro dólares?
> Andrés: Ele tem a mesma quantidade de dinheiro.
> Bárbara: A mesma quantidade. Nos quatro dólares, eles têm a mesma quantidade.

Fonte: As autoras.

Apesar de anteriormente Andrés ter falado que antes de quatro dólares "Mike está perdendo a corrida", neste segmento Mike "começou" com quatro, no momento em que Andrés havia chamado de "empate". Dada a contradição entre o que Andrés havia dito anteriormente e o que disse neste último segmento, fica difícil definir porque ele neste último momento parece deixar de lado ou ignorar os momentos anteriores a quatro, supondo que Mike "começa" (a corrida?) nos quatro dólares.

O problema dos planos de telefonia: aula I

Nossa descrição e análise das turmas com as quais trabalhamos com *O problema dos planos de telefonia* se concentrará em como, três meses depois da aula na qual trabalhavam com *O problema da carteira*, as crianças demonstram com que desenvoltura conseguem pensar na variabilidade da quantidade de minutos no problema (basicamente no fato de que o melhor plano depende de quantos minutos a pessoa fala ao telefone) e como elas conseguem utilizar letras para expressar relações entre números generalizados ou variáveis. As crianças já haviam começado a demonstrar essas habilidades no mês de fevereiro, mas no mês de maio conseguiam usá-las com maior comodidade e eram muito mais eloquentes na hora de explicar seu raciocínio, como fica evidente nos diálogos a seguir, entre os alunos e o professor da primeira aula (Darrell Earnest, membro de nossa equipe de pesquisadores) e a segunda (David Carraher):

> Aaron: Qual é o melhor depende de quantos minutos você costuma usar o telefone.
> Darrell: Então qual seria o melhor, Aaron? Por que você disse que era o plano A e agora está dizendo que é o B. O melhor é o plano um ou o dois?
> Aaron: Se uso muito o telefone, então eu escolheria o plano dois. Mas se eu uso pouco, então eu escolheria o plano um.

Fonte: As autoras.

Aqui Aaron resume o que todos os seus colegas conseguiram entender: que a escolha do melhor plano *depende* da quantidade de tempo que falamos ao telefone. Ou seja, qual é o melhor plano *varia*, dependendo da quantidade de tempo de uso. Também é importante destacar que observamos uma mudança no foco da conversa quanto às quantidades envolvidas. Aaron e seus colegas já não se referem a *quantidades específicas* de minutos, mas a generalidades como "muito" e "pouco".

O problema dos planos de telefonia: aula II

Na semana seguinte, David, o instrutor desta aula, tenta resumir o que já sabemos sobre *O problema dos planos de telefonia*. Aaron novamente nos oferece um resumo do que sabemos até então:

> David: O que você descobriu, Aaron?
> Aaron: Que os dois planos são bons.
> David: Os dois planos são bons?
> Aaron: Sim.
> David: Então se sua mãe pedir sua opinião, você só diria: "Sei lá, escolhe qualquer um".
> Aaron: Bem, se fosse minha irmã, então ela deveria escolher este [o plano dois], porque ela fala muito no telefone.
> David: Ela fala muito?
> Aaron: Sim. Mas para mim eu escolheria este [o plano um], pois eu só telefono, por exemplo, para o Gio.

Fonte: As autoras.

Neste diálogo, Aaron enfatiza que nenhum dos dois planos é sempre melhor ("os dois planos são bons"). Ele volta a enfatizar que a escolha deve ser baseada no quanto a pessoa fala ao telefone. Aaron agrega ainda mais detalhes à sua explicação, ao usar pessoas específicas para as quais cada plano de telefonia seria melhor: sua irmã que usa muito o telefone deveria escolher o plano dois, mas ele, que usa pouco (somente fala com Gio), deveria escolher o plano um. Mais uma vez Aaron não precisa se referir a uma quantidade específica de tempo, mas pode falar em "muito" ou "pouco". Darrell continua, na segunda parte desta aula, a buscar uma maneira de representar as funções de modo algébrico. No episódio que transcrevemos a seguir, se observa a desenvoltura das crianças ao utilizar letras para expressar as funções para cada um dos planos de telefonia:

> Darrell: Diga-me mais uma vez como é o plano um.
> Aaron: Você paga 10 centavos por cada minuto que usa o telefone.
> Darrell: Você paga 10 centavos por cada minuto que usa o telefone. Então, Andrés, você sabe por quantos minutos você fala? Quando Aaron diz "este plano", a que plano se refere?
> Andrés: De um minuto... até mi...
> Giovanni: N minutos.
> Andrés: Qualquer... N minutos.
> Darrell: Qualquer quantidade de minutos.
> Andrés: N, N!
> Darrell: N? Então o que quer dizer N neste caso, Andrés?
> Andrés: Qualquer.

Continua

> Darrell: Qualquer. Então, Andrés, você pode pensar desta maneira... quero escrever aqui uma expressão que mostre o que Aaron disse. Você tem alguma ideia de como escrever isso?
> Andrés: N mais... vezes 10.
> Darrell: N vezes 10. Ok.
> Andrés: E o segundo é 60 barra [certamente querendo dizer "60 *sobre*..." ou "60 dividido por..."]...
> Anthony: E depois... a linha [continua pensando que tem de dividir algo e expressá-lo como uma quantidade *sobre* a outra, separada por uma linha de fração].
> Darrell: Os parênteses? É isso o que você quer dizer?
> Andrés: Mais N vezes cinco.

Fonte: As autoras.

Vemos então que no final do 4º ano, com 9 ou 10 anos, as crianças encontram uma maneira de representar cada um dos planos de telefonia utilizando letras: $N \times 10$, para um dos planos, e $60 + (N \times 5)$, para o outro. E não é somente Aaron que participa desta parte da aula: André, Anthony e Gio também colaboram.

O DESENVOLVIMENTO COGNITIVO COMO LIMITE E NÃO COMO LIMITAÇÃO: O CASO DO ENSINO PRECOCE DA ÁLGEBRA

Os dados que acabamos de apresentar sobre *O problema da carteira* mostram um grupo de crianças com mais ou menos 9 ou 10 anos, no 4º ano do ensino fundamental, apresentando diversos valores possíveis para a quantidade de dinheiro que está na carteira de Mike. Apesar de algumas crianças (duas entre 12) terem defendido em seu trabalho escrito uma única quantidade de dinheiro para a carteira, nos diálogos que surgiram na sala de aula, não houve crianças que manifestassem estranheza ou confusão ao considerar várias quantidades possíveis. Além disso, a metade das crianças utilizou letras de alguma maneira para expressar as quantidades e as relações entre as quantidades. Apesar de que em alguns casos elas pareciam pensar em uma letra N como se fosse uma quantidade específica, como no último valor após uma série de números (lembremos o comentário de Andrés, descrevendo N como o final do eixo x no gráfico de coordenadas), elas também utilizaram letras para descrever a relação geral entre as quantidades (veja as Figuras 11.4 e 11.5).

Nos dados que apresentamos sobre *O problema dos planos de telefonia*, vemos como as crianças já desenvolveram a fluência com a qual conseguem pensar por meio da representação algébrica das funções envolvidas no problema, utilizando uma letra. Quando estão trabalhando com esse problema, as crianças não se referem a respostas ou a quantidades específicas, mas a valores generalizados: "muito" e "pouco".

Começamos este capítulo com a seguinte hipótese: o "desenvolvimento cognitivo" não é uma entidade estática e suas relações com a educação, o ensino e a aprendizagem precisam ser muito mais bem compreendidas. Nosso principal ponto era o seguinte: a literatura afirma, em geral, que os alunos adolescentes têm muitos problemas com a álgebra. No entanto, se conseguimos mostrar que ao menos alguns alunos muito mais jovens já conseguem superar as dificuldades que abordamos, então temos de buscar a justificativa dos problemas enfrentados pelos alunos em outro lugar, que não é seu desenvolvimento cognitivo. A literatura sobre os alunos explica que entre as dificuldades que estes têm com a álgebra se encontram as seguintes limitações: eles precisam focar a busca de respostas específicas; não conseguem utilizar símbolos matemáticos para expressar relações entre quantidades e não conseguem compreender o uso de letras como números gerais ou variáveis. Entretanto, com alunos muito menores do que aqueles descritos na literatura encontramos o contrário: eles *não* se concentram necessariamente em buscar respostas específicas; eles podem *sim* empregar símbolos matemáticos para expressar relações entre quantidades; e *sim*, eles entendem o uso das letras como números gerais ou variáveis.

Portanto, observamos que as dificuldades que os alunos enfrentam não se devem a suas habilidades ou a seu nível de desenvolvimento cognitivo, *mas às oportunidades que lhes foram oferecidas no ensino da matemática*. Estamos bem conscientes de que existem verdadeiros limites ao desenvolvimento cognitivo e à sua maleabilidade (não esperaríamos os mesmos resultados, por exemplo, de crianças de 2 ou 3 anos); estes são meros *limites*, não *limitações*. Dadas as circunstâncias e oportunidades adequadas, as crianças conseguem nos surpreender e superar as supostas limitações que têm. A maior dificuldade que enfrentamos não são as limitações no desenvolvimento cognitivo dos alunos, mas nossas próprias limitações como pesquisadores e elaboradores de currículos para repensar a educação que oferecemos a nossas crianças.

Como complemento, gostaríamos de comentar os efeitos de longo prazo de nossa intervenção com a Álgebra Precoce. Ao final do 5º ano do ensino fundamental, os alunos com os quais havíamos trabalhado passaram para o ensino médio (*middle school*), em diferentes escolas da cidade. Quando eles estavam no 7º e no 8º ano (dois e três anos após o término de nossa intervenção), comparamos o rendimento em uma prova de álgebra dada às 19 crianças com as quais havíamos deixado de trabalhar no 5º ano e a 17 outros de seus antigos colegas de escola, mas que não haviam sido expostos à Álgebra Precoce durante o ensino fundamental (o grupo de referência). Descobrimos que nossos 19 ex-alunos superaram claramente seus colegas do grupo de referência na prova de álgebra.

O que isso nos indica é que essas experiências precoces no ensino da matemática tiveram um efeito positivo de longo prazo nas crianças. Poderíamos dizer que essas primeiras experiências deram àquelas crianças a oportunidade para poder repensar a matemática e também trabalhar com destreza uma nova linguagem matemática, caracterizada pelo uso de letras para a representação de variáveis e quantidades gerais.

NOTA

1 No *site* www.earlyalgebra.org podem ser encontradas todas as aulas ministradas a este grupo de alunos em inglês, bem como vários vídeos com exemplos de aulas, com legendas em espanhol.

REFERÊNCIAS

BEDNARZ, N. A problem-solving approach to algebra: accounting for the reasonings and notations developed by students. In: CHICK, H.; STACEY, K.; VINCENT, J. (Ed.). *The future of the teaching and learning of algebra proceedings of the 12th ICMI study conference.* Melbourne: The University of Melbourne, 2001. v. 1, p. 69-78.

BEDNARZ, N.; JANVIER, B. Emergence and development of algebra as a problem solving tool: continuities and discontinuities with arithmetic. In: BEDNARZ, N.; KIERAN, C.; LEE, L. (Ed.). *Approaches to algebra*: perspectives for research and teaching. Dordrecht: Kluwer Academic, 1996. p. 115-136.

BOOTH, L. *Algebra*: children's strategies and errors. Windsor: NFER Nelson, 1984.

BOULTON-LEWIS, G. M. et al. Readiness for algebra. In: INTERNATIONAL CONFERENCE FOR THE PSYCHOLOGY OF MATHEMATICS EDUCATION, 24., 2001, Hiroshima. *Proceedings...* Hiroshima: [s.n.], 2001. v. 2, p. 89-96.

COLLIS, K. *The development of formal reasoning.* Newcastle: University of Newcastle, 1975.

DEMANA, F.; LEITZEL, J. Establishing fundamental concepts through numerical problem solving. In: COXFORD, A.; SHULTE, A. (Ed.). *The ideas of algebra.* Reston: The National Council of Teachers of Mathematics, 1988. p. 61-69.

FILLOY, E.; ROJANO, T. Solving equations: the transition from arithmetic to algebra. *For the learning of mathematics,* v. 9, n. 2, p. 19-25, 1989.

GUPTA, A.; HAMMER, D.; REDISH, E. F. The case for dynamic models of learners' ontologies in physics. *Journal of the Learning Sciences,* v. 19, n. 3, p. 285-321, 2010.

HAMMER, D.; GUPTA, A.; REDISH, E. F. On static and dynamic intuitive ontologies. *Journal of the Learning Sciences,* v. 20, n. 1, p. 163-168, 2011.

KIERAN, C. Concepts associated with the equality symbol. *Educational Studies in Mathematics*, v. 12, p. 317-326, 1981.
KIERAN, C. Constructing meaning for equations and equation-solving. In: BELL, A.; LOW, B.; KILPATRICK, J. (Ed.). *Theory, research y practice in mathematical education*. Nottingham: University of Nottingham, 1985. p. 243-248.
KIERAN, C. The early learning of algebra: a structural perspective. In: WAGNER S.; KIERAN, C. (Ed.). *Research issues in the learning and teaching of algebra*. Reston: The National Council of Teachers of Mathematics, 1989. v. 4, p. 33-56.
KÜCHEMANN, D. E. Algebra. In: HART, K. (Ed.). *Children's understanding of mathematics*. London: Murray, 1981. p. 102-119.
MACGREGOR, M. Curricular aspects of arithmetic and algebra. In: GIMENEZ, J.; LINS, R. C.; GOMEZ, B. (Ed.). *Arithmetics and algebra education*: searching for the future. Tarragona: Universitat Rovira i Virgili, 1996. p. 50-54.
MACGREGOR, M. Does learning algebra benefit most people? In: CHICK, H.; STACEY, K.; VINCENT, J. (Ed.). *The future of the teaching and learning of algebra proceedings of the 12th ICMI study conference*. Melbourn: The University of Melbourne, 2001. v. 2, p. 405-411.
SCHLIEMANN, A. D.; CARRAHER, D.; BRIZUELA, B. M. *El caracter algebraico de la aritmetica*: de las ideas de los ninos a las actividades en el aula. Buenos Aires: Paidós, 2011.
SFARD, A. The development of algebra: confronting historical and psychological perspectives. *Journal of Mathematical Behavior*, v. 14, p. 15-39, 1995.
SFARD, A.; LINCHEVSKY, L. The gains and the pitfalls of reification: the case of algebra. *Educational Studies in Mathematics*, v. 26, p. 191-228, 1994.
STEINBERG, R.; SLEEMAN, D.; KTORZA, D. Algebra students' knowledge of equivalence of equations. *Journal for Research in Mathematics Education*, v. 22, n. 2, p. 112-121, 1990.
VERGNAUD, G. Long terme et court terme dans l'apprentissage de l'algebreI. In: LABORDE, C. (Ed.). *Actes du premier colloque franco-allemand de didactique des mathematiques et de l'informatique*. Paris: La Pensee Sauvage, 1988. p. 189-199.
VERGNAUD, G. Multiplicative conceptual field: what and why? In: HAREL, G.; CONFREY, J. (Ed.). *Multiplicative reasoning in the learning of mathematics*. Albany: State University of New York, 1994. p. 141-161.
VERGNAUD, G. The theory of conceptual fields. In: STEFFE, L.; NESHER, P. (Ed.). *Theories of mathematical learning*. Mahwah: Lawrence Erlbaum, 1996. p. 219-239.
VERGNAUD, G. Understanding mathematics at the secondary-school level. In: BELL, A.; LOW, B. ; KILPATRICK, J. (Ed.). *Theory, research y practice in mathematical education*. Nottingham: University of Nottingham; Shell Center for Mathematical Education, 1985. p. 27-45.
VYGOTSKY, L. S. *El desarrollo de los procesos psicológicos superiores*. Mexico: Critica, 1988. p. 87-106. Edição original: *Mind in society:* the development of higher psychological processes. Cambridge: Harvard University, 1978. p. 31-37.
VYGOTSKY, L. *Pensamiento y habla*. Buenos Aires: Colihue, 2007. Originalmente publicado em 1934.
WAGNER, S. Conservation of equation and function under transformations of variable. *Journal for Research in Mathematics Education*, v. 12, p. 107-118, 1981.

12
O ensino de ciências nas salas de aula: estabelecendo relações

Eduardo Fleury Mortimer e Phil Scott[1]

O ENSINO DAS CIÊNCIAS NATURAIS

Neste capítulo vamos abordar a questão da linguagem e de seu funcionamento em sala de aula de ciências da natureza do ponto de vista da interação e do diálogo entre linguagem cotidiana e linguagem científica. Começamos por descrever um modelo de ensino e aprendizagem de ciências por perfis conceituais, que se baseia na ideia de que as pessoas exibem diferentes maneiras de ver e conceituar o mundo e, desse modo, diferentes modos de pensar e falar que são usados em contextos distintos (MORTIMER, 1995, 2000). Neste sentido, os conceitos são pensados como polissêmicos e comportando diferentes zonas, que incluem tanto as visões cotidianas quanto as científicas.

Neste modelo, aprender envolve dois processos interligados (MORTINER, 2000): 1) o enriquecimento dos perfis conceituais; (2) a tomada de consciência da multiplicidade de modos de pensar que constituem um perfil e dos contextos nos quais esses modos de pensar e os significados que eles engendram podem ser aplicados de modo apropriado (EL-HANI; MORTINER, 2007). Após apresentar esse modelo, fazemos uma discussão do que significa enriquecer os perfis conceituais, tomando por base a ideia de que aprender ciências é aprender a linguagem científica e isso somente ocorre quando o aprendiz é capaz de povoar os novos significados com suas próprias palavras. Isso envolve, portanto, aprender a promover o diálogo entre a linguagem cotidiana e a linguagem científica.

Para concluir, apresentamos várias abordagens de ensino que podem favorecer a aprendizagem por meio do estabelecimento de relações pedagógicas. Essas relações podem ser pensadas a partir de três tipos principais: dar suporte à construção do conhecimento, promover a continuidade e encorajar o engajamento emocional. Essas relações não aparecem isoladas nas salas de aula, muitas vezes uma ação do professor pode estar cumprindo os três tipos de relação. Quanto às abordagens, as que dão suporte à construção do conhecimento compreendem estabelecer relações entre as visões científicas e cotidianas sobre o mundo natural, entre os conceitos científicos, entre as explicações científicas e o mundo real, entre os diferentes modos de representação, entre as diferentes escalas nas quais o mundo é explicado e, finalmente, as relações analógicas. Quanto às relações pedagógicas para promover a continuidade, as abordagens compreendem desenvolver a história científica: relações macro, meso e micro; e organizar atividades em sala de aula. Finalmente, quanto às relações para encorajar o engajamento emocional, as abordagens compreendem tratar os conteúdos substantivos das aulas em termos de relações entre ideias e relações com contextos ou fenômenos conhecidos, além de abordagens genéricas de engajamento emocional.

O QUE É ENSINAR E APRENDER CIÊNCIAS?

A maioria dos conceitos científicos faz parte de um perfil conceitual. A abordagem dos perfis conceituais é baseada, precisamente, na ideia de que as pessoas exibem diferentes maneiras de ver e conceituar o mundo e, desse modo, diferentes modos de pensar que são usados em contextos distintos (MORTIMER, 1995, 2000). Perfis conceituais devem ser entendidos como modelos da heterogeneidade do pensamento verbal (TULVISTE, 1991). Modos de pensar são tratados como zonas de estabilidade no pensamento conceitual dos indivíduos, intimamente relacionados a significados socialmente construídos que podem ser atribuídos aos conceitos. Cada perfil conceitual modela a diversidade de modos de pensar ou de significação de um dado conceito (p. ex., calor, matéria, vida, adaptação) e é constituído por várias "zonas". Cada zona representa um modo particular de pensar ou atribuir significado a um conceito. Cada modo de pensar pode ser relacionado a um modo particular de falar.

Considere-se, além disso, que a heterogeneidade do pensamento conceitual não se limita necessariamente à ciência. Inúmeros "termos científicos" são também usados nas experiências cotidianas, seja porque são palavras da linguagem comum das quais a ciência se apropriou, como "adaptação", seja porque são palavras da ciência que foram apropriadas pela linguagem comum, como "gene". Nesses casos, os perfis conceituais são ainda mais ricos e a distinção entre significados diferentes e os domínios apropriados de sua aplicação se torna ainda mais complicada.

Neste cenário, a aprendizagem é entendida na abordagem dos perfis conceituais em termos de dois processos interligados: (1) o enriquecimento dos perfis conceituais; (2) a tomada de consciência da multiplicidade de modos de pensar que constituem um perfil e dos contextos nos quais esses modos de pensar e os significados que eles engendram podem ser aplicados de maneira apropriada (MORTIMER, 2000), isto é, pragmaticamente poderoso (EL-HANI; MORTIMER, 2007). No ensino de ciências, o primeiro processo geralmente envolve a compreensão de modos científicos de pensar aos quais os estudantes geralmente não têm acesso por outros meios. O segundo processo segue de uma necessidade colocada por uma ideia central da abordagem dos perfis, a saber, de uma coexistência de modos de pensar na cognição humana. Diante de tal coexistência, torna-se um objetivo crucial do ensino e da aprendizagem a promoção de uma visão clara, entre os estudantes, da demarcação entre modos de pensar, bem como entre seus contextos de aplicação.

Veja-se, por exemplo, o caso de um estudante que aprende o conceito científico de que o calor é um processo de transferência de energia entre sistemas a diferentes temperaturas. Isso corresponde ao primeiro processo mencionado acima, o enriquecimento de seu perfil conceitual de calor (AMARAL; MORTIMER, 2001). Em sua vida cotidiana, contudo, ele atuará em vários contextos discursivos que reforçam outra zona do perfil, como, por exemplo, a visão comum de que o calor é uma substância e de que é proporcional à temperatura, podendo haver um "calor quente" e um "calor frio". Por exemplo, o estudante muito provavelmente pedirá um "casaco quente de lã" em uma loja, na medida em que este modo de falar é muito mais apropriado para se comunicar neste contexto do que solicitar "um casaco feito de um bom isolante térmico, que evite a transferência de energia térmica do corpo para o ambiente". No entanto, o uso da linguagem sempre tem consequências, em virtude de sua íntima relação com o pensamento (VYGOTSKY, 1978, 1987; WHORF, 1940). Assim, a cada vez que o estudante usa esse modo cotidiano de falar sobre o calor, o valor pragmático da linguagem cotidiana preserva significados que estão em desacordo com a visão científica. Parece impossível, assim, que esses significados sejam substituídos por aqueles cientificamente aceitos.

O que fazer, então, para promover no estudante uma compreensão e, logo, uma aprendizagem (EL-HANI; MORTIMER, 2007) bem-sucedida da visão científica sobre o calor? O segundo objetivo mencionado acima fornece uma resposta, de acordo com a abordagem dos perfis conceituais: é necessário promover nos estudantes uma tomada de consciência de que há uma diversidade de modos de pensar sobre o calor, mas eles não se mostram igualmente poderosos para resolver problemas que encontramos em nossas vidas e necessitam da mobilização de tal conceito. Um desses contextos é, decerto, o contexto escolar. Imaginem que, assim que o estudante pede um casaco quente na loja, seu professor, que passava por ali, lhe pergunte se, de fato, o casaco possui a propriedade de ser quente, e o estudante responda que o "calor" da lã é, na verdade, "a propriedade de a lã ser um isolante térmico, que dificulta a transferência de energia de nosso corpo para o ambiente". O estudante terá mostrado uma consciência da heterogeneidade do pensamento sobre o calor e da demarcação entre os domínios de aplicação de diferentes significados atribuídos a este conceito, sendo capaz, assim, de usar ideias científicas e cotidianas sobre o calor de maneira complementar.

Embora possa parecer que a pergunta do professor tenha mostrado um uso da compreensão científica do calor na vida cotidiana, o que teria ocorrido nessa situação, em nosso entendimento, seria um deslocamento do estudante, ao ouvir a pergunta do professor, para um contexto escolar. É importante, assim, usar exemplos – tanto nesse argumento, quanto em sala de aula – que mostrem o valor pragmático do modo de pensar científico no cotidiano. Embora seja conveniente falar sobre coisas quentes e frias em uma variedade de situações, em outras circunstâncias da vida cotidiana a visão científica do calor como um processo de transferência de energia é muito mais poderosa do que a visão de senso comum do calor e do frio como substâncias. Considere-se, por exemplo, uma situação na qual uma pessoa deve escolher entre um copo de vidro e um copo de alumínio para beber uma bebida gelada em um dia quente. A visão de senso comum a levará a escolher o copo de alumínio, porque ele é "frio", mas isso significará que sua bebida esquentará mais rapidamente, uma vez que a sensação térmica que temos ao tocar o copo de alumínio decorre de ele ser um melhor condutor térmico do que o vidro. Nesta situação encontrada no cotidiano de todos nós, a visão científica se mostra pragmaticamente mais poderosa.

Tomar consciência de um perfil conceitual e da demarcação entre suas zonas implica ser capaz de aplicar uma ideia científica nos contextos em que ela é apropriada, inclusive na vida cotidiana e, ao mesmo tempo, preservar modos de pensar e falar distintos do científico nas situações em que se mostrem pragmaticamente apropriados. Trata-se de uma coexistência entre diferentes modos de pensar e falar, bem como de uma maneira de entender o ensino e a aprendizagem das ciências que os tornam não somente mais sensíveis à diversidade cultural, mas também mais factíveis, na medida em que não tomamos como objetivo deslocar ou substituir visões que são reforçadas a cada momento por nossa linguagem cotidiana.

APRENDER CIÊNCIAS: POVOAR A PALAVRA DO OUTRO COM CONTRAPALAVRAS

Mas como se dá o enriquecimento de um perfil conceitual? Como as pessoas aprendem novas zonas conceituais? Como, a partir da minha visão do calor como substância, de que o calor é proporcional à temperatura, aprendo a visão científica de que o calor é um processo de transferência de energia de um corpo ou sistema a uma temperatura mais alta para outro corpo ou sistema a uma temperatura mais baixa? De que o calor, portanto, é proporcional à diferença de temperatura e não à temperatura simplesmente? De que também é proporcional à massa dos corpos ou sistemas envolvidos?

Aqui entre em cena o diálogo, que constitui inevitavelmente toda experiência de aprendizagem. Aprender é dialogar com a palavra do outro. É povoar essa palavra com suas próprias contrapalavras. No dizer de Volosinov:

> Qualquer tipo genuíno de compreensão deve ser *ativo* deve conter já o germe de uma resposta [...] Compreender a enunciação de outrem significa orientar-se em relação a ela, encontrar o seu lugar adequado no contexto correspondente. A cada palavra da enunciação que estamos em processo de compreender, fazemos corresponder uma série de palavras nossas, formando uma réplica. Quanto mais numerosas e substanciais forem, mas profunda e real é a nossa compreensão. (VOLOSINOV 1973, p. 131-132, grifo do autor).

Portanto, quando um(a) aluno(a) está aprendendo, ele(a) coloca a palavra do professor em diálogo com as suas próprias palavras. É no próprio Bakhtin (1981) que encontramos uma pista para relacionar modos de pensar e formas de falar (e escrever). Esse autor define hibridização como a mistura de duas linguagens sociais dentro do limite de um único enunciado (BAKHTIN, 1981, p. 358). No caso da aprendizagem das ciências, as construções híbridas vão se caracterizar pela presença da linguagem científica, constituída pelas nominalizações e metáforas gramaticais, e da linguagem cotidiana, que fornece elementos de contexto para facilitar o entendimento da explicação científica. Uma das possíveis respostas ao problema de como o aluno poderá povoar as palavras do professor com suas próprias palavras é por meio de construções híbridas.

COMO PODEMOS APRENDER A PALAVRA DO OUTRO?

Encontramos em Bakhtin algumas respostas importantes para tentar entender esse processo. Bakhtin (1981) sugere que a apropriação gradual de significados pelos indivíduos segue um padrão, o qual começa com os novos significados sendo introduzidos no plano social, por exemplo, no discurso da sala de aula. Durante esse estágio, os significados das palavras são vistos pelos alunos como estranhos a sua própria experiência, como pertencentes ao "outro", neste caso o professor ou o livro didático. A próxima fase na apropriação progressiva de significados, de acordo com Bakhtin (1981), é alcançada quando o aluno começa a ver os novos significados não mais como completamente estranhos, mas como metade dele e metade do outro. O professor pode ajudar o estudante a fazer sentido para as novas ideias introduzidas pela ciência escolar. Na medida em que o estudante começa a usar os novos significados, que ainda são novos para ele, ele o faz de uma maneira insegura, o que indica que ele ainda não internalizou completamente esses novos significados. Essa nova maneira de pensar e falar é ainda apenas metade sua. A fase descrita por Bakhtin (1981) como final na apropriação de significados ocorre quando os novos significados são completamente apropriados pelo indivíduo. Quando o estudante é capaz de aplicar os novos significados a uma variedade de diferentes fenômenos e situações, ele se tornou capaz de entender esses novos significados e se apropriou deles como seus próprios significados.

Mas como podemos verificar essa transição na apropriação dos significados científicos, de significados dos "outros" para significados "próprios", passando por uma fase em que os significados são metade do aluno e metade do outro?

ENSINAR CIÊNCIAS É ESTABELECER RELAÇÕES

A ideia que, para aprender conhecimento conceitual, o estudante deve fazer relações entre o seu conhecimento e as novas ideias é uma premissa básica de várias teorias de aprendizagem, entre elas o construtivismo (veja, por exemplo, Larrochele; Bednarz; Garrison, 1998). O mesmo é verdadeiro para a perspectiva sociocultural da aprendizagem, na qual Vygotsky (1987) adianta que aprender conceitos científicos envolve a passagem do plano social para o individual por meio de um processo de internalização. Essa internalização não significa que o aprendiz absorva o conhecimento pronto das suas interações no plano social, mas sim que um processo de reconstrução individual tem lugar na medida em que o aprendiz faça sentido das novas ideias em termos das já existentes. Assim, com já dissemos, aprender ou fazer sentido é essencialmente um processo dialógico que envolve trabalhar com os significados novos junto aos já existentes.

Logo, entender uma ideia envolve colocá-la em contato com velhas ideias. Envolve *estabelecer relações* entre ideias já existentes e as novas ideias, na medida em que estabelecemos essa réplica da nova palavra com uma contrapalavra, na qual a profundidade e a extensão da compressão dependem do número e da qualidade das relações estabelecidas. Há uma ressonância aqui com o tipo de aprendizagem que é geralmente descrita como aprendizagem significativa (Ausubel, 1968), que contrasta com a aprendizagem mecânica, que é caracterizada pela memorização de fatos e pela falta de integração ou relação com as ideias já existentes.

Se o entendimento profundo pelo estudante de uma área do conhecimento científico deve ser resultado do ensino, então é necessário que ele vivencie o processo de estabelecer relações no plano individual, psicológico. Nesse sentido, o estudante deve ser responsável pela sua própria aprendizagem. A perspectiva vygotskyana sobre aprendizagem e desenvolvimento aponta para a necessidade desses processos de estabelecimento de relações ocorrerem no plano social para que possam ser apropriados pelo aprendiz por meio da internalização. Em outras palavras, o professor precisa enfatizar o estabelecimento das relações no plano social da sala de aula para dar suporte aos estudantes no estabelecimento de relações similares no plano pessoal. Está claro que, se o processo de estabelecimento de relações não for enfatizado pelo professor, é pouco provável que ele possa emergir como resultado da aprendizagem. Nesse sentido, tanto o ensino como a aprendizagem devem estar envolvidos no estabelecimento de relações: eles são lados complementares da mesma moeda.

Está claro que, ao nos referirmos ao estabelecimento de relações nesta maneira muito geral, não damos nenhuma indicação sobre a natureza dessas relações, a não ser o fato de haver necessidade de ligar ideias novas as ideias preexistentes. Como essa ideia ampla de estabelecimento de relações pode ser elaborada para englobar os diferentes tipos de relações? Passaremos agora a abordar essa questão.

Três formas de relações pedagógicas

Identificamos três formas de relações que vamos introduzir nesta seção e desenvolver nas próximas. A primeira delas implica fazer conexões entre diferentes tipos de conhecimento para dar suporte ao estudante para que ele desenvolva uma compreensão profunda do conteúdo. Nós nos referimos a essa relação pedagógica como *dar suporte à construção do conhecimento*. A segunda forma de estabelecimento de relações vem do fato de que tanto o ensino quanto a aprendizagem, pela sua própria natureza, são desenvolvidos ao longo do tempo, envolvendo dias, meses e anos. Consequentemente, se uma aprendizagem profunda deve ser o produto, há uma necessidade de promover relações entre eventos de ensino e de aprendizagem que ocorrem em diferentes tempos, promovendo dessa maneira uma forma de continuidade intelectual (MERCER, 1995, 2008). Iremos nos referir a esse tipo de relação como *promover continuidade*. Vale a pena enfatizar que há uma sobreposição entre esses dois primeiros modos de estabelecer relações. Muitas relações que envolvem promover continuidade envolvem também relações de construção de conhecimento. A característica-chave das relações de continuidade é que elas envolvem fazer referências a atividades de ensino e aprendizagem em diferentes pontos no tempo.

A terceira forma de estabelecer relações pedagógicas que identificamos é bastante diferente das duas primeiras e está ligada às diferentes maneiras pelas quais o professor estabelece relações para encorajar uma resposta emocional positiva por parte dos estudantes às atividades de ensino e aprendizagem correntes. Nós nos referimos a esse estabelecimento de relações pedagógicas como *encorajar o engajamento emocional*. Passaremos a definir cada uma das formas e a estabelecer as estratégias que podem ser usadas para obtê-las.

RELAÇÕES QUE FAVORECEM A CONSTRUÇÃO DO CONHECIMENTO

As relações que dão suporte à construção do conhecimento, no contexto do ensino e aprendizagem de conceitos científicos, envolvem certo número de abordagens, cada qual se dirigindo a estabelecer relações entre diferentes tipos de conhecimento. Nas próximas seções desenvolveremos uma lista de seis abordagens pedagógicas para estabelecer relações.

1ª abordagem: estabelecendo relações entre formas de explicar cotidianas e científicas

Como parte de seu trabalho em desenvolvimento e aprendizagem, Vygotsky (1987) estabeleceu a distinção entre conceitos científicos (ou acadêmicos) e conceitos espontâneos (ou cotidianos). Conceitos científicos são aqueles produzidos por comunidades científicas específicas e constituem parte do conhecimento disciplinar dessa comunidade. O termo *científico* usado por Vygotsky não se restringe às ciências naturais, mas cobre todas as comunidades acadêmicas, incluindo, por exemplo, história, filosofia, letras e artes. Esses conceitos são parte dos significados estáveis estabelecidos pelas comunidades e como tais não estão sujeitos à *descoberta* pelos indivíduos, mas podem ser unicamente aprendidos por alguma forma de ensino. Tendo por base os trabalhos de Bakhtin (HOLQUIST, 1981; MORTIMER; SCOTT, 2003; WERTSCH, 1991) admitimos que aprender ciências é compreender e ser capaz de usar a linguagem social da ciência escolar. Além disso, aprender ciências inevitavelmente ocorre contra um pano de fundo de formas de falar, cotidianas ou espontâneas, sobre os fenômenos.

Em algumas áreas da aprendizagem pode ocorrer uma sobreposição ou similaridade entre as formas de explicar científicas e cotidianas, enquanto em outras áreas as duas maneiras de explicar são bem diferentes. Nas áreas em que há similaridade, aprender envolve estabelecer relações para *integrar* as formas de explicar científicas com as visões cotidianas preexistentes. Por exemplo, o conceito científico de velocidade integra-se largamente à visão cotidiana de que um objeto está se movendo mais rapidamente se percorre uma determinada distância em um tempo menor do que outro. Já nas áreas em que há diferença nas formas de explicar, aprender envolve estabelecer relações para *diferenciar* a forma científica de explicar da visão cotidiana. Por exemplo, formas cotidianas de falar sugerem que a energia é uma substância que é consumida durante o exercício, enquanto a visão científica enxerga energia como uma quantidade abstrata que é conservada nas transformações. Nesses casos, desenvolver uma compreensão profunda do conceito envolve um processo de diferenciação: chegar ao entendimento do que energia *não é* (uma substância) tanto quanto o que ela é (uma quantidade abstrata).

Daniels (2001) refere-se a esses processos de estabelecer relações em termos de níveis de diálogo:

> Dessa maneira, conceitos científicos são desenvolvidos por meio de diferentes níveis de diálogo: no espaço social entre o professor e o que ele ensinou; e no espaço conceitual entre o cotidiano e o científico. O resultado é a produção de uma rede ou padrões de conexões conceituais. (DANIELS, 2001, p. 53).

Assim, o processo de estabelecer relações é visto como levando à formação de redes conceituais que conectam conceitos cotidianos e científicos. Visto dessa forma, aprendizagem profunda implica relações que permitam integrar e diferenciar formas de explicar cotidianas e científicas.

Já nos referimos a essa maneira de estabelecer relações como a construção de um perfil conceitual constituído por diferentes zonas, cada uma das quais oferece uma diferente forma de explicar que se adapta bem a determinado contexto. Enfim, diferenciar e integrar conceitos científicos e cotidianos envolve construir perfis conceituais e saber usar cada zona em contextos diferentes, como procuramos explicar para o conceito de calor, na introdução desse artigo.

2ª abordagem: estabelecendo relações entre conceitos científicos

Além de reconhecer as similaridades e diferenças entre formas de explicar científicas e cotidianas, aprender o conhecimento científico conceitual envolve reconhecer como os próprios conceitos científicos se encaixam em um sistema interligado e são aplicados nesta forma conectada. Assim, Vygotsky (1987, p. 192) refere-se à:

> [...] relação única que existe entre o conceito científico e seu objeto [...] essa relação é caracterizada pelo fato de que ela é mediada por meio de outros conceitos. Consequentemente, na sua relação com o objeto, o con-

ceito científico inclui uma relação com outro conceito, isto é, ele inclui o mais básico elemento de um sistema conceitual.

De maneira similar, Lemke (1990, p. 91) chama a atenção para essa propriedade sistêmica dos conceitos quando ele argumenta que "[...] conceitos são justamente itens temáticos ... nunca os usamos um de cada vez; sua utilidade vem de suas conexões uns com os outros. Assim, são realmente os padrões temáticos o que temos e usamos [...]". Um bom exemplo disso é dado pela mecânica newtoniana na qual um entendimento profundo só pode ser alcançado se o aprendiz aprecia as relações entre uma grande lista de conceitos científicos, que incluem, entre outros, força, massa, velocidade, tempo e aceleração. Assim, podemos analisar o movimento de um objeto (digamos um copo) sendo empurrado sobre a superfície de uma mesa em relação a vários fatores: a magnitude da força atuando sobre o copo; a magnitude da força de fricção; a massa do corpo. Conceituar esse fenômeno dessa forma leva a pensar sobre a taxa de aceleração do copo e isso depende das magnitudes relativas das forças agindo sobre a massa do copo. É evidente que uma compreensão profunda deste sistema aparentemente simples demanda que o aprendiz manipule esse grupo de conceitos, pois só assim ele poderá prever como o movimento do copo é afetado pela mudança nas variáveis relevantes. Dessa forma, vemos o aprendiz como aquele que se baseia em uma matriz de conceitos inter-relacionados para dar conta dos fenômenos.

É evidente que um desafio adicional para o aprendiz implica reconhecer que grupo de conceitos deve selecionar para dar uma explicação para um dado problema. No caso que acabamos de exemplificar, um estudante não seria capaz de progredir muito se ele decidisse abordar o problema de encontrar a aceleração do copo usando um conjunto de conceitos relacionados à energia.

3ª abordagem: estabelecendo relações entre as explicações científicas e os fenômenos do mundo real

Ao fazer a distinção entre conceitos científicos e espontâneos, Vygotsky (1987) chama atenção para os diferentes caminhos de desenvolvimento que cada um segue:

> A formação dos conceitos desenvolve-se simultaneamente a partir de duas direções: da direção do geral e do particular ... o desenvolvimento de um

conceito científico começa com a definição verbal. Como parte de um sistema organizado, essa definição verbal descende ao concreto; ela descende aos fenômenos que o conceito representa. Em contraste, o conceito cotidiano tende a se desenvolver fora de um sistema definido; ele tende a se mover para cima em direção à abstração e à generalização ... a fraqueza dos conceitos científicos está no seu verbalismo, na sua insuficiente saturação com o concreto. (VYGOTSKY, 1987 apud DANIELS, 2001).

De acordo com essas ideias, há o perigo que o estudante, ao aprender os conceitos científicos, não faça elos com o mundo real dos fenômenos, de forma que o sistema de conceitos científicos em desenvolvimento se torne um edifício de explicações e generalizações científicas sem fundamento prático. Sobre isso, podemos lembrar-nos de nossas próprias experiências de aprender sobre a estrutura das flores na escola, onde não tínhamos nenhuma ideia do que eram, na realidade, estames, sépalas, anteras, óvulos, etc. Em termos vygotskyanos, o desafio para o professor é como relacionar as ideias científicas com o concreto, de modo que o estudante possa ver as conexões entre os construtos científicos e o mundo real.

John Dewey trata a mesma questão na sua crítica às abordagens tradicionais ao ensino de ciências, no seu livro *Democracia e educação:*

> A consequência necessária é um isolamento da ciência de qualquer experiência significativa. Os alunos aprendem símbolos sem a chave para o seu significado. Eles adquirem um corpo técnico de informações sem a habilidade de traçar suas conexões com objetos e operações que lhes são familiares – frequentemente eles adquirem simplesmente um vocabulário peculiar. (DEWEY, 1916, p. 220).

Ao criar relações (ou as conexões, na expressão de Dewey) entre as explicações científicas e os fenômenos do mundo real, o professor tem a oportunidade de fazer escolhas ao selecionar os fenômenos e essas escolhas podem ser feitas de acordo com várias premissas. Assim, fenômenos específicos podem ser selecionados por seu potencial de *interesse* e *relevância* para os estudantes. Por exemplo, trabalhar as leis de Newton pode estar relacionado ao uso de cinto de segurança nos carros ou à continuidade do movimento do braço na tacada de tênis ou de golfe. Trabalhar a cinética das reações químicas pode estar relacionado à conservação de alimentos, à maior ocorrência de ferrugem em cidades do litoral, etc. Alternativamente, os fenômenos podem ser selecionados pelo seu potencial de representar um "evento memorável". Um desses eventos, por exemplo, envolve soltar uma melancia e um pêssego simultaneamente de um edifício alto e ver os dois chegarem juntos ao chão. Dessa forma abre-se uma discussão sobre por que objetos de massas diferentes caem com a mesma aceleração. Esses eventos memoráveis não apenas estabelecem a relação entre os conceitos e os fenômenos, mas também contribuem para a *continuidade* e para o *engajamento emocional* (retomaremos o debate dessas questões mais adiante): "Professor, você se lembra quando nós jogamos a melancia e o pêssego do terraço? Impressionante!"

Uma abordagem para selecionar fenômenos tem por base estar atento às diferentes *demandas de aprendizagem* (LEACH; SCOTT, 2002) associadas aos diferentes fenômenos. Por exemplo, ao ensinar sobre forças, é sensível considerar as forças que estão agindo sobre um corpo pendente de uma mola antes de considerar aquelas que estão agindo em um corpo sobre uma mesa. Isso deve ser assim por que os estudantes são inclinados a considerarem a força de tensão na mola mais plausível do que a força normal da mesa. Assim, o professor deve começar pelos fenômenos mais simples para depois tratar os casos que demandam mais.

4ª abordagem: estabelecendo relações entre diferentes modos de representação

Este aspecto é consequência da natureza *multimodal* do conhecimento científico, sobre a qual Lemke chama a atenção nos seguintes termos:

> A ciência profissional, hoje e nos poucos séculos passados, faz uso extravagante não apenas da linguagem verbal técnica, mas também de representações matemáticas, gráficas, diagramáticas, pictóricas e de um grande número de outras modalidades de representação. (LEMKE, 2000, p. 247-248).

As outras modalidades a que se refere Lemke incluem as equações e símbolos químicos, as setas indicando vetores de força, símbolos usados em circuitos elétricos e assim por diante. Lemke (2000, p. 248) discute a implicação para a aprendizagem da existência dessa grande variedade de modalidades:

> O que é especial sobre o uso dessas múltiplas modalidades nas ciências da natureza, e apenas a um grau ligeiramente menor na própria matemática, é que os conceitos científicos são articulados por meio desses meios de representação. O que significa ser capaz de usar um conceito científico e, portanto, entendê-lo da mesma forma que o cientista o faz, é ser capaz de

manipular fluentemente os seus aspectos verbal, matemático, visual/gráfico, aplicando o que for mais conveniente no momento e traduzindo livremente uns nos outros.

Assim, desenvolver um entendimento profundo dos conceitos científicos deve implicar a capacidade de fazer relações entre as diferentes modalidades de representação. O autor vai mais longe ao argumentar que:

> Uma análise mais crítica sugere que é apenas na integração desses vários aspectos que o conceito como um todo existe. A menos que se esteja entre os últimos dos platônicos vivos, é evidente que não existem conceitos ideais independentes de todas as possíveis representações. Não podemos continuar a ver cada representação possível como uma sombra parcial de um ideal. Não existe o conceito transcendental que garanta, *a priori*, a unidade de todas as representações. Então, não temos tanto uma tradução exata entre afirmações, fórmulas matemáticas e representações visuais/gráficas ou materiais/operacionais, mas um conjunto complexo de práticas de coordenação para integrar funcionalmente o uso das mesmas (LEMKE, 1998; LYNCH; WOOLGAR, 1990). E essas práticas de coordenação devem ser apreendidas em cada caso como uma prática de multiletramento especializada e difícil.

A mensagem não poderia ser mais clara: o desafio do professor é dar suporte ao estudante para que ele aprenda a integrar as várias representações dos conceitos científicos. Em nossos termos, o desafio para o professor é estabelecer as relações pedagógicas que envolvem se deslocar entre os diferentes modos de representação, para dar suporte ao processo de aprendizagem de seus estudantes. Por exemplo, a reação de uma fita de magnésio com o oxigênio, que gera um bonito espetáculo de luz, deve ser expressa em termos de palavras e em termos de uma equação química. A cinética dessa reação pode ser representada graficamente, mostrando a alta energia de ativação. O professor deve incentivar a relação entre os diferentes modos pedindo aos alunos, por exemplo, que descrevam com palavras o que acontece com a fita de magnésio a partir da equação química. Por que a luz, que é uma das coisas mais espetaculares no fenômeno, não entra em uma equação que expressa a relação entre reagentes e produtos? Como ela poderia entrar? O que no gráfico da cinética da reação expressa a necessidade de riscar um fósforo para iniciar a reação? Um entendimento profundo dessa reação química envolve tornar possível ao aprendiz fazer relações entre esses modos de representação e perceber como eles, juntos, dão uma descrição mais completa do evento.

5ª abordagem: movimento entre diferentes escalas e níveis de explicação para interpretar e representar fenômenos

Uma das características básicas do conhecimento científico é que implica mover-se entre explicações estabelecidas em diferentes escalas de magnitude, algumas das quais não são diretamente observáveis. Por exemplo, o comportamento de um gás pode ser explicado tanto em termos de medidas *macroscópicas* de volume, temperatura e pressão quanto em termos de comportamento *submicroscópico* de suas moléculas. No contexto do ensino e aprendizagem da química, Johnstone (1991) somou a esses dois um terceiro nível de explicação, que é o nível *simbólico*. Treagust (2007, p. 382) enfatiza o mesmo ponto quando argumenta:

> Os professores precisam estar cientes dos três níveis de representação e de seu significado da seguinte forma: simbólico – que inclui uma grande variedade de representações pictóricas e as formas algébricas e computacional; submicroscópico – que compreende o nível das partículas, que podem ser usadas para descrever o movimento de elétrons, moléculas, partículas ou átomos; e macroscópico – que inclui referências a experiências cotidianas.

Esses três níveis são fundamentais para uma abordagem científica. O nível macroscópico pode ser descrito como um nível *fenomenológico*, pois ele relaciona-se a toda sorte de fenômenos, sejam os concretos e visíveis, como as mudanças de estado físico da água, sejam os mais indiretos, como as interações radiação-matéria que não causam um efeito visível, mas que podem ser detectadas na espectroscopia. Além disso, os fenômenos não podem ser restritos ao laboratório, eles podem materializar-se em situações cotidianas como as que ocorrem em um supermercado quando examinamos o rótulo de certos produtos para ver o que eles contêm; em uma bomba de álcool combustível, quando examinamos o densímetro para ver como ele funciona; ou em casa, quando nos perguntamos sobre o funcionamento de certos eletrodomésticos. De fato, estes são fenômenos que trazem a ciência para a vida cotidiana e conectam a ciência com o meio ambiente e com a sociedade.

O nível *microscópico* pode ser tratado como um nível teórico, pois todas as entidades microscópicas são parte de uma teoria da matéria no nível atômico-molecular e envolvem explicações baseadas em modelos que incluem várias entidades não diretamente observáveis como os átomos, as moléculas e os íons. Quando o professor, ao desenvolver uma explicação, se desloca entre a escala fenomenológica e a teórica, estes passos devem ser explicitados, pois de outra forma há o perigo dos estudantes se perderem. Podemos recordar a explicação dada por um aluno do ensino médio (13 anos), que argumentava que se não houvesse ar entre as partículas de um gás, existiria o risco de as pessoas se sufocarem quando "apanhadas" entre as moléculas de ar. Esse estudante tinha tomado como verdade, na escala macroscópica, a afirmação de que as partículas de um gás estão muito separadas, esquecendo-se de que as distâncias entre as partículas são de ordem muito pequena em uma escala submicroscópica. A falta de compreensão deste estudante era, assim, o resultado de dificuldades em mover-se entre as diferentes escalas de descrição e explicação.

O terceiro nível de Johnstone nos faz retornar à seção anterior deste capítulo e às representações simbólicas que podem ser aplicadas tanto ao nível *fenomenológico* quanto ao *teórico*. A ciência é essencialmente simbólica e os estudantes precisam aprender a linguagem social da ciência com toda sua especificidade como, por exemplo, a presença de equações químicas, fórmulas, representações gráficas, setas para representar vetores de força, símbolos para uso em circuitos elétricos e equações matemáticas (MORTIMER; MACHADO, 2007).

6ª abordagem: relações analógicas

A sexta e última forma de estabelecer relações na construção do conhecimento, que relatamos neste capítulo, envolve o uso de analogias (DUIT, 1991; GLYNN, 1991; STAVY, 1991). Aqui o professor auxilia os estudantes a aprenderem um determinado conceito científico, ou uma forma de explicar, ao fazer analogias com formas mais acessíveis ou casos familiares. Assim, a existência da força normal exercida por uma mesa sobre um copo pode ser explicitada pela compressão de um balão entre duas mãos e, a seguir, a sua compressão na mesma mesa. O fato de ser possível observar que as duas faces do balão se comprimem, tanto na pressão exercida por duas mãos quanto na pressão exercida por apenas uma das mãos empurrando o balão contra a mesa, funciona como um exercício análogo ao copo no qual não podemos observar o efeito da força normal.

Vemos o estabelecimento de relações analógicas como sendo ligeiramente diferente das outras cinco abordagens apresentadas, à medida que ele não se constitui em um pré-requisito essencial para desenvolver um entendimento profundo na área de ciências. No entanto, dada a prevalência do uso de analogias na ciência, tanto no contexto de ensino e aprendizagem quanto na produção científica, entendemos que as analogias devem ser tomadas como uma das abordagens fundamentais às relações que dão suporte à construção do conhecimento, pois elas auxiliam o entendimento de situações complexas em termos de situações mais conhecidas.

Em síntese, identificamos seis diferentes abordagens ao estabelecimento de relações que são suporte à construção do conhecimento. Essas abordagens envolvem estabelecer relações entre:

1) Formas cotidianas e científicas de explicar.
2) Conceitos científicos.
3) Explicações científicas e fenômenos do mundo.
4) Diferentes modos de representação.
5) Diferentes escalas/níveis na qual os fenômenos são abordados.
6) Casos análogos.

Essas seis abordagens sustentam a construção do conhecimento, no sentido de fazer parte das interações pedagógicas do plano social da sala de aula, que suportam o desenvolvimento de uma compreensão profunda dos alunos no plano pessoal. O professor deve estar atento a cada uma das abordagens quando for abordar um conceito. Por exemplo, para o conceito científico de energia ser introduzido, o professor deve buscar: 1) diferenciá-lo explicitamente dos conceitos cotidianos de energia; 2) ligá-lo a outros conceitos como, por exemplo, força, trabalho, temperatura; 3) aplicá-lo a uma variedade de fenômenos, ajudando a reconhecer quando o conceito é necessário para descrevê-los ou explicá-los; 4) representá-lo em diferentes modos: palavras, números, equações, diagramas; 5) interpretá-lo tanto em termos do comportamento molecular quanto macroscopicamente; 6) torná-lo mais compreensível por meio de uma analogia, por exemplo, tomando-o como uma espécie de moeda que é trocada nas várias transformações, conservando seu valor.

ESTABELECENDO RELAÇÕES QUE PROMOVEM A CONTINUIDADE

Como foi referido anteriormente, a segunda forma de relações envolve estabelecer conexões entre eventos de ensino e aprendizagem separados no tempo. Vygotsky (1987) argumenta que aprender conceitos científicos necessariamente implica um tempo longo: conceitos científicos justamente iniciam seu desenvolvimento, no lugar de finalizá-lo, no momento em que uma criança aprende o termo ou significado da palavra que denota esse novo conceito. Devido às demandas para o desenvolvimento de um entendimento profundo e as formas pelas quais as escolas são organizadas, é óbvio que ensinar e aprender conhecimento científico tem de ser efetivado durante um extenso período de tempo, o que dá origem à necessidade de serem estabelecidas relações entre atividades de ensino e aprendizagem situadas em diferentes pontos no tempo. Em um trabalho anterior, chamamos atenção para essa característica das interações em sala de aula quando identificamos, como uma das intenções do professor, a de "manter o desenvolvimento da história científica" (MORTIMER; SCOTT, 2003). Definimos essa intenção como "Promover comentários sobre o desdobramento da história científica, para ajudar os estudantes a acompanharem seu desenvolvimento e para que possam ver como a atual história científica se encaixa no currículo de ciências mais geral." (MORTIMER; SCOTT, 2003, p. 29). O mesmo tema é abordado por Badreddine e Buty (2011), quando eles afirmam que ensinar e aprender são processos dependentes do tempo. Assim, pode ser levantada a hipótese de que a coerência do conteúdo durante uma sequência de ensino é um importante fator para a aprendizagem. Lemke também chama a atenção para esse aspecto temporal do ensino e aprendizagem nas escolas: "Aprendemos pela comparação e inter-relacionamento entre que é dito nesta parte da aula como o que foi dito naquela parte, e entre ambos e o que foi dito ontem, e o que relembramos do ano passado." (LEMKE, 1990, p. 92). É óbvio que com isto assumimos que o aprendiz tem consciência suficiente para fazer essas comparações e inter-relacionamentos. O que gostaríamos de chamar atenção é que o professor deve tomar para si a responsabilidade de apontar as conexões necessárias e ajudar seus alunos a trabalhá-las (veja MYHILL; BRACKLEY, 2004). Mercer (1995, p. 33) apresenta argumentos similares ao reforçar a necessidade de uma *continuidade* da experiência para os estudantes:

> Para aqueles envolvidos em ensino e aprendizagem, a continuidade de uma experiência compartilhada é um dos mais preciosos recursos disponíveis ... Por meio da linguagem há a possibilidade de repetidamente visitar e reinterpretar essa experiência, e de usá-la como base para uma conversa, atividade e aprendizagem futura.

Assim, Mercer destaca a importância de fornecer oportunidades para o estudante falar sobre as experiências anteriores e dessa forma estabelecer relações com a as ideias recém-abordadas. Em outra obra, Mercer (2000, p. 46) refere-se às "longas conversas" da vida cotidiana:

> Conversas entre pessoas que fazem isso regularmente podem ser consideradas episódios de "longas conversas" sobre temas particulares que continuam sempre que essas pessoas se encontram. Em cada episódio, uma grande quantidade de "conhecimento compartilhado" pode ser assumido com segurança, ou referido facilmente. No entanto, em qualquer momento em que estivermos conversando com outra pessoa, temos de tomar decisões sobre a extensão em que necessitamos fazer referências explícitas a um "dado" conhecimento, e que nova informação precisamos fornecer. Se queremos ser bem entendidos, essas decisões podem ser cruciais.

As interações em sala de aula podem ser pensadas exatamente da mesma maneira, como constituindo longas conversas entre o professor e os estudantes, com o professor fazendo julgamentos sobre o grau em que as ideias abordadas em aulas anteriores podem ser consideradas compartilhadas e, portanto, aprendidas (MERCER, 2008). Alexander (2008, p. 113) refere-se a esse aspecto temporal do processo de ensino e aprendizagem em termos de o ensino ser cumulativo: "Professores e crianças constroem sobre suas próprias ideias e também sobre as ideias dos outros e as encadeiam em linhas de pensamento e de investigação coerentes."

Na sala de aula, as relações pedagógicas para promover continuidade podem envolver, por exemplo, recuperar pontos de vista abordados em aulas anteriores e o seu desenvolvimento, ou estabelecer a agenda do que deve ser trabalhado em aulas futuras. Identificamos duas abordagens pedagógicas para estabelecer relações que promovam a continuidade:

1ª abordagem: desenvolver a história científica
2ª abordagem: gerir e organizar.

Além disso, cada abordagem pedagógica para promover continuidade tem uma escala de tempo associada que podemos especificar em termos de três níveis (TIBERGHIEN et al., 2007):

- *Macro:* relações de continuidade estabelecidas em uma escala de tempo estendida (em geral, de anos ou meses), as quais envolvem referências ao processo de ensino e aprendizagem em partes diferentes do currículo de ciências.

– *Meso:* relações de continuidade estabelecidas em uma escala de tempo intermediária (em geral, de dias ou semanas), as quais envolvem fazer referências a diferentes pontos dentro de uma sequência de ensino.
– *Micro:* relações de continuidade estabelecidas em uma escala de tempo curta (em geral, de minutos), as quais envolvem fazer referências a diferentes pontos dentro de uma única aula.

Abordaremos esses aspectos com mais detalhes na seção seguinte.

1ª abordagem para promover continuidade: desenvolver a história científica

A característica-chave das relações de continuidade para desenvolver a história científica é que o seu foco é o conteúdo substantivo das aulas. Assim, o professor pode referir-se a uma ideia expressa por um estudante em uma aula anterior, e dessa forma desenvolver a continuidade em relação ao conteúdo do discurso de uma aula a outra. Mercer (2000, p. 52) comenta que professores de diferentes lugares no mundo usam várias "[...] técnicas convencionais para construir o futuro tendo por base o passado". Essas técnicas incluem: *recapitulações*, nas quais o professor revê eventos de uma lição anterior ao estabelecer o cenário para a atividade atual; e *elicitações*, que normalmente tomam a forma de questões, para obter dos estudantes informações que eles tiveram em atividades anteriores que são relevantes para a atividade atual ou futura. Esse tipo de relação funciona nas três escalas de tempo apontadas anteriormente:

– Em relação à escala *macro*, ao estabelecer relações de continuidade para desenvolver a história científica, o professor pode, por exemplo, dizer:
O trabalho sobre forças que estamos começando hoje tem por base o trabalho que vocês fizeram no ano passado. Quem se lembra do que dissemos lá sobre o que é uma força?
– Em relação à escala *meso*, o professor pode, por exemplo, dizer:
Ok, na última aula tivemos uma série de opiniões sobre as forças agindo sobre a garrafa sobre a mesa. Quem consegue se lembrar do que estávamos dizendo?
– Em relação à escala *micro*, o professor pode, por exemplo, dizer:
Esperem, o que foi dito por Marcos no começo dessa aula?

2ª abordagem para promover continuidade: gerir e organizar

A característica-chave das relações de continuidade para gerir e organizar é que elas focalizam em aspectos do trabalho de sala de aula, sem agregar novos elementos à história científica. Essas relações de continuidade ocorrem geralmente durante as transições de uma atividade a outra e, portanto, tendem a relacionar-se à escala *micro*.

Ao fazer esse tipo de relação o professor pode, por exemplo, dizer: *Ok, vocês tiveram tempo suficiente para sintetizar suas ideias nos pôsteres, vamos passar agora para o que cada grupo tem a dizer.*

Vemos ambas as abordagens como fundamentalmente importantes para reforçar a natureza cumulativa do ensino e da aprendizagem e em contrapor a tendência de os estudantes vivenciarem o processo escolar como uma série de eventos isolados e desconectados.

ESTABELECENDO RELAÇÕES PARA PROMOVER O ENGAJAMENTO EMOCIONAL DOS ESTUDANTES

Embora os educadores em ciência frequentemente reconheçam a importância dos aspectos afetivos e emocionais das interações professor--aluno para o processo de ensino e aprendizagem da ciência, a maioria das pesquisas nesta área tem enfatizado apenas aspectos cognitivos (PINTRICH; MARX; BOYLE, 1993). O interesse por aspectos afetivos tem crescido ao longo do desenvolvimento da psicologia cognitiva, principalmente a partir dos anos de 1950 do século XX, quando os pesquisadores começaram a estabelecer relações entre os domínios afetivos e cognitivos. Atualmente, concorda-se geralmente com o fato de que:

> O comportamento dos estudantes é influenciado pelos valores que eles têm, pela sua motivação, pelas crenças que eles trazem de casa para a escola e pela miríade de atitudes que eles formulam sobre a escola, a ciência e a vida no geral. (SIMPSON et al, 1994, p. 211).

Consideramos que sentimentos e emoções estão no centro das atitudes que os estudantes desenvolvem em relação à ciência. Se desejamos entender melhor como os estudantes desenvolvem essas atitudes, precisamos investigar como as interações entre professor-aluno e entre alunos contribuem para a emergência de diferentes sentimentos e emoções em salas de aula de ciências (SANTOS; MORTIMER, 2003). Em outras palavras, precisamos considerar como os professores podem estabelecer relações em sala de aula para encorajar o engajamento emocional de seus estudantes.

De acordo com Damasio (1994), emoções e sentimentos são dois fenômenos distintos. A palavra *sentimento* é usada para caracterizar a experiência mental de uma emoção, e a palavra *emoção* é usada para descrever reações orgânicas aos estímulos externos. Na prática, essa distinção significa que não temos como observar sentimentos em outras pessoas, embora possamos observar alguns aspectos das emoções que dão origem a esses sentimentos. Damasio (1994) caracteriza dois tipos de emoção: primária e secundária. As primárias são as mesmas emoções básicas e universais descritas por Darwin em seu trabalho: medo, raiva, nojo, tristeza e alegria. Elas são complexas, coordenadas e automáticas. As emoções secundárias são essencialmente culturais, acionadas apenas após um processo mental avaliador, voluntário e não automático, ao qual o organismo tornou-se sensitivo por experiência. Elas são variações sutis das cinco emoções primárias: euforia e êxtase são variações de alegria; melancolia e ansiedade são variações de tristeza; pânico e timidez são variações do medo.

Além disso, Damasio (1994) usa o termo *sentimentos de fundo* para caracterizar sentimentos que se originam em estados de fundo em vez de estados emocionais. Sentimentos de fundo são normalmente construídos no tempo e incluem prazer, tensão, irritação, apreensão, harmonia. Eles não são tão positivos ou negativos quanto os sentimentos primários ou secundários, embora possam ser percebidos como majoritariamente prazerosos ou não prazerosos. De toda forma, são esses sentimentos de fundo o que experimentamos mais frequentemente em nossas vidas. Damasio também considera que a persistência de um conjunto de sentimentos de fundo durante horas e dias pode provavelmente contribuir para que um "clima" seja bom, mau ou indiferente. O termo *clima* pode, assim, ser usado para designar uma série de sentimentos de fundo que constituem um *clima emocional* que dura por um longo período de tempo.

Há várias maneiras pelas quais um professor pode engendrar respostas emocionais positivas de seus estudantes, o que contribuirá para gerar um bom clima na sala de aula. Bem comuns entre essas maneiras são as abordagens genéricas que incluem referir-se a cada estudante individual chamando-o pelo nome e oferecer a ele aprovação por suas respostas às perguntas. Essas abordagens genéricas são certamente importantes, mas estamos interessados particularmente nas abordagens que promovem engajamento emocional que envolvem fazer relações por meio do conteúdo substantivo das aulas.

Assim diferenciamos entre:

1ª abordagem ao engajamento: conteúdo substantivo da aula;
2ª abordagem ao engajamento: abordagens genéricas.

1ª abordagem ao engajamento: conteúdo substantivo da aula

O que pode estar envolvido em estabelecer relações que encorajem o engajamento emocional dos estudantes em relação ao conteúdo substantivo das aulas? A ideia geral é que, por meio de interações positivas com os estudantes, o professor possa estabelecer relações entre o desenvolvimento da história científica e um estudante individual ou um grupo de estudantes. Assim, essa abordagem pode ser implementada quando o professor faz a ligação entre um ponto de vista específico levantado por um estudante e o nome do estudante. Por exemplo, a ideia de que "a fita de magnésio perde massa ao queimar-se" pode se tornar a "ideia do Fernando". Esse tipo de abordagem às relações pedagógicas produz o efeito de personalizar um ponto de vista e possibilita levar os estudantes as debaterem perspectivas alternativas: "Quem concorda com o Fernando?". Ao fazer isso, as interações na sala de aula deixam de ser entre pontos de vista anônimos e passam a se referir a diferentes perspectivas que são identificadas a diferentes estudantes.

Uma abordagem pedagógica para encorajar o engajamento emocional positivo envolve pedir aos estudantes para fazerem previsões sobre determinados fenômenos, algo possível no contexto de uma demonstração interativa. Retornando ao exemplo usado anteriormente, os estudantes podem ser levados a prever se a melancia ou o pêssego chegará ao chão primeiro, quando caírem juntos de uma altura considerável. A experiência tem mostrado que pedir aos estudantes que façam previsões antes do evento e depois demonstrar dramaticamente esse evento, inevitavelmente entusiasma e engaja os estudantes, pois eles esperam para ver o que acontece e se sua previsão era ou não correta. Além disso, independentemente de o estudante estar correto na sua previsão, o resultado usual desse processo é que eles ficam interessados em ter uma explicação para o fenômeno: "a melancia é muito mais pesada, então por que ela não chegou ao chão primeiro?". Assim, engajamento emocional e intelectual é promovido por meio do estabelecimento de relações entre o que estudante pensa por meio das previsões.

Atividades como as da "melancia e o pêssego" funcionam como uma combinação entre fazer uma previsão (e dessa forma se tornar pessoalmente envolvido com o evento) e tornar o evento memorável, o que ajuda a produzir respostas positivas dos estudantes. A relação emocional entre os estudantes e o conteúdo da aula é garantida por meio da seleção e performance de um fenômeno especial. Não é difícil imaginar uma abordagem a este assunto, talvez baseado apenas na manipulação de equações e não envolvendo "melancias e pêssegos". Nesta abordagem mais tradicional, o engajamento emocional não é alcançado. Uma questão que emerge desse exemplo diz respeito à noção de *relevância*. É bastante comum abordar o desafio de engajar os estudantes por meio da criação de alguma forma de relevância nas atividades de ensino utilizadas. Assim, as aulas de ciência podem ser relacionadas aos hábitos dos estudantes, como o futebol ou a música popular. Certamente vemos um lugar para essas abordagens, mas também consideramos que engajar os estudantes chamando atenção para algo que tenha relevância intelectual, por exemplo, pedindo que eles façam previsões sobre fenômenos e as verifiquem, não pode ser subestimado. O ato de perguntar aos estudantes qual a sua opinião pessoal ou predição sobre um fenômeno constitui o primeiro passo em tornar esse fenômeno relevante para eles.

2ª abordagem ao engajamento: abordagens genéricas

Esta segunda abordagem para encorajar o engajamento emocional dos estudantes contrasta com a primeira. O que temos em mente aqui são as formas mais gerais de aprovação e encorajamento que os professores usam. Assim, os professores normalmente oferecem algum tipo de aprovação aos estudantes que participam na sala. O contraste com a forma anterior é que esta maneira de encorajar não está ligada a um conteúdo específico. De fato, tem havido críticas ao excesso de encorajamento em geral usado pelos professores. Alexander (2008) refere-se ao "roboticamente genial, fantástico, brilhante, bom aluno/aluna" com que os professores encorajam as respostas de qualquer estudante, independentemente da sua qualidade. Essas intervenções têm seu lugar, mas não necessariamente marcam uma contribuição de valor oferecida pelos estudantes.

CONSIDERAÇÕES FINAIS

Neste capítulo abordamos o ensino de ciências enquanto o encontro entre diferentes linguagens sociais, o que possibilita enriquecer e tomar consciência dos diversos perfis conceituais que o estudante vivencia no seu universo de sentidos e significados. Apresentamos várias abordagens de ensino que podem favorecer a aprendizagem por meio do estabelecimento de relações. Essas relações pedagógicas foram pensadas a partir de três tipos principais: dar suporte à construção do conhecimento, promover a continuidade e encorajar o engajamento emocional. Esta é forma que concebemos para tornar o diálogo entre as diferentes visões de mundo que o estudante traz para a escola, e que caracterizam a abordagem por perfis conceituais, mais concreta e mais facilmente utilizável pelo professor. Ao estabelecermos que as relações pedagógicas que favorecem a construção do conhecimento devem possibilitar construir relações entre formas cotidianas e científicas de explicar, entre conceitos científicos, entre explicações científicas e fenômenos do mundo, entre diferentes modos de representação, entre diferentes escalas/níveis nas quais os fenômenos são abordados e entre casos análogos, estamos tentando estabelecer um repertório a partir do qual o professor poderá guiar suas ações de ensinar os estudantes para que alcancem um entendimento profundo dos conceitos.

Ao estabelecer essas relações, o professor deverá, além disso, estar atento para o fato de que estas ocorrem em diferentes escalas de tempo e que cabe a ele estabelecer relações entre os diferentes eventos, tanto no nível macro, quanto no meso e no micro, a fim de garantir a continuidade das ações em sala de aula e criar um entendimento compartilhado (EDWARDS; MERCER, 1987) entre os estudantes. Por fim, o engajamento emocional dos estudantes deve sempre ser buscado, seja por estratégias genéricas de chamar cada um por seu nome, demonstrando interesse pelos alunos, seja por meio de criar eventos memoráveis ou possibilitar que as diferentes perspectivas apresentadas em aula possam ser identificadas a diferentes estudantes, tornado-as pessoais.

NOTA

1 Phil faleceu em 15 de julho de 2011. Além de suas extensas conquistas acadêmicas, Phil era um homem com grande senso de humor, ânimo e simpatia. Trata-se de uma perda irreparável para o ensino das ciências e, em especial, para seus amigos e colaboradores.

REFERÊNCIAS

ALEXANDER, R. *Essays on pedagogy*. London: Routledge, 2008.

AMARAL, E. M. R.; MORTIMER, E. F. Uma proposta de perfil conceitual para o conceito de calor. *Revista Brasileira de Pesquisa em Educação em Ciências*, v. 1, p. 5-18, 2001.

AUSUBEL, D. P. *Educational psychology*: a cognitive view. New York: Holt; Rinehart and Winston, 1968.

BADREDDINE, Z.; BUTY, C. Discursive reconstruction of the scientific story in a teaching sequence. *International Journal of Science Education*, v. 33, n. 6, p. 773-796, 2011.

BAKHTIN, M. M. *The dialogic imagination*. Austin: University of Texas, 1981.

DAMASIO, A. *Descartes' error*: emotion, reason, and the human brain. New York: Avon Books, 1994.

DANIELS, H. *Vygotsky and pedagogy*. London: Routledge Falmer, 2001.

DEWEY, J. *Democracy and education*. New York: Macmillan, 1916.

DUIT, R. On the role of analogies and metaphors in learning science. *Science Education*, v. 75, n. 6, p. 649-672, 1991.

EDWARDS, D.; MERCER, N. *Common knowledge*: the development of understanding in the classroom. London: Routledge, 1987.

EL-HANI, C. N.; MORTIMER, E. F. Multicultural education, pragmatism, and the goals of science teaching. *Cultural Studies of Science Education*, v. 2, p. 657-702, 2007.

GLYNN, S. M. Explaining science concepts: a teaching with analogies model. In: GLYNN, S. M.; YEANY, R. H.; BRITTON, B. K. (Ed.). *The psychology of learning science*. Hillsdale: Lawrence Erlbaum, 1991. p. 219-240.

HOLQUIST, M. *Bakhtin, M.M. the dialogic imagination*. Austin: University of Texas, 1981.

JOHNSTONE, A. H. Why is science difficult to learn? Things are seldom what they seem. *Journal of Computer Assisted Learning*, v. 7, p. 75-83, 1991.

LAROCHELLE, M.; BEDNARZ, N.; GARRISON, J. *Constructivism and education*. Cambridge: Cambridge University, 1998.

LEACH, J.; SCOTT, P. Designing and evaluating science teaching sequences: an approach drawing upon the concept of learning demand and a social constructivist perspective on learning. *Studies in Science Education*, v. 38, p. 115-142, 2002.

LEMKE, J. L. Multimedia literacy demands of the scientific curriculum. *Linguistics and Education*, v. 10, n. 3, p. 247-271, 2000.

LEMKE, J. L. Multiplying meaning: visual and verbal semiotics in scientific text. In: MARTIN, J. R.; VEEL, R. (Ed.). *Reading science*. London: Routledge, 1998. p. 87-113.

LEMKE, J. L. *Talking science*: language, learning and values. Norwood: Ablex, 1990.

LYNCH, M.; WOOLGAR, S. *Representation in scientific practice*. Cambridge: MIT, 1990.

MACHADO, A. H.; MORTIMER, E. F. Química para o ensino médio: fundamentos, pressupostos e o fazer cotidiano. In: ZANON, L. B.; MALDANER, O. A. (Org.). *Fundamentos e propostas de ensino de química para a educação básica no Brasil*. Ijuí: Unijuí, 2007. p. 21-41.

MERCER, N. *The guided construction of knowledge*. Clevedon: Multilingual Matters, 1995.
MERCER, N. The seeds of time: why classroom dialogue needs a temporal analysis. *Journal of the Learning Sciences*, v. 17, n. 1, p. 33-59, 2008.
MERCER, N. *Words and minds*: how we use language to think together. London: Routledge, 2000.
MORTIMER, E. F. Conceptual change or conceptual profile change? *Science & Education*, v. 4, n. 3, p. 267-285, 1995.
MORTIMER, E. F. *Linguagem e formação de conceitos no ensino de ciências*. Belo Horizonte: UFMG, 2000.
MORTIMER, E. F.; SCOTT, P. H. *Meaning making in secondary science classrooms*. Buckingham: Open University, 2003.
MYHILL, D.; BRACKLEY, M. Making connections: teachers' use of children's prior knowledge in whole class discourse. *British Journal of Educational Studies*, v. 52, n. 3, p. 263-275, 2004.
PINTRICH, P. R.; MARX, R. W.; BOYLE, R. A. Beyond cold conceptual change: the role of motivational beliefs and classroom contextual factors in the process of contextual change. *Review of Educational Research*, v. 63, p. 167-199, 1993.
SANTOS, F. M. T.; MORTIMER, E. F. How emotions shape the relationship between a chemistry teacher and her high school students. *International Journal of Science Education*, v. 25, n. 9, p. 1095-1110, 2003.
SIMPSON, R. D. et al. Research on the affective dimension of science learning. In: GABELL, D. L. (Ed.). *Handbook of research on science teaching and learning*. New York: Macmillan, 1994.
STAVY, R. Using analogy to overcome misconceptions about conservation of matter. *Journal of Research in Science Teaching*, v. 28, n. 4, p. 305-313, 1991.
TIBERGHIEN, A. et al. Analyse des savoirs en jeu en classe de physique à différentes échelles de temps. In: SENSEVY, G.; MERCIER, A. (Org.). *Agir ensemble*: l'action didactique conjointe du professeur et des élèves. Rennes: Universitaires de Rennes, 2007. p. 73-98.
TREAGUST, D. F. General instructional methods and strategies. In: ABELL, S. K.; LEDERMAN, N. G. (Ed.). *Handbook of research on science education*. New Jersey: Lawrence Erlbaum, 2007. cap. 14.
TULVISTE, P. *The cultural-historical development of verbal thinking*. New York: Nova Science, 1991.
VOLOSINOV, V. N. *Marxism and the philosophy of language*. Cambridge: Harvard University, 1973. Originalmente publicado em 1929.
VYGOTSKY, L. S. *Mind in society*: the development of higher psychological process. In: COLE, M. et al. (Ed.). Cambridge: Harvard University, 1978.
VYGOTSKY, L. S. Thinking and speech. In: RIEBER, R. W.; CARTON, A. S. (Ed.). *The collected works of L.S. Vygotsky*. New York: Plenum, 1987. p. 39-285.
WERTSCH, J. V. *Voices of the mind*: a sociocultural approach to mediated action. Hertfordshire: Harvester Wheatsheaf, 1991.
WHORF, B. L. Science and linguistics. *Technology Review*, v. 42, n. 6, p. 229-231, 1940.

IMPRESSÃO:

Pallotti
GRÁFICA EDITORA
IMAGEM DE QUALIDADE

Santa Maria - RS - Fone/Fax: (55) 3220.4500
www.pallotti.com.br